ACCÈS AUX SERVICES FINANCIERS, INCLUSION ET DURABILITÉ ÉCONOMIQUE EN AFRIQUE

Collection « L'esprit économique »

fondée par Sophie Boutillier et Dimitri Uzunidis en 1996
dirigée par Sophie Boutillier, Blandine Laperche, Dimitri Uzunidis

Si l'apparence des choses se confondait avec leur réalité, toute réflexion, toute Science, toute recherche serait superflue. La collection « L'esprit économique » soulève le débat, textes et images à l'appui, sur la face cachée économique des faits sociaux : rapports de pouvoir, de production et d'échange, innovations organisationnelles, technologiques et financières, espaces globaux et microéconomiques de valorisation et de profit, pensées critiques et novatrices sur le monde en mouvement...
Ces ouvrages s'adressent aux étudiants, aux enseignants, aux chercheurs en sciences économiques, politiques, sociales, juridiques et de gestion, ainsi qu'aux experts d'entreprise et d'administration des institutions.

La collection est divisée en six séries :

Dans la série *Economie et Innovation* sont publiés des ouvrages d'économie industrielle, financière et du travail et de sociologie économique qui mettent l'accent sur les transformations économiques et sociales suite à l'introduction de nouvelles techniques et méthodes de production. L'innovation se confond avec la nouveauté marchande et touche le cœur même des rapports sociaux et de leurs représentations institutionnelles.

La série *Economie formelle* a pour objectif de promouvoir l'analyse des faits économiques contemporains en s'appuyant sur les approches critiques de l'économie telle qu'elle est enseignée et normalisée mondialement. Elle comprend des livres qui s'interrogent sur les choix des acteurs économiques dans une perspective macroéconomique, historique et prospective.

Dans la série *Le Monde en Question* sont publiés des ouvrages d'économie politique traitant des problèmes internationaux. Les économies nationales, le développement, les espaces élargis, ainsi que l'étude des ressorts fondamentaux de l'économie mondiale sont les sujets de prédilection dans le choix des publications.

La série *Krisis* a été créée pour faciliter la lecture historique des problèmes économiques et sociaux d'aujourd'hui liés aux métamorphoses de l'organisation industrielle et du travail. Elle comprend la réédition d'ouvrages anciens, de compilations de textes autour des mêmes questions et des ouvrages d'histoire de la pensée et des faits économiques.

La série *Clichés* a été créée pour fixer les impressions du monde économique. Les ouvrages contiennent photos et texte pour faire ressortir les caractéristiques d'une situation donnée. Le premier thème directeur est : mémoire et actualité du travail et de l'industrie ; le second : histoire et impacts économiques et sociaux des innovations.

La série *Cours Principaux* comprend des ouvrages simples, fondamentaux et/ou spécialisés qui s'adressent aux étudiants en licence et en master en économie, sociologie, droit, et gestion. Son principe de base est l'application du vieil adage chinois : « le plus long voyage commence par le premier pas ».

Sous la direction de
Mimoun Benali et Abdelhamid El Bouhadi

Accès aux services financiers, inclusion et durabilité économique en Afrique

L'Harmattan

5-7, rue de l'École-Polytechnique ; 75005 Paris

http://www.editions-harmattan.fr/

ISBN : 978-2-343-19774-6
EAN : 9782343197746

Remerciements

Cet ouvrage, fruit d'un travail collectif, n'aurait pas vu le jour sans la contribution de plusieurs personnes pour lesquelles va notre plus grande reconnaissance.

Nos sincères remerciements s'adressent également au comité évaluateur qui, par son travail remarquable et critique, a nettement amélioré la qualité et la forme de la majorité des papiers qui composent cet ouvrage.

Enfin, notre gratitude va spécialement à Monsieur Lahcen OULHAJ, ex-Doyen de la Faculté des Sciences Juridiques, Economiques et Sociales de Rabat-Agdal, qui a inconditionnellement accepté de rédiger la Préface de cet ouvrage collectif.

Les articles contenus dans cet ouvrage sont la propriété incontestable de leurs auteurs. Ils n'ont été édités aucunement ailleurs. Et nous n'entendons donner aucune approbation ni improbation aux opinions émises dans ces écrits. Ces opinions doivent être considérées comme propres à leurs auteurs.

Préface

Lorsque mon collègue et ami, Abdelhamid El Bouhadi (co-auteur et coordinateur avec un autre collègue et ami, Mimoun Benali), m'a demandé de préfacer le présent ouvrage collectif, je me suis tout de suite posé toute une série de questions légitimes, avant de pouvoir donner mon accord et m'atteler à la tâche.

La première question que je me suis posée est « pourquoi le professeur A. El Bouhadi me le demande au lieu d'opter pour une préface auctoriale ? » La fonction informative d'une préface auctoriale me semble couler de source et ne poser aucun problème particulier.

Il est vrai que la fonction apologétique de la préface, en général, est difficile à assumer par l'auteur lui-même, dans « notre » culture musulmane qui a tendance à s'excuser d'user du « je ». Et comme la préface est le seul péritexte allographe dont c'est l'auteur du livre qui choisit l'auteur (l'introduction, l'avertissement, ... pouvant être aussi allographes, mais alors avec des auteurs auto-désignés, comme l'éditeur ou le traducteur), le professeur El Bouhadi m'a donc choisi après son choix préalable de préface allographe. Il se pose alors la question de la ou des fonction(s) d'une préface allographe.

En plus de cette difficile question des fonctions, se pose, à moi, la question de « pourquoi moi ? », précisément.

Les auteurs spécialistes ayant travaillé sur la question des péritextes, en général, et de la préface, en particulier, disent que le tiers auquel on s'adresse pour rédiger une préface allographe, est généralement une personne sympathique ou faisant autorité, et pas seulement dans le champ du texte. Car, quand c'est l'éditeur qui est préfacier d'un roman, comme cela arrive assez fréquemment, l'éditeur n'est pas nécessairement une autorité dans le genre de roman qu'il édite, mais il fait certainement autorité en matière de statistiques relatives aux ventes des différents romans qu'il a édités.

Fais-je autorité ou suis-je sympathique pour que le professeur El Bouhadi me demande de préfacer le présent ouvrage ?

Le lecteur comprend certainement que si les auteurs du livre ont choisi de ne pas faire, eux-mêmes, l'apologie de leur ouvrage et d'en charger un tiers, qu'il serait très déplacé que le préfacier fasse, à travers son péritexte, sa propre promotion. Mais, s'il est mal venu de faire sa propre apologie, on peut facilement se livrer à l'apologie de l'œuvre qu'on présente. Et, c'est ce que je vais faire volontiers, dans cette préface, d'autant plus que l'ouvrage que le lecteur s'apprête à lire mérite, à plus d'un égard, d'être attentivement lu.

La préface est un péritexte, elle se situe autour du texte, comme l'avant-propos, le prologue, l'introduction, le préambule, l'épigraphe, l'avertissement, la postface... Elle comporte une dimension apologétique évidente. Mais, est-ce là sa seule fonction ? Non. Elle est, surtout, incitative. Elle incite le lecteur à lire l'ouvrage en question. Les spécialistes s'accordent à dire que la préface peut également comprendre une dimension d'éclairage théorique et critique. Finalement, la préface est un exercice assez libre. Sa propre dimension volumique est également libre et donc très variable, d'une demi-page à des dizaines.

Que le lecteur se rassure. Je n'abuserai pas de son temps. Pour l'inciter à la lecture de l'ouvrage, je dirai que ce dernier mérite une lecture attentive pour les raisons suivantes :

1- Le sujet traité, selon des angles d'attaque différents, par les huit papiers rassemblés dans l'ouvrage, est très important pour le développement économique et social de notre pays et de notre continent, l'Afrique. L'ouvrage traite, en effet, de l'accès des plus démunis aux services financiers pour leur inclusion, de manière durable, dans le processus de développement économique. La dimension normative de l'ouvrage est donc qu'il faut intégrer les populations les plus pauvres dans le système financier pour les sortir de la pauvreté et pour qu'elles contribuent activement au développement économique des populations africaines, en général, et marocaine, en particulier.

Le premier papier aborde la question à travers les effets du modèle d'affaires des institutions monétaires et financières, au Maroc. Le deuxième traite de la pérennité et de l'efficience des institutions de microfinance au Maroc. Le troisième traite également de ces institutions de microcrédit, mais en s'intéressant à leur régulation en vue de l'inclusion des plus pauvres. Le quatrième papier traite du même sujet, mais dans une optique comparative au niveau du continent. Le cinquième papier concerne l'inclusion des plus démunis aux services financiers à travers la téléphonie mobile. Le sixième papier aborde la question de la blockchain comme moyen d'inclusion financière. Le septième papier traite de la question classique du financement des PME au Maroc. Le huitième et dernier papier porte sur la qualité des relations de rapprochement et de l'apprentissage des institutions monétaires et financières au Maroc.

2- Le sujet est d'actualité, au moins à un double titre. Maintenant que les économies de notre continent sont plus ou moins sorties de l'époque de l'Afrique « mal partie » et qu'elles réalisent des rythmes de croissance plus ou moins élevés, se pose alors la question d'intégrer et d'inclure les laissés pour compte dans le processus de développement économique et social. D'un autre côté, il ne s'agit pas d'inclure les plus démunis à travers les anciens moyens dans un secteur classique. Il s'agit de les inclure avec les moyens qu'offrent les technologies de l'information dans de nouvelles formes de progrès social. Il s'agit de les inclure de manière dynamique dans un processus dynamique. Les sujets ainsi traités dans l'ouvrage sont nouveaux dans l'ensemble. Les services financiers analysés sont des services nouveaux, au point qu'on ne pouvait même pas les imaginer au siècle dernier.

3- La problématique choisie pour le présent ouvrage collectif me semble pertinente. Je pense en effet, qu'il est plus pertinent, pour nos économies de lutter contre la pauvreté que de chercher à réduire les inégalités. Évidemment, lorsque les inégalités sont trop élevées, cela prive l'économie de la demande de masse nécessaire à la croissance. En revanche, lorsqu'elles sont trop faibles, cela prive l'économie de la masse suffisante d'investissements. Les inégalités doivent rester à un niveau assez modéré. Je pense que c'est le cas dans les économies africaines, à part peut-être l'Afrique du Sud, encore que ce dernier pays ait tenté de les atténuer. Donc, pour des raisons plutôt sociales, il faut lutter contre la pauvreté. Mais, si cette lutte contre la pauvreté peut contribuer à la croissance, en utilisant des moyens financiers dans le but de développer des activités économiques viables, cela permettra de faire d'une pierre deux coups : promouvoir le progrès social et la croissance économique en cherchant à inclure, de manière durable, les plus pauvres dans un secteur financier rénové (microfinance, blockchain, services financiers utilisant la téléphonie mobile, ...).

4- L'ouvrage que le lecteur est ici invité à lire attentivement n'est pas seulement important de par sa problématique et de par les sujets qu'il traite. Il l'est également de par les techniques d'analyse des données déployées dans différents articles.

Concernant la dimension d'éclairage théorique et critique de la préface allographe, je me contente des observations suivantes :

i- Comme cet ouvrage est le fruit d'un colloque organisé à l'École Nationale de Commerce et de Gestion de Fès, l'on ne peut s'empêcher de poser la question de savoir si les articles réunis dans cet ouvrage relèvent de l'économie ou de la gestion. On sait que la gestion n'a pas encore acquis sa pleine autonomie par rapport à sa discipline mère, l'économie. Elle demeure, tout au plus, un chapitre de la microéconomie qui traite des aspects internes de l'entreprise traitée par l'économiste comme un point (donc sans volume ou sans intérieur).

Dans les huit articles présentés ici, l'entreprise demeure fermée, l'ouvrage est donc un ouvrage d'économie. Il n'est même pas un ouvrage de microéconomie, tant sa problématique est macroéconomique. Évidemment, l'activité de l'État et les politiques économiques n'y sont pas au centre, de manière explicite. Les questions de développement économique et social le sont pourtant, comme fil directeur. C'est dire que l'ouvrage va bien au-delà de l'économie.

ii- L'ouvrage traite de ce qu'on peut appeler la « finance du pauvre », la microfinance, le téléphone mobile comme instrument de paiement, la blockchain... En réalité, ces moyens cherchent à inclure les plus pauvres dans le circuit monétaire et financier. Mais, les moyens, eux-mêmes, sont des moyens assez sophistiqués, des moyens technologiques innovants. L'inclusion des pauvres relève du social, mais les moyens utilisés relèvent d'une économie moderne et évoluée.

iii- S'il est vrai que le secteur financier classique ne peut pas prendre en charge le financement et les instruments monétaires des plus pauvres, car cela grèverait sa rentabilité et le tirerait vers le bas, ce secteur financier classique devrait être solidaire du nouveau secteur des pauvres. L'État devrait organiser cette solidarité dans le but d'empêcher qu'un dualisme financier ne s'installe définitivement dans nos économies. Cela serait, à terme, dommageable pour les cohésions nationales.

En somme, cet ouvrage est important, pertinent et d'actualité. Il peut intéresser l'économiste, l'étudiant en économie et en gestion et tous ceux qui s'intéressent au développement économique et social de nos économies africaines. Je vous en souhaite une lecture fructueuse.

Lahcen Oulhaj

Rabat, le 28 octobre 2019

Sommaire

INTRODUCTION GÉNÉRALE

La question de financement dans les pays africains revêt un intérêt particulier dans la mesure où elle est indéniablement porteuse de progrès, à la fois économique et social. En ce sens et, à juste titre, qu'elle est aussi importante que l'invention, l'innovation industrielle, organisationnelle et managériale, le travail qualifié, les débouchés commerciaux, la communication, la mercatique, etc.

Depuis plus d'une vingtaine d'années, nous avons eu droit d'assister à une certaine mutation dans le rôle de la finance et plus encore à une certaine conscience de plus en plus affichée quant à la chose financière inclusive, durable et équitable. En effet, la finance sous son qualificatif « d'inclusif » fait la part belle aux valeurs morales et éthiques de l'économie solidaire et à la durabilité économique. Inclure pour ne pas exclure est tout de même une stratégie politique, économique et sociale pour favoriser une approche pragmatique et dont la finance se revendique comme porteuse autant de progrès économique (efficacité) que de valeurs sociales (équité).

Lorsque l'inclusion financière est associée à la durabilité, la finance se voit naturellement jouer un rôle social de premier plan et une tâche de pérennisation des acquis économiques et écologiques dans un monde marchand où le profit l'emporte sur les considérations sociales et éthiques.

Entre la finance, l'inclusion et la durabilité, la conciliation est possible ; elle est même d'une sollicitation imposante pour l'économie marocaine et pour l'ensemble du continent africain.

En effet, l'un des pans coutumiers, qui concourent à cette inclusion et à cette durabilité demeure la microfinance. Celle-ci a fait l'objet de plusieurs études et évaluations académiques et de faisabilité économique à travers les *business model* qu'elle engage et met en œuvre. Des critiques acerbes, hélas, lui ont été adressées.

Dans le même sillage de ces idées, la mobilisation des ressources en faveur de l'inclusion et de la durabilité au Maroc et en Afrique reste un défi, dans la mesure où elle est entravée par des problèmes structurels et de gouvernance qui vont au-delà du seul secteur financier. Toutefois, ces problèmes d'ordre externe au système financier et bancaire ne sont pas les seules raisons qui freinent l'inclusion et la durabilité. La défaillance des systèmes internes en matière de gestion, de pilotage, et de conflits d'intérêts au sein même des institutions bancaires et financières marque une rupture dans la recherche du progrès social et de pérennité du système de financement avec une possibilité de remodelage sur le plan politique et de fixation d'objectifs.

De même, il est indéniable de constater à plusieurs égards que la finance au sens d'intégrer socialement et économiquement au faible coût est souvent entravée par des comportements déviants et irresponsables de la part de certains gérants et donneurs d'ordres. Ces derniers ne respectent pas les dispositions légales et réglementaires ni l'ordre moral. La finance pour qu'elle soit sociale et humaine, il faut qu'elle soit éthique et équitable.

Notre ambition dans cet ouvrage est de réunir les meilleurs articles ayant fait l'objet de présentations orales à la deuxième édition du Colloque international de Recherche et d'Études en Finance (CIREF), portant notamment sur « Finance, Inclusion et Durabilité en Afrique ».

L'ouvrage comporte *huit* chapitres. Chacun traite d'une thématique relevant de la problématique globale qui interpelle sur les conditions, les possibilités, les embûches et les entraves de mettre en place des modes de financement inclusifs, ceux concourant au soutien de la croissance durable et responsable et luttant contre la pauvreté et l'exclusion sociale.

Ainsi, pour faire part à un fil conducteur respectant l'enchaînement logique des idées et des réponses aux problématiques soulevées dans les *huit* articles, nous avons estimé utile de les décliner successivement selon la structure suivante :

Le premier chapitre de l'ouvrage, proposé par Abdelhamid EL BOUHADI, Mimoun BENALI et Abdelkader ELKHIDER, porte sur « L'inclusion financière des populations pauvres sous l'angle des effets du *business model* des services financiers des IMF : le cas du Maroc ».

Les auteurs de ce chapitre considèrent l'inclusion financière comme un phénomène orienté socialement et politiquement voire même idéologiquement pour « soutenir » les populations pauvres et précarisées à les faire extraire autant bien que mal du fléau de la pauvreté. Ils constatent, de surcroît, que peu d'institutions financières disposent de systèmes pour évaluer l'incidence de leur *business model* en matière d'effectivité des procédures commerciales et économiques, mais aussi en matière d'atteinte d'objectifs sociaux, ceux de la lutte contre la pauvreté et la précarité.

Selon les auteurs, le *business model* de toute institution ou organisation qu'elle soit privée ou publique, à but lucratif ou non, se justifie par les performances financières qu'elle génère et par la manière dont le surplus de rentabilité est en mesure d'être socialement et économiquement employé. Bien que plusieurs outils de gestion de la performance sociale soient empruntés par les institutions de microfinance pour cibler les clients pauvres et mesurer les évolutions du niveau de précarité et de pauvreté et hormis l'existence de bases de données (Global Findex, etc.) exploitables en vue de mesurer les progrès accomplis dans le domaine de l'inclusion financière ainsi que son impact sur la réduction générale de la pauvreté, il n'y a pas, à l'heure actuelle, d'évaluation du système de fonctionnement du modèle en tenant compte des impératifs sociopolitiques et environnementaux. Chaque modèle d'affaires devrait, en principe, subir une évaluation par scénarios opposés avec des modèles d'affaires concurrents.

L'ambition dans cet article est de tenter une évaluation du *Business model* des IMF dans le contexte social, économique, politique et environnemental marocain. L'hypothèse de pérennité des modèles économiques des IMF qui se pose en l'espèce ne peut être vérifiable et confirmée en matière d'inclusion bancaire et financière et surtout en termes de ses effets sur la réduction de la pauvreté au Maroc qu'à l'aune de cette évaluation.

Pour cela, les auteurs ont exploité une base de données (réponses à l'administration d'un questionnaire) portant sur 4645 ménages - usagers du microcrédit, interrogés dans le cadre d'une enquête sur quasiment l'ensemble du territoire national.

La conclusion essentielle des auteurs de cet article montre l'inadéquation du modèle d'affaires des associations de microcrédit au Maroc. Selon eux, suite à la crise des impayés de 2008, le problème du manque de pérennité de certaines AMF est dû non seulement aux asymétries informationnelles entre l'Agent et le Principal, mais aussi d'une manière inverse entre le Principal et l'Agent. De même, il est dû au manque de bonne gouvernance et l'incapacité du modèle économique, qui est basé sur des taux prohibitifs, des commissions et frais élevés, défaillance de ciblage de la clientèle, manque d'innovations en matière de produits, d'organisation et de marchés et enfin au manque du progrès social dans la durée, celui de la lutte contre la pauvreté.

Le deuxième chapitre de l'ouvrage, proposé par Sanae SOLHI, porte sur « La pérennité et l'efficience des institutions de microfinance au Maroc ». L'étude examine l'efficience des institutions de microfinance (IMFs) au Maroc par le recours à la méthode non paramétrique DEA. Les résultats trouvés par l'auteur montrent que les scores d'efficience ont connu une baisse entre 2000 et 2011. Dans une première étape, l'auteur a attribué cette baisse à la fermeture de nombreuses institutions, ou à une détérioration des indicateurs d'*outreach*. Par ailleurs, dans une seconde étape, l'auteur a aussi soupçonné des variables de gestion et des variables spécifiques aux IMFs ainsi que des variables de contrôle d'avoir contribué à cette dégradation. Le recours aux techniques d'analyse de données de panel a identifié les facteurs agissant sur la performance des IMFs. La bonne gestion financière et de portefeuille a un impact positif sur l'efficacité tandis que la taille et la subvention ont un impact négatif. Quant aux populations ciblées, il semble que les IMFs s'écartent de certains de leurs objectifs initiaux comme la lutte contre la pauvreté et la précarité pour favoriser le créneau commercial le plus rentable, à savoir la tranche de la population la plus aisée parmi les pauvres.

Le troisième chapitre, proposé par Asmae DIANI, porte sur « La régulation et la structuration de la microfinance marocaine : vers une approche inclusive des plus pauvres ? ». L'auteur part de l'idée qu'en microfinance, deux logiques se confrontent et parfois se conjuguent. Une logique plaçant les équilibres financiers, mais aussi éventuellement la profitabilité au centre des préoccupations des institutions de microfinance et une logique de solidarité et d'inclusion, accordant une importance prépondérante à la mission sociale de lutte contre la pauvreté et l'exclusion. Ce chapitre se propose d'étudier les évolutions récentes de la microfinance marocaine pour montrer qu'elles consacrent une orientation de plus en plus commerciale du secteur.

Ces évolutions, selon l'auteur, sont liées aux effets combinés de la crise économique, de la raréfaction des subventions, ainsi que des pressions exercées par les organisations internationales et les pouvoirs publics. Elles se traduisent par des mesures de restructuration du secteur et une mutation des dispositifs réglementaires dont l'analyse permet de révéler les enjeux et les logiques sous-jacents.

L'auteur avance par conséquent que cette contribution appelle à des recherches ultérieures, évaluant les conséquences en matière d'inclusion financière des populations pauvres, lorsqu'un recul temporel suffisant aura pu être pris sur les changements en cours.

Le quatrième chapitre de l'ouvrage, celui proposé par Kouakou KOUAME et Cornelia CASEAU, porte sur « La microfinance entre inclusion et exclusion sociale en Afrique : étude comparée des pratiques discursives et communicationnelles de Caritas (Kenya), de la COOPEC et de la banque de la poste (Côte d'Ivoire) ».

Pour analyser la manière dont la microfinance africaine gère la question de l'inclusion *versus* exclusion sociale et bancaire, les auteurs de cet article partent de l'interrogation du positionnement discursif et communicationnel de trois institutions de microfinance (une kenyane et deux autres ivoiriennes). En plus des variables sociologiques et économiques que les auteurs ont choisies pour mener leur étude, une autre définition prenant en compte les facteurs linguistiques tels que l'analphabétisme, la compétence linguistique en langue étrangère. La langue seconde est alors proposée pour caractériser les personnes risquant l'exclusion bancaire. Compte tenu de la spécificité socioculturelle de son environnement, l'étude suggère aussi que la microfinance africaine mette l'accent sur la valeur "éducation financière" afin d'être en phase avec ses valeurs originelles de fondement.

Selon les auteurs, la microfinance africaine a pour principale mission de participer au processus de la bancarisation dans un contexte où l'inconscience bancaire est aggravée par un gouffre culturel, engendré à son tour par une vision dualiste à la fois moderne et traditionnelle de la création et de l'accumulation de la richesse. Pourtant, celle-ci nous montre, selon eux, chaque jour, l'image d'une institution souffrant d'une crise d'identité qui la détourne de cette mission originelle. À une mission devant privilégier la pédagogie financière, se substitue désormais un objectif qui se focalise davantage sur la recherche de profit, révélé à bien des égards par sa politique linguistique ainsi que les discours qu'elle génère.

Pour mener à bien leur argumentation, l'approche suggérée par les auteurs, celle dite socio-sémio-linguistique de l'éthos de la microfinance africaine, inhérente à la problématique de l'inclusion sociale, prend pour appui théorique, l'analyse du discours, la définition trilogique du phénomène social de Le Boulch G. (2001) ainsi que le concept de maturité économique tel que développé par Proulx M.-U. et al. (2012). Ce cadre analytique est sollicité pour sa capacité à décrire aussi bien le discours que la politique de communication des institutions de microfinance africaines face à la problématique de l'inclusion *versus* exclusion sociale suivant trois niveaux de manifestation, à savoir : le discours sur le service offert, la langue de communication et les conditions liées à l'octroi des prêts.

Le cinquième chapitre de l'ouvrage, proposé par Djamchid ASSADI et Germain LANKOANDE, porte sur « La typologie attitudinale des non-bancarisés envers la téléphonie mobile comme moyen d'accès aux services financiers ».

De prime à bord, les auteurs constatent que le nombre de personnes ayant un compte bancaire a augmenté de 700 millions dans le monde entre 2011 et 2014. Toutefois, l'objectif de l'accès universel aux services financiers de la Banque mondiale à l'horizon de 2020 est loin d'être atteint, car la moitié des adultes est encore sans compte bancaire dans le monde. En Afrique subsaharienne et plus précisément dans la zone UEMOA, la majeure partie de la population est exclue des services financiers formels (63,5% en moyenne, en 2014, dans les pays membres de la BCEAO : Banque Centrale des États de l'Afrique de l'Ouest).

Les auteurs ont découvert l'ordre d'importance des facteurs évoqués dans les modèles de l'adoption de la technologie dans le processus particulier de l'adoption des SFM (Services Financiers Mobiles). Les auteurs constatent aussi l'importance de la sécurité dans l'attitude de l'adoptant des SFM.

Selon eux, la téléphonie mobile est un exemple probant par le fait de diminuer considérablement les coûts d'accès aux produits financiers même dans les zones rurales (Grimes, 2010). S'il existe aujourd'hui une quasi-unanimité quant à l'impact positif de la téléphonie mobile sur l'inclusion financière, force est de constater que les motivations et les freins de l'adoption des non-bancarisés censés adopter la téléphonie mobile sont moins étudiés. Or, cette question est importante, car l'outil technologique (« *techné* ») sans la compétence de l'utiliser (« *logos* ») demeure inutile.

Dans cette perspective, la problématique de recherche que les auteurs de cet article assignent est la suivante : les modèles actuels de l'adoption de la technologie représentent-ils bien l'attitude des non-bancarisés envers l'adoption du téléphone mobile en vue de l'accès aux services financiers ? L'intérêt principal de ce travail réside dans la découverte des motivations d'une technologie qui faciliteraient ultérieurement l'inclusion financière.

Le sixième chapitre de l'ouvrage, proposé par Mimoun BENALI, Abdelhamid EL BOUHADI et Fayçal MESSAOUDI, porte sur « Les difficultés de faire de la Blockchain un levier d'inclusion financière ».

Les auteurs de cet article partent du constat selon lequel deux visions sont en train de se construire autour de la technologie « blockchain » : une vision qui repose sur les atouts de la « blockchain » en tant que technologie numérique fascinante et prometteuse et comme une innovation disruptive ; et une vision la considérant comme une technologie à réputation sulfureuse présentant autant de lacunes que de risques.

Selon les auteurs, la blockchain semble promettre un changement majeur dans certains services financiers (paiement, transfert d'argent, levée de fonds ...). Elle est vue comme une solution technologique disruptive entièrement décentralisée dont la finalité est de transformer les services financiers dans la perspective d'optimiser les activités financières sans intermédiaire ou « tiers de confiance ». Cette technologie révolutionnaire semble permettre la transparence, la traçabilité, la certification et la sécurité des transactions, des échanges, d'identification des processus, de stockage, de transmission de données et des valeurs, etc. Les auteurs mettent l'accent sur deux grands domaines d'application des blockchains : une de type « notarial » et l'autre concerne l'« Internet de valeur ». Ce deuxième type concerne l'exécution des contrats et des transactions sur la Blockchain, s'inscrivant dans le cadre des contrats intelligents ou « *smart contracts* ».

Les auteurs ont néanmoins noté qu'une certaine connexion entre le « physique » (le monde réel) et le virtuel (l'électronique ou le monde numérique) n'est pas facile à mettre en application. Des embûches techniques, juridiques, politiques, sociales et économiques sont *a fortiori* amplement présentes. Des dérapages éthiques et moraux ne peuvent être dépassés et écartés d'un revers de main. Les auteurs précisent que les processus et les plateformes informatiques et électroniques des blockchains sont amplement consommatrices de l'électricité et de l'énergie en général.

Les auteurs ont démontré progressivement, et, avec des arguments à l'appui, que la technologie blockchain trouve du mal à se positionner comme une solution alternative fiable et pratique pour transformer les services financiers et monétaires, voire les ubériser et d'en renforcer le processus d'inclusion financière et monétaire.

En partant de l'examen de l'état actuel de la cryptomonnaie « Bitcoin », les auteurs recèlent plusieurs problèmes et difficultés qui empêchent actuellement le système de chaîne de blocs à transformer en profondeur les services financiers vers plus d'inclusion financière. Les auteurs citent, entre autres, les problèmes d'ordres techniques liés notamment aux protocoles de vérification, de validation et de cryptographie, mais aussi au protocole de consensus distribué, qui se traduit, dans le cas de non-aboutissement au consensus, par une impossibilité d'exécution de la transaction. Ce protocole bute techniquement sur un problème de scalabilité. À cela, s'ajoutent les problèmes de bonne gouvernance, d'identité numérique, de manipulation des trajectoires spéculatives, etc.

Les auteurs évoquent également le caractère spéculatif et instable des cryptomonnaies, le caractère non démocratique du processus de consensus et le caractère libertarien de certaines communautés opérant dans le cadre de ces chaînes de blocs qui laissent apparaitre un certain prisme anti-États, anti-impôts et anti-redistribution.

Le septième chapitre, proposé par Fatine FILALI A. et Zakaria FIRANO, porte sur le « Financement des petites et moyennes entreprises au Maroc : accès et usage ».

Le travail de FIRANO et FILALI analyse l'accessibilité des petites et moyennes entreprises (PME) au financement externe et en particulier bancaire. Sur la base des états de synthèse de 740 PME marocaines, les auteurs ont effectué une modélisation en données de panel permettant de déterminer les facteurs influençant l'accès au financement externe au Maroc. Un modèle binomial en données longitudinales a été estimé par le maximum de vraisemblance conditionnelle et a permis de confirmer que le degré de liquidité et la rentabilité économique sont les principaux facteurs qui expliquent l'accès accru au financement bancaire. Bien que la productivité des entreprises ne soit pas une variable déterminante dans l'analyse des auteurs, le croisement de la productivité et de la taille a permis de conforter l'idée selon laquelle les entreprises à taille importante et à degré de productivité élevée ont une probabilité plus importante d'accéder au financement. Au travers de ces résultats intéressants, les auteurs ont pu confirmer que le secteur bancaire utilise une discrimination négative contre les PME en donnant plus de poids au profil de risque de ces entreprises comparativement à d'autres facteurs plus appropriés, en raison de la spécificité de ces firmes pour le contexte marocain.

Le huitième et dernier chapitre, proposé par Abdellatif TAGHZOUTI et Abdelouahed EL QOURI, porte sur « La qualité des relations de rapprochement des IMF marocaines favorise-t-elle leur apprentissage ? ».

Les auteurs parlent de l'impact de la qualité de rapprochement des organisations sur l'apprentissage, en référence aux cas des institutions marocaines de microfinance. Selon les auteurs, de nombreuses recherches ont souligné que les relations de rapprochement constituent un moyen très important d'apprentissage pour les organisations. Toutefois, il ne suffit pas qu'une organisation se rapproche des autres pour en acquérir des connaissances et que son apprentissage soit effectif. Il est nécessaire que ses relations de rapprochement soient de qualité afin de faciliter le partage des informations et de réduire le comportement opportuniste entre les partenaires et, par conséquent, de favoriser l'apprentissage inter-organisations.

L'objectif principal de cette étude est d'examiner comment la qualité des relations de rapprochement des organisations favorise leur apprentissage. Les auteurs se sont intéressés à cette problématique en particulier à travers une étude empirique portant sur 44 accords de rapprochement contractés par les institutions de microfinance (IMF) marocaines pour la période de référence 2010-2016. Ainsi, les résultats empiriques dégagés montrent que la qualité des relations de rapprochement de ces institutions a contribué largement à leur apprentissage. Elle est d'autant plus importante en combinant deux caractéristiques importantes, à savoir la confiance et l'engagement mutuels des partenaires.

CHAPITRE 1.

L'inclusion financière des populations pauvres sous l'angle des effets du business model des services financiers des IMF au Maroc

Abdelhamid EL BOUHADI
Université Sidi Mohammed Ben Abdellah, ENCG, Fès

Mimoun BENALI
Université Sidi Mohammed Ben Abdellah, ENCG, Fès

Abdelkader EL KHIDER
Université Cadi Ayyad, FSJES, Marrakech

« *Il est difficile de croire que de vraies personnes pourraient être complètement hors d'atteinte de la réflexion que suscite la question socratique "comment doit-on vivre ?"* ».

Amartya Sen (1933 - …)

« *J'ai toujours eu la certitude qu'éliminer la pauvreté de la planète était davantage une affaire de volonté que de moyens financiers. […] La charité, de son côté, ne résout rien. Elle ne fait que perpétuer la pauvreté en retirant aux pauvres toute initiative* ».

Mohammad Yunus (1940 - …)

Le phénomène de la pauvreté est mondial. Il concerne les pays sous-développés et les pays développés tout à la fois. La pauvreté et la pauvreté extrême, dans leur acception monétaire, touchent aujourd'hui plus d'un milliard d'individus dans le monde. Au sens multidimensionnel, elles en touchent plus de deux milliards ; ce qui revient à environ 30% de la population mondiale. Le phénomène se concentre en Afrique, en Asie (Inde, Bangladesh, Cambodge, Laos, Indonésie, Népal, etc.), dans quelques pays de l'Amérique latine (Pérou, Argentine, Brésil, etc.) et les Caraïbes. La pauvreté touche d'une manière quasi persistante une frange de la population considérée comme précaire, vulnérable quant à ses conditions quotidiennes de vie. La pauvreté se nourrit des inégalités ; elle en est le prix. Stiglitz[1] parle du prix de l'inégalité qui rend instable et inefficace le système économique puisque ce dernier produit un cercle vicieux qui aggrave l'injustice sociale et la pauvreté. Piketty[2] parle quant à lui de la contradiction qui caractérise le système économique libéral à travers le rapport entre la croissance économique et le rendement du capital. L'inégalité s'accroît empiriquement, à travers les siècles, par le rémanent décrochage entre la productivité du travail et la rémunération du capital. Cela a pour effet l'aggravation de l'injustice sociale et de la précarité.

La pauvreté reste d'emblée, un phénomène touchant beaucoup plus les pays en développement, ceux dont la situation économique et l'équilibre social et politique sont fragiles et précaires.

Au Maroc, dans son histoire récente, la pauvreté puise ses bases, se propage, puis s'enracine suite à des événements et péripéties d'ordre naturel et géographique (coup de la nature en matière de dotations factorielles), politique, économique et socioculturel. La complexité de la pauvreté au Maroc reflète celle de ses sources, à la fois uniques et variées, avec des effets permanents (certains) et contingents. Elle reflète aussi la complexité de croisement et de chevauchement des facteurs endogènes et exogènes. Pour ne citer que quelques-uns de ces facteurs, nous pouvons, tout simplement, faire allusion, au niveau interne, à la dimension socioculturelle, religieuse et morale qui tolère, admet plus ou moins fatalement l'existence de la pauvreté ou des pauvres. Toutefois, les facteurs internes les plus cruciaux et

---

[1] Stiglitz J., *Le prix de l'inégalité*, LLL, 2012, 509 p.
[2] Piketty T., *Le capital au XXIème siècle*, Seuil, 2013, 970 p.

déterminants de dissémination de la pauvreté restent d'obédience politique, économique et sociétale. Les stratégies de développement et les politiques économiques ont été, longtemps défaillantes, incapables de lutter efficacement contre le fléau. Le poids de la politique, dans le passé, était à son tour néfaste sur plusieurs décennies. Le programme d'ajustement structurel a fait de la politique sociale du gouvernement le parent pauvre, empirant de *facto* la situation des pauvres. Sur le plan démographique, l'accélération de la natalité, la baisse progressive de la mortalité, le mariage précoce, le rajeunissement de la population et sa féminisation[3] croissante ont contribué à l'aggravation théorique du niveau de la pauvreté.

Sur le plan externe, les conséquences de la décolonisation se sont fait sentir durablement non seulement à cause des dégâts matériels et humains, mais surtout à cause du manque à gagner et ses conséquences sur le plan économique et social : chômage, fuite des capitaux et des compétences, désinvestissement, fragilisation du tissu rural, dégradation des services publics, insuffisance et/ou inadéquation des programmes de politiques économique, sociale, éducative, de santé et de recherche scientifique, etc. L'impact négatif des effets extérieurs dans la dégradation des conditions de vie de la population marocaine a été visible, surtout à compter des années 1970 et de façon concomitante aux deux chocs pétroliers, à la baisse du prix de phosphate, à l'aggravation de l'endettement extérieur et au manque d'une stratégie du commerce extérieur adaptée au contexte de l'époque. La situation s'est empirée relativement à l'occasion de l'acceptation par le Maroc de rééchelonner sa dette extérieure, par l'effet qu'avait engendré la politique d'austérité contenue dans le PAS (Consensus de Washington).

Au sortir de la période coloniale, la population marocaine s'exalte de joie de trouver la liberté, s'efforce de bannir les conséquences de la guerre et de la lutte armée, de la famine des années 1940 sans pour autant songer à s'inspirer du bon côté des valeurs sociales, économiques, morales et éthiques de la civilisation occidentale qui permettent d'améliorer les conditions de vie des Marocains. Le

[3] Il faut appréhender ce phénomène en liaison avec la condition de la femme dans la société musulmane et patriarcale. Le lier aussi au niveau de développement économique et social atteint, où la discrimination à l'égard de la femme sur le marché de travail, au niveau institutionnel et politique est assez importante.

système colonial est vu à ce moment-là comme un phénomène historique dont il faut radicalement couper le lien, un phénomène à haïr, une parenthèse historique à mettre au placard. Évacuer la mémoire collective de cet incident historique était le souci majeur de la population, en l'occurrence les intellectuels. On n'avait pas, à aucun moment, le souci ni l'intuition de se poser la question sur le fait que le bien-être social était une valeur universelle, une norme d'inspiration, pas exclusivement occidentale, dont il faut vraisemblablement imiter le noyau dur et l'adapter au contexte socioculturel du Maroc. Voici, en effet, une inspiration canonique incontournable dont il fallait semer les bases dès les premières années de l'indépendance. Malheureusement, le rejet viscéral de la civilisation occidentale et de toutes sortes de données s'y attachant prenait une allure catégoriquement radicale et s'amplifiait tous azimuts. Il était notamment hors de question de se référer à des normes du bien-être européennes, celles de l'occupant en l'occurrence. En revanche, aux antipodes de ce constat, le souffle de l'immigration était là pour adoucir et relativiser ce propos. La tentation valait le détour pour sortir de la pauvreté en allant chercher un revenu en Occident.

Depuis l'indépendance jusqu'aujourd'hui, la pauvreté a connu une progression rapide au Maroc, surtout à partir de la fin des années 1980 et le début des années 1990. La pauvreté prenait depuis cette date des proportions inquiétantes au sein de la population marocaine. Elle se faisait plus sentir dans le monde rural, à cause entre autres de la baisse des revenus de l'agriculture. La sécheresse, la désertification et la baisse des récoltes ont entraîné un exode rural : les villes contiennent désormais autant de pauvres que les campagnes.

Par ailleurs, il faut rappeler que la pauvreté peut être unidimensionnelle (monétaire) ou multidimensionnelle. La pauvreté strictement monétaire peut être absolue[4] ou relative[5]. La pauvreté multidimensionnelle peut quant à elle être discriminée entre la pauvreté multidimensionnelle non axiomatique (basée sur une mesure

---

[4] La pauvreté absolue est la situation des personnes qui ne disposent pas de la quantité minimale de biens et services permettant une vie normale.

[5] La pauvreté relative s'établit par comparaison avec le niveau de vie moyen du pays dans lequel on se trouve. On détermine d'abord le revenu médian, revenu qui partage la population en deux parties égales. La pauvreté se définit alors par rapport à une proportion de ce revenu médian.

synthétique ou composite de la pauvreté par des indices, comme l'IPM[6]) et la pauvreté multidimensionnelle axiomatique.

Plusieurs contributions ont développé des mesures multidimensionnelles, dites axiomatiques, en cherchant d'une part à vérifier les propriétés de tels indices et d'autre part de donner plus d'importance à l'étape d'identification de la pauvreté.

Deux méthodes d'identification des mesures multidimensionnelles (non monétaires) de la pauvreté, basées sur l'approche axiomatique, ont été développées : la première, dite *méthode de l'union,* identifie un individu comme pauvre lorsqu'il souffre de privation pour au moins une dimension ; et la deuxième, dite *méthode d'intersection,* identifie quant à elle un individu comme pauvre lorsqu'il souffre de privation pour toutes les dimensions. Toutefois, on a pu constater que la première méthode exagère la mesure de la pauvreté alors que la deuxième méthode sous-estime beaucoup cette mesure. Ce qui a permis le développement d'une méthode dite *intermédiaire,* préconisée essentiellement par Alkire et Foster (2007)[7], Bourguignon et Chakravarty (2003)[8], Chakravarty et Silber (2008)[9], etc.

Cette conception visant à reconsidérer et à revisiter la notion et l'étendue de la pauvreté qui soient compatibles avec les notions modernes d'inclusion financière et de durabilité économique et sociale, puisque toutes sont explicitement fondées sur la notion d'intégration sociale et environnementale. Nous tenons à préciser que l'inclusion financière et l'accès à la monnaie sous toutes ses formes ne

---

[6] Cet indice est basé sur plusieurs indicateurs pour appréhender la pauvreté, une dizaine selon l'analyse défendue par Alkire, Foster et Emma Santos, dans le cadre de l'initiative OPHI (*Oxford Poverty & Human Development Initiative*) : le revenu ; l'accès aux soins et la mortalité infantile ; la nutrition (ou la malnutrition) ; l'éducation (scolarité des enfants) ; l'électricité ; l'accès à l'eau potable ; les sanitaires ; le plancher et le plafond de l'habitat ; le combustible utilisé pour cuisiner ; les biens durables, etc.

[7] Alkire, S. and Foster, J. (2007). Counting and Multidimensional Poverty Measurement. *Working Paper 7*, Oxford Poverty & Human Development Initiative.

[8] Bourguignon, F. and Chakravarty, S. (2003). The measurement of multidimensional poverty. *Journal of Economic Inequality*, 1(1), 25-49.

[9] Chakravarty, S. and Silber, J. (2008). Measuring Multidimensional Poverty: The Axiomatic Approach. In Kakwani, N. et Silber, J. (eds). *Quantitative Approaches to Multidimensional Poverty Measurement*.

sont pas synonymes de la réduction de la pauvreté. C'est ce que nous compterons expliquer à travers le modèle inclusif de la microfinance au Maroc.

Pour rappel, l'exclusion financière frappe aujourd'hui dans le monde 2,5 milliards de personnes. L'accès aux services financiers formels pourrait être d'un appui fondamental aux pauvres, aux plus démunis et aux divers exclus du système financier et monétaire classique et conventionnel dans le monde en développement en général et au Maroc en particulier. Il permet non seulement de faciliter la vie quotidienne des pauvres, mais surtout de permettre à ces derniers d'épargner, de préparer l'avenir, de surmonter les difficultés et de gérer leurs besoins financiers, etc. Il faut noter, en revanche, qu'à lui seul, le « prétendu » accès aux services financiers et monétaires ne fait pas reculer la pauvreté en l'éradiquant, mais il y contribue prodigieusement.

Il est donc naturel et logique que l'objectif affiché de l'inclusion financière soit d'attirer les « non-bancarisés », c'est-à-dire une bonne partie de ces 2,5 milliards d'individus, à accéder au système financier formel. Cet accès leur permet de facto de « bénéficier » des services financiers, tels que l'épargne, les moyens de paiement, les transferts de fonds, le crédit et le microcrédit, l'assurance et la microassurance.

Les bienfaits de l'inclusion financière sont autoattribués par le biais des effets positifs de cette dernière sur la croissance et le développement économique, sur la stabilité monétaire et financière et sur la cohésion sociale.

Dans bon nombre de pays émergents et en développement, l'inclusion financière est considérée comme un programme de développement national et un pan important de politique économique et sociale.

Selon le Baromètre de la Microfinance de 2015 qui faisait l'éloge de l'inclusion, par la microfinance et par la digitalisation des opérations monétaires et financières, on a relevé que :

« *Plus de 700 millions de personnes sont devenues titulaires d'un compte bancaire (...) ou utilisatrices d'un compte d'argent mobile, faisant baisser le nombre de personnes adultes non-bancarisés à 2 milliards aujourd'hui. C'est ce que montre la nouvelle étude Global Findex de la Banque mondiale, publiée en avril 2015* »[10].

Le *Global Findex* révèle le fait selon lequel le digital comme support de la finance numérique et technique sécurisante de la transmission d'informations pourrait révolutionner les relations financières :

« *La mise en œuvre de nouveaux canaux de distribution utilisant la téléphonie mobile et Internet joue un rôle croissant pour répondre au défi de l'accès aux services financiers pour tous (...). Et il semble que les pays du Sud et de nombreux acteurs de la microfinance soient parmi les acteurs les plus innovants sur ces nouvelles approches* »[11].

L'accès universel à des services financiers figure parmi les Objectifs du Développement Durable (ODD), en tant que condition primordiale pour éradiquer l'extrême pauvreté à l'horizon 2030. Il est important de préciser, qu'en principe, l'inclusion financière est orientée à intégrer une certaine catégorie de la population pauvre et précarisée, celle qui est dans la nécessité de recourir à l'usage de l'un des services financiers, les plus standards soient-ils. L'inclusion financière est une réponse commerciale du capitalisme mondial à un marché potentiel.

Par ailleurs, il est important de constater, aujourd'hui, que peu d'institutions financières disposent de systèmes pour évaluer l'incidence de leur *business model* sur le plan de l'effectivité des procédures commerciales et économiques, mais aussi en matière d'atteinte d'objectifs sociaux, en l'occurrence ceux de lutte contre la pauvreté et la précarité. Le *business model* se justifie aussi par les performances financières qu'il dégage et comment le surplus de rentabilité est en mesure d'être socialement et économiquement utilisé. Bien que plusieurs outils de gestion de la performance sociale soient utilisés par les institutions de microfinance pour cibler les clients pauvres et hormis l'existence de bases de données (*Global Findex*, etc.) exploitables en vue de mesurer les progrès accomplis dans le domaine de l'inclusion financière ainsi que son impact sur la

---

[10] Voir Baromètre de la Microfinance 2015, Site *Convergences*, du 21 mai 2018. www.adie.org/sites/default/files/links/barometre2015de_la_microfinance_red.pdf
[11] Voir Baromètre de la Microfinance 2015, op. cit.

réduction générale de la pauvreté, il n'y a pas, à l'heure actuelle, d'évaluation du système de fonctionnement du modèle en tenant compte des impératifs sociopolitiques et environnementaux. Chaque modèle d'affaires devrait, en principe, subir une évaluation par scénarios opposés avec des modèles d'affaires concurrents.

En nous référant au Rapport du forum Mondial sur les politiques d'inclusion financière de l'AFI 2013, nous relevons un certain nombre d'idées phares :

« *Les domaines à faible risque (comme les services destinés aux pauvres) ne peuvent pas exiger le même niveau de réglementation et de surveillance que ceux à risque élevé. Les efforts visant à renforcer les mécanismes de protection efficaces et à améliorer l'alphabétisation et l'éducation financières sont considérés comme des stratégies complémentaires pour améliorer les « capacités financières » des clients à faible revenu* »[12].

L'inclusion financière s'inscrit dans cette démarche positiviste de faire adapter une offre de services financiers de base à une population dont les moyens financiers peuvent rapidement s'améliorer par le canal d'effort, d'habileté et de dextérité au travail.

Notre ambition dans ce présent article est de tenter une évaluation du modèle d'affaires des IMF dans le contexte social, économique, politique et environnemental marocain. L'hypothèse de pérennité des modèles économiques des IMF qui se pose en l'espèce ne peut être confirmée et perceptible, en matière d'inclusion bancaire et financière et surtout en ce qui concerne ses effets sur la réduction de la pauvreté, au Maroc, qu'à l'aune de cette évaluation.

1. L'inclusion financière dans le contexte marocain : état des lieux

La politique d'inclusion financière au Maroc a constitué dès la seconde moitié des années 2000 l'un des principaux vecteurs de

---

[12] AFI (2013). *Rapport du forum Mondial sur les Politiques d'Inclusion financière*, p. 2. https://www.afi-global.org/sites/default/files/publications/gpf2013_report_french.pdf

développement d'une stratégie globale du secteur financier à l'horizon 2020. Cela vise à la fois l'approfondissement du marché bancaire national, le développement des marchés de capitaux et le positionnement du Maroc en tant que centre financier régional. L'objectif essentiel de ce processus d'intégration bancaire et financière est la bancarisation des opérations monétaires et financières. Le souci majeur reste, nonobstant une certaine cohérence technique dans le cadre de ce plan, la traçabilité des opérations et des actions des agents économiques. La bancarisation est vue comme un objectif en soi au lieu d'être un moyen technique résultant lui-même de l'effort économique et social à mettre sur les rails une croissance solidaire et pro-pauvre, anti-inégalités et en faveur de la durabilité.

L'inclusion financière au sens d'intégrer pour mieux cibler ne peut, en soi, être récusée et qualifiée de mauvaise pour la société. Elle demeure tout de même un vecteur essentiel du développement durable, contribuant à la réduction de la pauvreté et à la promotion du bien-être économique. Elle permet, en outre, une meilleure transmission de la politique monétaire et financière, une profondeur en matière de confiance, de crédibilité et de stabilité monétaire et financière. De ce fait, de nombreuses banques centrales, y compris Bank Al-Maghrib, la considèrent comme l'un des objectifs importants de leurs politiques.

Dans ce contexte, les décideurs publics reconnaissent de plus en plus l'importance de données fiables pour mesurer et évaluer l'impact de leur politique d'inclusion financière. Plusieurs initiatives nationales et internationales entreprises par le secteur public et privé ont contribué à la mise en place d'un cadre général pour la conception et la diffusion d'indicateurs de mesure de l'inclusion financière.

1.1. Indicateurs de mesure de l'inclusion financière

Les indicateurs de mesure de l'inclusion financière sont une chose indispensable pour formaliser et apprécier le niveau d'inclusion dans un pays. Pour cela, toute une démarche émanant d'un certain nombre de commissions, de fondations, d'institutions ou d'organismes rattachés aux banques centrales nationales a été consacrée pour collecter des données relatives à l'inclusion financière.

Malgré le caractère cruciforme que revêtent l'information pertinente et l'importance de la collecte de données fiables pour définir l'inclusion financière, aucun standard, aucune norme reconnue mondialement n'existe à l'heure actuelle en matière de méthodes pour définir les indicateurs susceptibles de disséquer l'état réel de l'inclusion dans les PED. Comme le notent, à juste titre, les auteurs du rapport de l'Alliance pour l'inclusion financière (l'AFI) :

« *Actuellement, certains pays ont mesuré différents indicateurs et utilisent pour cela une variété de méthodologies. De ce fait, certains pays possèdent des méthodes de collecte de données sophistiquées alors que d'autres en sont dépourvues* »[13].

Afin de répondre au besoin d'une définition de l'inclusion financière savante et universelle, le groupe de travail sur les données de l'inclusion financière de l'AFI a su concevoir un certain nombre d'indicateurs précis et rigoureux. La mesure de l'inclusion se fonde sur quatre indicateurs, classés par ordre d'importance et de complexité croissantes. Il s'agit de l'accès et l'usage[14] des services financiers, de la qualité, de l'utilisation et du bien-être. La dimension de la qualité, bien qu'importante, est un sujet plus complexe à la fois conceptuellement et sur le plan d'activité de mesure. C'est une dimension qui peut nécessiter des sondages du côté de la demande et l'utilisation d'indicateurs à la fois quantitatifs et qualitatifs.

Plus en détail, l'accès se confie à la capacité d'utiliser des services et produits financiers et monétaires disponibles des institutions dites « formelles ». Comprendre les niveaux d'accès demande d'identifier et d'analyser les barrières à l'ouverture et l'utilisation d'un compte

---

[13] Pour plus de détails voir : AFI, *Mesurer l'Inclusion financière : Les Indicateurs fondamentaux de l'Inclusion financière*. https://www.afi-global.org/sites/default/files/fidwg_core%20set%20of%20indicators-fr.pdf, Avril 2011.

[14] L'usage se réfère à la performance, la portée et la profondeur des services et produits financiers utilisés. En d'autres termes, déterminer l'usage requiert de rassembler des informations en matière de régularité, fréquence et durée d'utilisation dans le temps. Les indicateurs d'usage de l'ensemble des indicateurs fondamentaux sont : 1. Le pourcentage d'adultes ayant au moins un type de compte de dépôt régulé ; 2. Le pourcentage d'adultes ayant au moins un type de compte bancaire régulé. Dans les pays où ces données ne sont pas disponibles, les indicateurs de substitution suivants peuvent être utilisés : 3. Le nombre de comptes de dépôt pour 10 000 adultes ; 4. Le nombre de comptes de prêt pour 10 000 adultes.

bancaire, comme le coût ou la proximité géographique des points de vente de services bancaires (succursales, agences, guichets automatiques, etc.). Les données sur l'accès peuvent généralement être obtenues par les institutions financières. Les indicateurs de l'accès[15] au sein de l'ensemble des indicateurs fondamentaux, selon le Groupe de Travail sur les données de l'inclusion financière de l'AFI[16] (Alliance pour l'Inclusion Financière), sont : 1. Le nombre de points d'accès pour 10 000 adultes du point de vue national et segmenté par type et unité administrative adaptée ; 2.1. Le pourcentage des unités administratives[17] ayant au moins un point d'accès, 2.2. Le pourcentage de la population totale vivant dans des unités administratives ayant au moins un point d'accès[18].

La qualité porte sur le niveau de pertinence et le degré d'adaptabilité des produits et services financiers existants par rapport à une certaine opinion, une certaine attitude et par rapport à l'expression des besoins réels immédiats et potentiels d'une population bien précise (en particulier les pauvres potentiellement crédités de sursaut pécuniaire pour atteindre le niveau de la classe moyenne inférieure). La mesure de cette qualité se fonde donc sur la nature et la profondeur de la relation et de son infléchissement entre l'offreur des produits et services financiers et l'usager potentiel.

Il est bien évident de constater, à cet égard, que cette approche est à la fois positive et « *welfariste* ». Il s'inscrit notamment dans le cadre d'une vision de conditionnement et d'endoctrinement des usagers (consommateurs au sens de cette approche).

---

[15] Ces données seront collectées du côté de l'offre, c'est-à-dire auprès des institutions financières. L'indicateur 2.2 incorpore les données de la population qui devraient être disponibles au sein des statistiques nationales.

[16] https://www.afi-global.org/sites/default/files/fidwg_core%20set%20of%20 indicators-fr.pdf, Avril 2011.

[17] Le terme d'unité administrative doit être défini par chaque pays et pourrait se référer, en fonction du pays, à la municipalité, le canton, le comté, etc.

[18] Le terme de « points d'accès » désigne des points d'accès régulés où les transactions de dépôts et de retraits d'argent en liquide (incluant aussi l'épargne) sont possibles. Ceci inclurait les succursales bancaires traditionnelles et d'autres bureaux d'entités régulées (comme les IMF) qui performent ces opérations. En fonction du type de transactions permises, cette définition peut inclure aussi les correspondants d'entités régulées et les guichets automatiques (seulement ceux permettant des transactions de dépôt et retrait d'argent en liquide).

Le troisième indicateur est relatif à l'utilisation effective et régulière des produits et services financiers. Cela nécessite de faire appel à un instrument de mesure qui permet d'appréhender à sa juste valeur le niveau d'implication de l'usager à adopter le système financier ou microfinancier proposé, à travers la panoplie ou la combinaison de produits proposés.

Le dernier indicateur, difficile empiriquement à appréhender, est relatif au bien-être. Il se base sur des données collectées auprès des utilisateurs. La difficulté de mieux saisir le bien-être de l'utilisateur vient de l'incapacité de celui-ci et parallèlement celle de l'enquêteur à dissocier le bienfait de l'inclusion de celui des autres variables (le revenu, les opportunités, la formation, le métier, les aides, etc.).

***TABLEAU 1** : Les indicateurs fondamentaux de l'inclusion financière*

Dimension	Définition de la dimension	Indicateurs fondamentaux	Indicateurs de substitution	Définition / Commentaires
Accès	Capacité à utiliser les services financiers formels, ex. barrières minimales à l'ouverture d'un compte • Proximité physique • Abordabilité	1. Nombre de points d'accès pour 10.000 adultes du point de vue national et segmenté par type et unité administrative adaptée 2.1. % d'unité administrative ayant au moins un point d'accès 2.2. % de la population totale vivant au sein d'une unité administrative ayant au moins un point d'accès		Points d'accès régulés où les transactions de retrait et dépôt d'argent liquide (incluant l'épargne) peuvent être faites. Indicateurs de distance du côté de l'offre peuvent aider dans ce cas, mais sera déterminé du point de vue national.
Usage	Utilisation actuelle de produits/services financiers • Régularité • Fréquence • Période d'utilisation	3.1. % des adultes ayant au moins un type de compte de dépôt régulé 3.2 % d'adultes ayant au moins un type de compte bancaire régulé	3.a. Nombre de comptes de dépôt pour 10.000 adultes 3.b. Nombre de comptes de prêt pour 10.000 adultes	« Adulte » désigne une de 15 ans et plus, ou d'un âge défini par pays. Définir le terme de « compte actif » et chercher à le mesurer dans le futur.

***SOURCE** : Alliance for Financial Inclusion, Groupe de Travail sur les Données de l'Inclusion financière, avril 2011.*

1.2. Situation actuelle de l'inclusion financière au Maroc

Au Maroc, l'inclusion financière semble être une stratégie que le gouvernement a mise sur les rails depuis quelques années, au moins depuis 2013, suite à la déclaration de Maya. Les résultats de cette initiative sont spectaculaires et surtout payants en termes d'adhésion et de formalisation des transactions émanant des acteurs et opérateurs

(TPE, micro-entreprises), mais aussi, et surtout les participants à l'économie informelle (les petits métiers clandestins[19]).

À titre de comparaison, l'expérience chilienne peut être qualifiée d'utile et comme source d'inspiration pour le Maroc. Selon les statistiques récoltées par la vie éco du 17 juillet 2017,

« *98% des habitants de plus de 15 ans ont au moins un produit financier à gérer. Le nombre [moyen] de cartes de débit par habitant est passé de 0,5 unité en 2005 à 1,2 unité en 2015. Le nombre de cartes de débit CuentaRUT a grimpé de 600 000 cartes bancaires à 9,2 millions en 2015. Ces cartes ont été développées par la BAM pour offrir plusieurs avantages : pas de revenu minimum pour bénéficier d'un compte, zéro coût bancaire, zéro frais de maintien de compte* ».

En se référant aux résultats de l'enquête (3000 sondés) portant sur la perception des services financiers, menée par Bank Al-Maghrib et la Banque Mondiale, la situation de l'inclusion n'est pas aussi révélatrice de progrès et d'efficacité en matière de lutte contre la précarité et la pauvreté que nous le montrent certaines statistiques officielles émanant des pouvoirs publics, de l'appareil bancaire national. Une certaine contradiction entre les statistiques nationales et les statistiques émanant des organismes internationaux est à soulever.

Le taux de bancarisation de 73% annoncé par Bank Al-Maghrib est quelque peu exagéré. En matière de financement, seul un cinquième des PME dispose d'un crédit, malgré leur poids considérable dans l'économie nationale (plus de 95% des entreprises marocaines sont des PME). L'offre de financement couvre seulement un tiers des besoins réels des PME. Le système bancaire classique est souvent mu par la recherche d'un gain sûr et sans prise de risque en matière de financement des jeunes entreprises. La situation est pire lorsqu'il s'agit des TPE où leur exclusion du système bancaire classique et l'incapacité du système microfinancier à répondre à leurs besoins les fragilisent et les mettent le plus souvent sur le bord de la faillite.

Selon une étude intitulée « Améliorer la capacité financière et l'inclusion au Maroc : une évaluation de côté de la demande »

---

[19] Salaheddine M., 1988. *Les petits métiers clandestins : le business populaire*. Édition EDDIF Maroc.

(Enhancing Financial Capability and Inclusion in *Morocco : A Demand-Side Assessment*[20]), nous relevons les résultats suivants : Environ 41% [seulement] des adultes marocains utilisent un produit ou service financier formel. Cela place le Maroc bien au-dessus du niveau moyen d'inclusion financière au Moyen-Orient et en Afrique du Nord, ainsi qu'au-dessus du niveau moyen dans les pays à revenu moyen inférieur (18% et 28%, respectivement). Cependant, au Maroc, il existe de fortes variations dans l'utilisation des services financiers formels dans différents segments de la population. Les hommes ont 20% plus de chance que les femmes de déclarer utiliser un produit financier formel et 61% des adultes du haut quartile de la distribution des revenus sont financièrement inclus, seulement 25% de ceux du quartile inférieur entrent dans la même catégorie. Les Marocains vivant dans les zones urbaines sont également beaucoup plus aptes à s'inclure financièrement : 53% de ces adultes déclarent utiliser un produit financier formel, contre 19% de leurs homologues ruraux. Les comptes bancaires sont le produit financier le plus couramment utilisé, 28% des adultes déclarant avoir un compte de dépôt ou de chèque (courant). Cependant, chez les femmes, cette valeur tombe à 21% et parmi les résidents ruraux et ceux du quartile inférieur de la distribution des revenus, seulement 10% ont un compte bancaire. Un peu plus d'un adulte marocain sur dix déclare avoir un crédit formel auprès d'une banque, d'une société de cartes de crédit ou d'un crédit à la consommation et une proportion similaire utilise des services de transfert d'argent. Moins de trois pour cent des Marocains déclarent avoir une hypothèque ou utiliser un produit d'investissement ou de retraite. Comme pour les modèles généraux d'inclusion financière, les hommes, les adultes plus riches et ceux qui vivent dans les zones urbaines déclarent une plus grande utilisation de ces produits. Les institutions de microfinance (IMF) atteignent actuellement environ 5% de la population adulte, une constatation conforme aux données de l'offre. Malgré ce taux de pénétration relativement faible, les institutions de microfinance sont très connues : 68% des Marocains déclarent connaître les services offerts par les IMF. Contrairement au crédit des banques, les adultes à faible revenu sont plus susceptibles que leurs homologues à revenu élevé de déclarer avoir un crédit

[20] International Bank for Reconstruction and Development, World Bank, December 2014.
http://documents.worldbank.org/curated/en/936861468051895341/pdf/941850WP0P14380Inclusion0in0Morocco.pdf

auprès d'une IMF. Les clients des IMF ont également peu de chance d'utiliser, en simultané, les services des banques classiques. Seulement un pour cent des adultes ayant un prêt en cours dans une IMF ont également un crédit auprès d'une banque, et seulement huit pour cent de ces adultes ont un compte d'épargne ou de dépôt auprès d'une banque. L'assurance est utilisée par environ 24% de la population adulte au Maroc, ce qui est principalement dû aux classes d'assurances obligatoires. La grande majorité des titulaires d'assurance (plus de 90%) déclarent utiliser une forme d'assurance obligatoire, y compris la responsabilité civile automobile. Seulement 2% de la population adulte déclare avoir recours à l'auto-initiative pour contracter une assurance, comme une assurance privée ou une assurance-vie.

Par ailleurs, 18% des adultes marocains déclarent utiliser un produit financier conforme à la charia, la Murabaha étant le produit le plus souvent cité. La popularité du produit Murabaha au Maroc est cohérente avec les études qui estiment que 70 à 80% des produits commerciaux islamiques sont basés sur la Murabaha. Ceux qui n'utilisent pas les produits financiers conformes à la charia citent généralement le manque de besoin (ou le non-besoin), l'accès et la connaissance comme raisons principales. Les doutes sur l'authenticité ne semblent pas être un obstacle majeur à l'utilisation des produits financiers conformes à la Charia, avec seulement 10% des non-utilisateurs citant cette raison.

Selon la même enquête, les quelque 13 millions d'adultes financièrement exclus au Maroc – ceux, en l'occurrence, qui n'utilisent aucun produit ou service financier formel – sont, de manière disproportionnée, des femmes, des pauvres ; ils vivent généralement dans des zones rurales. Parmi ces adultes, l'obstacle le plus fréquemment signalé à la propriété officielle du compte est le manque d'argent (37%), suivi de l'absence de compte officiel (27%) et des coûts élevés associés à la possession et à l'utilisation d'un compte officiel (24%). Beaucoup d'adultes – en particulier ceux qui ne participent pas au système financier formel – utilisent des méthodes informelles pour épargner et emprunter : 33% des adultes déclarent n'utiliser que des méthodes informelles pour épargner et 10% des adultes comptent exclusivement sur des prêteurs informels (prêteursfamille ou prêteurs-amis) à emprunter. Cependant, 49% des adultes n'épargnent pas et 72% des adultes n'empruntent pas.

De même, les résultats de l'enquête montrent que les niveaux de connaissance des concepts financiers de base constituent un vrai défi au Maroc. En moyenne, les répondants ont pu répondre correctement à trois questions sur sept de la littératie financière. Alors que 90% de l'échantillon était capable de réaliser des divisions simples ; environ 40% des participants comprenaient comment l'inflation affectait leurs économies, et un cinquième semblait être à l'aise pour résoudre des tâches de calcul légèrement plus difficiles afin d'identifier de meilleures affaires. Par rapport aux répondants de 22 pays, pour la plupart des mesures de littératie financière, les participants au Maroc se situent près du milieu du peloton, sauf en matière de compréhension de l'inflation, domaine dans lequel restent loin derrière les répondants de la plupart d'autres pays. Les groupes vulnérables qui ont donné deux réponses correctes ou moins aux questions sur la littératie financière sont plus susceptibles de vivre avec les revenus les plus bas, d'avoir un faible niveau de scolarité et moins susceptibles de pouvoir avoir un emploi officiel. En ce qui concerne le nombre moyen de produits financiers connus, les répondants connaissent les produits fournis par les différents types de fournisseurs. Les principaux produits familiers aux Marocains sont les banques (90%), suivis des produits offerts par les groupes d'autoassistance épargne et crédit (89%), les IMF (68%) et les opérateurs de transfert d'argent (65%). Les produits d'assurances sont connus par moins de la moitié de l'échantillon (45%). Les répondants qui ne connaissent que deux fournisseurs ou moins et leurs produits ont tendance à être jeunes, n'ont jamais terminé l'école primaire et sont inactifs. Par exemple, alors que ceux ayant le plus haut niveau d'éducation ont indiqué être familiers avec les fournisseurs et leurs produits, ceux qui n'ont pas été scolarisés ont démontré la connaissance des fournisseurs et des produits qu'ils offrent. Une constatation plus préoccupante est que seulement 20% des Marocains, vivant dans les zones rurales, connaissent les services offerts par les compagnies d'assurance, bien que l'assurance soit un instrument utile pour lisser les fluctuations saisonnières de revenu rencontrées par une proportion substantielle de résidents ruraux. Une comparaison internationale montre que les Marocains maîtrisent la tâche de choisir des produits financiers et ont tendance à faire preuve de clairvoyance, mais ils sont parmi les plus en difficulté en ce qui concerne la gestion de leurs finances quotidiennes et les dépenses de vieillesse. Les Marocains surpassent les répondants de sept autres pays dans leur propension à penser à l'avenir et dans le domaine du choix des produits financiers. Cependant, à la lumière des difficultés susmentionnées rencontrées par les répondants dans la résolution de tâches de calcul simples afin d'identifier de meilleures affaires, il peut être question de savoir si les gens finissent par choisir les produits qui répondent le mieux à leurs besoins. La comparaison avec les participants à l'enquête dans d'autres pays montre également que les Marocains se battent avec leur gestion quotidienne de l'argent et obtiennent des scores plus bas pour leurs attitudes vis-à-vis de l'épargne. La constatation la plus préoccupante est toutefois que « l'hypermétropie » de Marocains ne se traduit pas par une action appropriée et qu'ils manquent de loin derrière les participants à l'enquête de capacité à faire des provisions.

1.3. Le business model actuel en matière de microfinance est-il vraiment inclusif ?

Un *business model* ou modèle économique ou d'affaires est une représentation synthétique des aspects majeurs de l'activité, du positionnement industriel et commercial (au niveau local, régional, national et international) d'une entreprise ou d'une organisation. Il décrit la situation de celle-ci sur un marché donné. Le *business model* décrit également les principes de fonctionnement ainsi que les règles d'organisation d'une entreprise. L'utilité du modèle économique est double : il permet d'identifier les objectifs d'une entreprise, mais également de décrire la stratégie et les ressources déployées pour les atteindre.

Le *business model* montre comment la valeur est créée sur la base d'un plan d'affaires structuré autour des coûts (inputs) qu'il engage et des revenus (outputs) qu'il génère.

Le *business model* dans le cas de la microfinance est une procédure, un plan et une technique de ciblage d'un marché potentiel avec une profondeur en matière de pérennisation de ses opérations de crédit, d'épargne et de microassurance, sur la base des outils et des modèles commerciaux. Au Maroc, le modèle économique de la microfinance cible les pauvres les plus productifs et les plus créateurs, en situation du manque de moyens de financement et d'assurance et ayant la possibilité de dégager, très rapidement, une petite épargne qui serait visiblement la cible première des IMF en matière de transfert (offre de canaux de transmission de cette petite épargne avec notamment des coûts assez élevés).

Le modèle de base de la microfinance (microcrédit) est celui popularisé par Mohammad Yunus, fondateur de la Grameen Bank[21] et prix Nobel pour la paix en 2006, celui surnommé, exagérément, « le banquier des pauvres ». Mais, en réalité, ce modèle remonte à l'antiquité. Il s'agit tout simplement de prêt usuraire qui se pratiquait jusqu'au Moyen Âge. En Europe, la lutte contre le phénomène de l'usure[22] remonte au Moyen Âge. Comme le rappelle, à juste titre, Laurent Lhériau, dans son *Précis de réglementation de la microfinance* :

« *En 1462, le moine Barnabé de Terni fonda en Italie le premier mont-de-piété pour combattre l'usure, au moyen de prêts sur gage consentis sans intérêt. Les emprunteurs nécessiteux pouvaient ainsi disposer de liquidités en conservant l'espoir de récupérer leurs biens ultérieurement en cas de retour à meilleure fortune (ce que n'aurait pas permis un crédit à un taux usuraire de l'ordre de 120 % annuel). S'ils ne pouvaient pas récupérer leur bien, alors celui-ci était vendu aux enchères* ».

Cette pratique, malgré son caractère révolutionnaire en matière sociale, elle souffre d'une incapacité de bien gérer le processus de dépôts et de restitution de marchandises en garantie.

Par ailleurs, comme le note Laurent Lhériau, l'activité du crédit conçue dans le cadre de mont-de-piété reste limitée :

« *De par sa volonté de lutter contre la pratique des taux usuraires et l'appauvrissement d'une partie de la population, le mécanisme des monts-de-piété peut être considéré comme un des ancêtres de la microfinance. Il trouve cependant sa limite dans la restriction qu'il*

---

[21] Première institution de Microcrédit au Bangladesh.

[22] Comprise comme la pratique de taux d'intérêt élevés ne permettant pas à l'emprunteur de rembourser sa dette sans perdre tout ou partie de son patrimoine.

s'est imposée en matière d'activités financières, en ne pratiquant que des prêts sur gage. De plus, le phénomène n'a pu toucher que (...) les classes les plus pauvres, lesquelles n'avaient aucun objet de valeur à mettre en gage »[23].

Le modèle économique qu'il a réhabilité, celui d'octroyer des crédits à une certaine catégorie de pauvres en partie de genre féminin, celle, de surcroît, la plus entreprenante, la plus qualifiée en termes de métiers, la plus à même de générer des revenus suffisants sur le court terme, a été vite exporté dans le monde entier, en particulier dans les PED. Le Maroc est souvent cité comme un exemple réussi de cette inspiration ou transposition « yunussienne ». On trouve aussi ce même modèle « vernis », appliqué, à moindre échelle certes, dans certains pays développés, avec des taux d'intérêt largement inférieurs à ce qui se pratique dans les pays pauvres ou en développement.

Mais, il faut savoir que le mouvement de bancarisation a commencé à se développer en Europe, notamment en Allemagne et en Suisse (Raiffeisen) et en France, en créant pour la première fois, vers la seconde moitié du 19e siècle, des réseaux bancaires mutualistes, destinés aux paysans, longtemps victimes des pratiques usuraires.

Comme le précise, à juste titre, Laurent Lhériau :

« *Un siècle plus tard, Yunus réhabilite le concept de l'usure en le reluquant par l'ancien système de mont-de-piété [avec à l'appui le principe du cautionnement solidaire]. L'enrichissement des plus pauvres donc passe avant tout par l'investissement productif et non par un comportement d'épargnant. L'épargne n'est plus qu'un outil, là où les pères fondateurs du mutualisme y voyaient un dogme moral autant qu'une nécessité économique* »[24].

En insistant sur le rôle de crédit, Laurent Lhériau ajoute :

« *Le concept moderne de microfinance part de cette primauté du crédit sur l'épargne, de l'investissement sur la thésaurisation. Il a connu un immense et rapide succès parce qu'il a pu s'appuyer sur un*

---

[23] Laurent Lhériau, *Précis de réglementation de la microfinance*, Agence française de Développement, Département de la Recherche, pp. 35-36.
[24] Laurent Lhériau, *op. cit.*, pp. 36-37.

volume important de ressources exogènes publiques et privées, ce que n'avaient pas pu (ou su) faire les systèmes mutualistes du siècle précédent »[25].

Le microcrédit semble en effet être un phénomène qui s'inscrit dans la continuité des crédits usuraires connus dans l'histoire moyenâgeuse, avec une touche ou plutôt un habit institutionnaliste qui prétend avoir la vertu de lutter contre la pauvreté et la précarité.

De même, la microfinance semble être un mariage entre les techniques de crédit de la banque universelle et de la finance informelle. Sur le plan des conditions de l'octroi de microcrédits, les institutions de microfinance semblent être un peu flexibles et moins exigeantes. Jusqu'à une date très récente, la quasi-totalité des institutions de la microfinance, dans le monde, ne subit pas du contrôle permanent des banques centrales. En effet, selon Servet, trois critères, d'ordre social, caractérisent la microfinance :

« *Le faible montant des opérations, la proximité non seulement spatiale, mais aussi mentale et sociale entre l'organisation et sa population cible, et la pauvreté*[26] *supposée des client(e)s ou l'exclusion qu'elles ou ils subissent* »[27].

Néanmoins, il est évident, aujourd'hui, de reconnaître que la caractérisation la plus juste de la microfinance ne déroge point à la règle selon laquelle dans le système privé, malgré l'habillage associatif étalé au grand jour, la priorité est donnée au profit. La microfinance n'avait jamais eu d'objectif social à imposer et à mettre à son actif. L'expérience montre une volonté délibérée, consensuelle, voire déterminée des IMF dans les PED à dépouiller le pauvre, pas n'importe quel pauvre : le pauvre riche (possédant des garanties) et qualifié (ayant un vrai métier).

Par ailleurs, vu l'objectif affiché, prétendument social, en l'occurrence, vu le caractère opportuniste des processus de création de

---

[25] Laurent Lhériau, *op. cit.*, p. 37.

[26] Voir en plus de détails, Gubert F. et Roubaud F. (2006). *Analyser l'impact d'un projet de microfinance : l'exemple d'AdéFI à Madagascar.* www.dial.prd.fr

[27] Jean-Michel Servet, 2006. *Banquiers aux pieds nus. La microfinance.* Odile Jacob, p. 225.

valeur[28], dans le domaine de la microfinance, des solutions qui vont du financement des AGR (activités génératrices de revenus) au financement des besoins divers (logement, éducation des enfants, santé, consommation, etc.), sont rendues possible grâce à l'intervention active et quasi permanente des gouvernements, dans les PED (Armendáriz de Aghion et Morduch, 2004).

Une fois de plus, le caractère social de la microfinance n'est que superficiel. Le ciblage de la clientèle est minutieusement choisi et étudié. Sans détour, ni subterfuge, les IMF continuent d'appliquer, à sa juste valeur, le vieil adage : « on ne prête qu'aux « riches » ».

D'un point de vue technique, l'Institution de Microfinance (IMF) commence en tant que structure indépendante ou faisant partie d'une ONG sous sa forme associative généralement. D'où l'appellation de l'AMF sous sa dénomination marocaine. Sa forme associative fait d'elle une structure avec un système opérationnel à la fois simple et basique. Un suivi des opérations et d'épuration des opérations (soldes, règlements, encaissements, décaissements, etc.) se fait basiquement sur une feuille Excel. Un nombre minimum d'employés est recruté pour le démarrage de l'activité : un manager et quelques officiers de crédits, un comptable et/ou un trésorier (souvent, certaines personnes sont amenées à cumuler plusieurs fonctions en même temps). C'est une structure organisationnelle simple où il y a peu de coûts de fonctionnement, et où l'apprentissage se fait très vite. Le manager est au centre d'une toile d'araignée, il connaît tout son réseau, et sait reconnaître les mauvais emprunteurs par un système informel d'informations.

Une fois le modèle de base est constitué, l'IMF se concentre sur l'expansion de ses opérations déjà existantes : elle se concentre sur la recherche de ressources (matérielles et humaines) pour mener à bien son plan d'affaires.

Une fois agrandie, cette IMF commence à bénéficier d'économies d'échelle, et gagne donc en efficacité. Elle dépend donc de moins en moins des aides, des avances en crédits et des dons nationaux et étrangers. À l'opposé, elle génère de plus en plus de revenus propres

[28] Particulièrement dans les secteurs agricole et industriel dont les nniveaux de croissance et de productivité sont très élevés.

par un produit net bancaire ou PNB conséquent (intérêts, commissions et agios) qu'elle prélève dans le cadre de son activité usuraire ou para-usuraire. Le manager n'est plus au fond du décor, parce que c'est impossible pour lui de connaître tous les clients, leurs aspirations et leurs informations, les plus élémentaires soient-elles. Il dépend donc des superviseurs et du directeur financier ou du directeur. Il est dans l'obligation de déléguer, il doit aussi motiver ses équipes et les former.

Une fois la phase de consolidation est entamée, l'IMF améliore sa structure, son organisation administrative, responsabilise ses cadres et ses employés, normalise ses procédures, ses politiques d'organisation, s'oblige à tenir compte des risques qui la guettent, introduit ou emprunte un système d'alerte (*stress testing*) pour gérer les risques financiers, adopte une vision d'avenir, etc. ; en un mot, elle doit mettre sur les rails une stratégie qui lui assure sa viabilité à long terme. Durant cette phase, les subventions, les aides et dons diminuent, la compétition s'accentue, la diversification en termes de produits commercialisés s'impose. De même, en matière de sécurisation[29] de

[29] En matière de sécurisation des fonds propres de l'ensemble des opérations de crédits, la viabilité et la pérennisation du modèle économique des IMF semblent, à l'heure actuelle, être fondé sur les exigences en matière de garanties, à la fois réelles et personnelles. Celles-ci comprennent le gage de biens meubles corporels (bijoux, appareils électroménagers, meubles, etc.), le dépôt de garantie (ou gage-espèce), le cautionnement personnel (avec ou sans solidarité) et un certain nombre de mécanismes de garanties dites « économiques et commerciales ». Les bénéficiaires de microcrédit bénéficient aussi de garanties octroyées par l'État dans le cadre du fonds de cohésion sociale. L'ensemble de ces garanties et leur mise en exécution effective se heurtent, le plus souvent au coût excessif et au formalisme hypertrophié lié à leur inscription. Il est important notamment de noter que le service public qui s'occupe de certaines de ces garanties (les hypothèques, entre autres) est très peu développé, en particulier dans les zones rurale et périurbaine. De même, les méthodes de recouvrement forcé utilisées par les IMF dans les PED se heurtent davantage encore aux limites des systèmes judiciaires, au coût des actions en justice, à la lenteur des voies d'exécution légales. De fait, les IMF ont souvent développé des systèmes de recouvrement extrajudiciaires, s'appuyant parfois sur les mécanismes sociaux traditionnels ou la pression sociale, entre autres par le moyen de l'autorité locale, par la chefferie tribale qui s'en mêle, en vue d'exercer son pouvoir traditionnel. Néanmoins, ces mécanismes extrajudiciaires, flous et lents, trouvent leur limite dans les conditions strictes posées par le droit positif (écrit), ce qui, dans certaines situations, amène les IMF à pratiquer, sans se rendre compte, de l'antisélection, en choisissant d'une manière adverse des débiteurs de mauvaise qualité.

ses fonds, et pour mener à bien le processus de consolidation de son modèle économique, l'IMF doit se conformer aux règles prudentielles de régulation imposées par la Banque Centrale, en l'occurrence Bank Al-Maghrib.

Enfin, l'IMF, dans sa phase de maturité, elle intègre le système financier ou plus exactement, elle le complète. Durant cette phase, elle doit jouer un rôle important dans l'économie, elle doit aussi assumer sa tâche sociale en tant qu'acteur économique majeur de lutte contre la pauvreté et l'exclusion sous toutes ses formes. Elle doit conforter sa situation financière (ses fonds propres) et offrir des services adaptés et de qualité. Elle doit payer des impôts ; recevoir de moins en moins de subventions. Le modèle d'affaires qu'elle met en œuvre doit être financé en très grande partie par les remboursements de la clientèle et par le service des emprunts et par une épargne - clientèle. Une autre partie provient de la participation des banques commerciales ou si la règlementation financière le permet, des émissions d'obligations ou autres formes d'appels publics à l'épargne.

Il faut reconnaître que malgré sa soumission à une réglementation de plus en plus stricte, les IMF demeurent des entités souvent opaques, mal-gérées et mal-gouvernées. D'un point de vue technique et des infrastructures, elles sont peu équipées d'outils informatiques et logistiques modernes. Leurs dirigeants utilisent la technique d'enracinement en matière d'embauche, gaspillent beaucoup de ressources, prennent des risques d'un niveau assez élevé, etc.

1.4. Les activités stratégiques du modèle économique des IMF et financement de leur croissance

Outre son activité historique liée à l'octroi de microcrédit, l'IMF développe un certain nombre d'activités réputées être porteuses du progrès économique et social sur le long terme malgré certains bémols liés au manque de son efficacité sur certains marchés concurrentiels. Ceux-là concernent particulièrement les domaines de la petite épargne, de l'assurance et de la bancassurance ou plus généralement les nouveaux métiers des établissements de crédit.

1.4.1. Les métiers ou activités stratégiques des IMF

L'un des pans du nouveau modèle économique des IMF ces dix dernières années est le transfert des fonds[30]. Ce pan, réglementé, est réservé à la base aux banques ou à d'autres établissements relevant de la loi bancaire ou de réglementations financières spécialisées.

La clientèle issue du monde rural, des périphéries urbaines ou habitant dans des zones ou quartiers marginaux des grandes et moyennes villes est une cible importante pour l'activité « transferts » des IMF. Celle-ci constitue un service financier requis à grande échelle dans les PED. Cette activité concerne aussi les travailleurs « migrants », les travailleurs saisonniers, les travailleurs issus des petits métiers clandestins et du secteur informel en général, les commerçants ambulants, etc.

La mise en place de canaux, d'antennes pour les transferts de fonds implique pour les IMF le déploiement de stratégies réglementaires, voire institutionnelles, pouvant entraîner la création de sociétés de transfert de fonds, des partenariats bancaires ou la constitution d'une banque. Le Maroc est fortement engagé dans cette voie pour permettre aux AMF de signer des contrats avec des banques et sociétés de transfert de fonds.

Un second pan est relatif à la mise en place d'un système de bases de données sur la clientèle. Celui-ci est un outil important de sécurisation des fonds propres liés au microcrédit, permettant accessoirement une facilitation du crédit aux « bons risques » ou « risques supposés supportables ou faibles ». Une fois les solutions techniques et financières mises en place, deux approches institutionnelles majeures se dégagent :

La première, publiciste, entraîne le fichage de la clientèle sous l'égide de la banque centrale[31], des banques commerciales et autres établissements financiers partenaires ou actionnaires.

---

[30] Le transfert de fonds est une opération s'inscrivant dans le cadre général des activités accessoires bancaires gérées spécialement par le service de la caisse relatif à la gestion des moyens de paiement du secteur bancaire.

[31] Laquelle peut éventuellement déléguer la mise en œuvre de prestations techniques à une entreprise spécialisée, privée, en l'occurrence.

La deuxième, privatiste, s'appuie sur le marché et la collecte d'informations à partir de « *credit bureau* » ou « bureaux de crédit »[32]. Ces organismes acquièrent et compilent un certain nombre d'informations (notamment celles provenant des établissements de crédit, des grands facturiers et des tribunaux) relatives aux antécédents de crédit, mais pas seulement des particuliers. Il est souvent reconnu que l'approche publiciste est moins efficace en matière de gestion et de circulation de l'information relativement à celle assurée par l'approche privatiste. Car, cette dernière pourra constituer une base de données complète, suffisamment importante, en tout cas, pour noter *(credit scoring)* les clients[33].

Un troisième pan est relatif aux TIC. Les TIC sont considérées comme des techniques ayant la capacité de faire évoluer les pratiques quant à l'usage et à l'accès aux infrastructures, aux produits et aux services de la microfinance et spécialement en matière de l'offre de moyens de paiement. Dans le cadre de ce que l'on appelle la banque « online » et comme le note d'ailleurs Laurent Lhériau :

« *Deux canaux technologiques et deux modèles institutionnels principaux se développent. Ils constituent ce que l'on appelle la*

---

[32] Dans le cadre de production et d'offre de prestations de services (partage d'informations sur l'endettement et les défauts de paiement dans le cadre d'une évaluation assez juste des risques encourus par les banques et les sociétés de crédit sur leurs contreparties), Bank Al-Maghrib a signé deux conventions de gestion déléguée, la première avec « Dun & Bradstreet Credit Bureau Maroc », en tant que nouveau prestataire de service lié au « Bureau de Crédit ». Et la seconde avec « Creditinfo », l'autorisant à acquérir des parts dans le capital du Credit Bureau actuel « Experian ». Ces conventions interviennent suite à un appel d'offres lancé en 2015 par Bank Al-Maghrib, dans le cadre de la mise en œuvre de son plan stratégique triennal pour le développement du système de partage des informations sur le crédit. Les deux prestataires actuels se sont engagés à proposer en plus du rapport de solvabilité sur les débiteurs, offert aux établissements de crédit (activité historique des sociétés de « credit bureau »), des services relevant de la notation financière, du scoring et de la gestion du portefeuille. La mise en place et la gestion de bases de données (Big Data) posent, parfois, la question essentielle de libertés individuelles, celles relatives au respect de la vie privée, de conditions d'accès, de protection des personnes fichées contre les erreurs et les abus, etc.

[33] Dans un pays comme la France, qui a adopté une approche publiciste, les principaux établissements de crédit ont su développer des techniques de notation personnelles, mais ces données leur coûtent de plus en plus chers.

« *banque à distance* »[34]. En termes technologiques, le couple « *carte à puce/terminal de paiement électronique » et téléphone mobile peut offrir des solutions très intéressantes pour les transactions ou même l'épargne* »[35].

Un avant-dernier pan est relatif à la micro-bancassurance. Cette dernière fait partie d'une stratégie de diversification en matière de produits et de marchés, d'étendre les services financiers à une clientèle assez large, mais aussi et surtout de fidéliser les clients historiques en leur offrant à la fois le crédit et l'assurance.

La microassurance dans le cadre marocain est assez réglementée. Elle relève de plusieurs législations différentes : code des assurances, législations sur la prévoyance sociale (sécurité sociale relevant de la convention 102 du Bureau international du travail [BIT],) et, assez souvent, de la législation sur les mutuelles (de santé, de prévoyance (la Caisse Nationale des Organismes de prévoyance sociale (CNOPS) pour le secteur public et la CNSS pour le secteur privé ...), etc.

De par le monde, la réglementation, la régulation, la surveillance du champ micro-assurantiel – considérée comme une activité dépendant des variables économiques, politiques, sociales, culturelles, climatiques et sanitaires – sont encore au stade d'édification et de développement. Au Maroc, la situation de la microassurance est très peu développée ; comme dans beaucoup de pays émergents et en développement, ce chantier suscite et suscitera un débat institutionnel et réglementaire sans fin à cause en particulier du coût élevé des primes d'assurances, de son manque d'efficacité quant au ciblage de la clientèle et en matière de comportements des acteurs.

Un dernier pan et non des moindres est celui relatif aux normes anti-blanchiment. Depuis le 11 septembre 2001, la mise en place progressive, au niveau mondial, de règles de plus en plus strictes de lutte contre le blanchiment de capitaux « illicites », contre les paradis fiscaux et le financement d'activités terroristes. Ces règles s'appliquent aussi (et depuis peu) aux IMF, quel que soit le type d'agrément dont elles bénéficient de la part des autorités de

---

[34] En anglais, on parle de « *Branchless Banking* » qui signifie, littéralement, selon Lhériau L., les « services financiers sans guichet d'agence bancaire ».

[35] Lhériau L., *Précis de réglementation de la microfinance*, AFD, 2009.

régulation. Au Maroc, nous sommes vraiment au début de prise de conscience concernant le processus anti-blanchiment dans le domaine de la microfinance, car les AMF marocaines ne recevaient pas de dépôts. Il n'existe pas, dans les 40 + 9 recommandations du GAFI (Groupe d'action financière contre le blanchiment et le financement du terrorisme), de dispositions ou de normes que les IMF ou toute autre institution orientée vers la bancarisation de masse ne devraient pas pouvoir appliquer.

1.4.2. Financement de l'activité des IMF

Sur un milliard et demi de pauvres (personnes vivant au-dessous du seuil de pauvreté sous son acception absolue) dans le monde, seulement 105,9 millions[36] d'entre eux ont recouru à la microfinance. Selon les chiffres de 2017, ce nombre a augmenté et a atteint 139 millions pour un montant total de prêts estimé à 114 milliards de dollars.

Le prêt moyen par emprunteur a été de 892 dollars et le nombre d'IMF opérant dans le secteur est passé de 3700 vers le début des années 2000 à 1400 organismes aujourd'hui en 2017. Les taux d'intérêt appliqués mondialement sont de l'ordre de 26% en moyenne, avec un plancher de l'ordre de 10% et un plafond de l'ordre de 70%.

Comme il a été avancé auparavant, les sources de financement de l'activité des IMF demeurent en grande partie intimement liées aux avances des partenaires bancaires, aux aides internationales, aux dons, aux participations des pouvoirs publics, aux bénéfices réalisés. Il est donc notable de remarquer que ce financement a généralement deux origines : l'autofinancement et le financement indirect provenant de la clientèle, de l'État au niveau national, des États étrangers et des établissements de crédits et organismes internationaux divers.

Une troisième source de financement pourrait provenir des marchés de capitaux. Le marché de la dette (le marché obligataire et le marché des TCN particulièrement) est le marché le plus actif pour le financement des IFM. Il est de surcroît, le plus rentable et le plus

[36] Voir, pour plus de détail, « Baromètre de la Microfinance 2015 », *Convergences*. whttps://www.adie.org/sites/default/files/links/barometre2015de_la_microfinance_red.pdf (Page web de 21 mai 2018).

performant pour la levée des fonds. Comme le précisent Lâma Daher et Erwan Le Saout[37],

« *Les investissements en microfinance principalement orientés vers la dette (véhicules d'investissement en microfinance) permettaient d'obtenir de meilleures rentabilités ajustées du risque que les marchés d'actions. L'intégration des institutions de microfinance cotées peut améliorer la diversification de portefeuille. Les introductions en bourse des IMF pourraient avoir des conséquences positives en termes de gouvernance* ».

Il est en outre notable de préciser que la présence d'investisseurs socialement responsables dans le capital des IMF est à même d'aider ces derniers à mieux étendre leurs circuits d'offre de services financiers formels.

Il est en effet important de rappeler que l'accès des IMF aux marchés de capitaux est conditionné par des exigences en matière de règlements (les IMF ne sont pas des sociétés de capitaux), mais aussi en termes de capacité à faire appel public à l'épargne. Les IMF ne constituent pas des entités bancaires classiques avec des capitaux et fonds propres importants. L'obligation du chiffre d'affaires, du bénéfice et au-delà du niveau de risque pris sur le marché de crédit est une chose qui pourra bloquer certaines IMF à accéder aux marchés de capitaux.

À l'heure actuelle, la situation juridique des IMF est floue. Elle est appelée à se métamorphoser dans les années à venir. D'un point de vue stratégique, cette situation obstrue gravement l'activité des acteurs de la microfinance. Ils ne savent pas encore quel modèle il faudrait adopter pour atteindre une certaine dose d'efficacité. Leur situation dépend et dépendra de la volonté des pouvoirs publics, celle de la régulation étatique, mais aussi celle des acteurs financiers classiques.

L'accès à l'épargne publique et aux financements externes de ces AMF suppose leur autonomie intégrale en tant qu'acteur important de la finance nationale, et même au niveau du continent africain. L'accès

---

[37] Daher L. et Le Saout E. La performance boursière de la microfinance : Le cas des entreprises cotées, p.12. Researchgate,
file:///C:/Users/hp/Downloads/perfboursiere.pdf (page web de 21 mai 2018).

au financement par les fonds propres est à la fois une nécessité dans la mesure où elle permet cette autonomisation financière. Elle permet aussi et surtout d'accroître le volume des ressources disponibles, d'optimiser les portefeuilles clients et d'assurer la liquidité des investissements sur le long et moyen termes.

Tout cela nécessite une refonte juridique permettant aux AMF de s'orienter vers une activité plus bancaire que microfinancière. Dans ces conditions, la survie ou l'expansion d'une IMF est tributaire de sa capacité et de sa stratégie d'acteurs et surtout d'alliance. Ici, on ne parlera guère d'inclusion et de ses bienfaits et encore moins de lutte contre la pauvreté. C'est ce que l'obédience internationaliste de la microfinance est en train d'asseoir comme option un peu partout dans le monde. À cet effet, il est clair de qualifier le parcours d'affaires des IMF de très contrasté, avec des hauts et des bas en matière des bénéfices et surtout en matière de gouvernance et de gestion de leur modèle économique.

On constate que progressivement les IMF, qu'elles soient sous la forme associative ou coopérative, ou sous forme de sociétés peuvent, si la réglementation nationale en vigueur le permet, émettre :

- Des produits de dette plus ou moins sophistiqués ou structurés (titres de créance négociables sous forme de certificats de dépôt par exemple, obligations, produits de titrisation de créances réglementées) par placement privé ou appel public à l'épargne, éventuellement sur les marchés monétaire et boursier ;

- Des titres du capital, quand les IMF sont juridiquement formées de sociétés de capitaux (SA ou SCA) ou, le cas échéant, de personnes morales cotées en bourse[38].

---

[38] Ce sont les cas, par exemple, de Financiera Independencia, de Compartamos banco au Mexique, de Apna Microfinance Bank Limited au Pakistan, de National Microfinance Bank en Tanzanie, de SKS Microfinance en Indonésie, de Fortis Microfinance Bank Plc et de NPF Microfinance Bank PLC au Nigéria, de BRAC Bank au Bangladesh, etc.). Il faut noter, par ailleurs, que derrière ces sociétés de microfinance cotées, il y a des groupes bancaires largement importants. Il est donc visible et sans aucun détour que la voie de plus en plus consommée à l'heure actuelle est la soumission des IMF à une logique bancaire privée.

La possibilité de lever des fonds sur les marchés de capitaux est un gage important de réputation, mais surtout de liquidité de l'investissement engagé par les associés. Ces derniers peuvent à tout moment se retirer du capital de ces IMF.

2. Le modèle marocain de microfinance ou l'hybridation stratégique d'un modèle en perte de vitesse

La microfinance marocaine était initiée sur mesure en réponse à une question d'abord politique, ensuite d'opportunisme économique et financier lié à une sorte d'OPA, de prédation sur un pan social que forme une frange de la population marocaine vivant dans la précarité et la pauvreté (mais pas celle qualifiée d'extrême).

La première association de microcrédit, nommée « Fondation Zakoura », a été initiée par un riche mécène en 1996. Elle est rapidement virée vers la faillite suite à une mauvaise gestion et gouvernance et à un gaspillage de deniers publics, semi-publics et privés (risque opérationnel conséquent suite à des investissements inefficaces comme l'ouverture de plusieurs succursales et suite à une politique inefficace de recrutement : hypertrophie des agents et des employés).

La seconde est l'association Al Amana, lancée grâce à un financement externe de l'USAID en 1997. Les deux associations pionnières ont relancé le secteur et donné une portée nationale à l'activité.

Le fonctionnement, en termes du modèle économique et d'affaires, du secteur microfinancier marocain supposait une intervention de l'État et de l'appareil (en mode cautionnement) du support et de soutien indéfectible que constitue un certain nombre de bailleurs de fonds nationaux et étrangers. L'USAID[39], la SFI[40], le fonds Hassan II,

[39] United States Agency for International Development.

[40] International Financial Company (ou IFC) est un membre du groupe de la banque mondiale. Il faut noter que l'IFC est la plus importante institution mondiale d'aide au développement dont les activités concernent exclusivement le secteur privé dans les pays en développement.

le fonds JAÏDA[41], l'Agence Française de Développement (AFD), la Banque Africaine de Développement (AFDB), l'Union Européenne (UE), la *Women's World Banking* (WWB), la Banque Européenne d'Investissement (EIB), le BIT Bank, la Solidarité Internationale pour le Développement et l'Investissement (SIDI), en constituent les principaux pourvoyeurs. De même, dans le même ordre d'idées, il faut citer le rôle actif des établissements de crédit, à leur tête : le Groupe Caisse d'Épargne, le Groupe Attijariwafa Bank, le Groupe BMCE Bank, le Groupe CIH, le Crédit Agricole, BMCI, le Crédit du Maroc, la Banque populaire, la Société Générale (SG), le Citibank, l'Arab Bank, etc.

L'apport en capitaux étrangers est soumis à un rating financier, les aides publiques et institutionnelles sont liées à des niveaux de performance économique, financière et sociale assez importants, les participations privées sont des plus exigeantes et soumises à des niveaux de rentabilité et de transparence les plus élevés.

Voici une définition en termes de Tier (1, 2 et 3) du niveau de maturité et de performance, selon MicroRate (Luminis) des IMF :

[41] Filiale de la CDG, le fonds « Jaïda » intervient auprès des AMC en tant que « *prêteur en dernier ressort* » en facilitant leur financement afin de favoriser leur développement institutionnel et d'assurer leur autonomie financière. Pour cela, il peut drainer de nouveaux capitaux privés vers le secteur de la microfinance via ses interventions sur le marché financier. Au-delà du financement et du développement institutionnel, le Fonds se veut aussi une plateforme d'harmonisation des efforts des bailleurs de fonds internationaux pour le secteur de la microfinance.

TABLEAU 2. Maturité et performance des IMF.

	Tier 1	Tier 2	Tier 3
Description	*Mature, financially sustainable, and large MFIs that are highly transparent*	*Small or medium sized, slightly less mature MFIs that are, or are approaching, profitability*	*Start-up MFIs or small NGOs that are immature and unsustainable*
Sustainability	(i) Positive RoA for at least 2 of the last 3 years AND (ii) No RoA <-5% in the last 3 years	(i) Positive RoA for at least 1 of the last 3 years and other years >-5% OR (ii) Positive trend in RoA in last 2 years and >-5%	The rest
Size	>$50 million	$5 - $50 million	<$5 million
Transparency	(i) Regulated financial institution OR (ii) Rated at least once in the last 2 years	Audited financial statements for at least the last 3 years	The rest

SOURCE : MicroRate, http://www.microrate.com/media/downloads/2013/04/ MicroRate-White-paper-Microfinance-Institution-Tier-Definitions.pdf

Si nous prenons le cas de la société SIDI[42], société au service de l'inclusion financière, qui est connue par son investissement solidaire

[42] La SIDI (Solidarité internationale pour le développement et l'investissement) est une Société en Commandite par Actions (SCA) à capital variable, créée en 1983 par le Comité Catholique contre la Faim et pour le Développement (CCFD)-Terre Solidaire et des congrégations religieuses avec le concours d'actionnaires individuels. Créée en 1983 par le CCFD, la SIDI (Solidarité internationale pour le développement et l'investissement) est un investisseur social labellisé « entreprise solidaire » selon les termes de l'article 19 de la loi sur l'épargne salariale du 19 février 2001. Elle prolonge l'action du CCFD-Terre solidaire. Son métier est de proposer un appui financier et technique aux structures de financement de proximité (SFP), en particulier à ses partenaires dans le Sud et l'Est européen qui offrent des services financiers adaptés aux populations exclues des circuits bancaires traditionnels. L'objectif est de favoriser la consolidation de ces structures, afin qu'elles proposent des services (d'épargne, de crédit, de formation, d'accès au marché et de mutualisation des risques) durables. La SIDI est aujourd'hui en lien avec 99 partenaires (accompagnement au financement sous forme de prêt, prise de participation ou de garantie) et a un portefeuille brut de 12,9 millions d'euros. Les dépenses d'appui conseil sont affectées à l'Afrique à 70 % en 2011. Et en 2011, la SIDI a participé à la création du premier fonds de microfinance en faveur des petits producteurs africains, FEFISOL (Fonds Européen de Financement Solidaire pour l'Afrique) doté de 15 millions d'euros. L'association est bénéficiaire de plusieurs fonds et SICAV de partage : FCP Faim et Développement, FCP Faim et développement Agir CCFD, SICAV Eurco Solidarité et FCP Éthique et Partage.

très actif dans le Sud, en particulier en Afrique, celle-là est bien solidaire d'Al Amana (IMF Tier1[43]) avec un portefeuille de 163 823 euros en 2016 et de 491 291 euros en 2015, ce qui représente respectivement seulement 2,64% et 0,75% sur un investissement total de 18,6 millions d'euros en 2015 et de 21,8 millions d'euros en 2016. Il paraît évident que le poids dans le portefeuille de prise de participation de SIDI dans Al Amana a baissé très sensiblement ; celui-ci a baissé de 3,52 fois entre 2015 et 2016. Et l'apport de SIDI dans Al Amana a été divisé par 3. Entre 2011 (date de dissémination de la crise de secteur et de commencement de campagne anti-remboursement qui ont, tous deux, débouché sur une sévère vague d'impayés) et 2016, beaucoup de bailleurs de fonds ont réduit leur participation.

Malgré la participation assez moyenne dans le capital d'Al Amana, la société SIDI a pu intervenir pour étudier la situation de dérive qu'a connue le secteur de la microfinance marocaine et particulièrement pour rassurer ses actionnaires sur la finalité de leurs investissements et leur prise de participation dans le capital d'Al Amana.

Comme il a été rapporté par Abdelmoumni, Bellin-Schultz et Kpodekon dans leur article « Les dérives du microcrédit au Maroc, le regard d'un investisseur social et solidaire »[44],

« *En 2011, le secteur du microcrédit au Maroc a subi une campagne de dénigrement par Attac Maroc, association affiliée au mouvement mondial Attac. La campagne a conduit quelque 55000 clients du microcrédit dans la région du Sud-Est subdésertique à interrompre leurs remboursements à compter d'avril-mai 2011, dans le sillage des mouvements de contestation démocratique qui ont culminé cette année-là dans la région et dans le pays* ».

---

[43] Le Tier 1 est basé sur des niveaux de soutenabilité (viabilité financière importante), de taille et de transparence plus élevés. Ces niveaux reflètent un niveau de maturité institutionnelle qu'on trouve chez *MicroRate* par exemple.

[44] Abdelmoumni Fouad, Bellin-Schultz Catherine et Kpodekon Esther, « Les dérives du microcrédit au Maroc, le regard d'un investisseur social et solidaire », *Solidarité Internationale pour le Développement et l'Investissement*, World Bank Group, USA, https://www.microfinancegateway.org/sites/default/files/publication_files/20150713 article_maroc-vf.pdf

La campagne a touché spécialement la ville d'Ouarzazate et les villages d'Agdez, de Zagora, de Kelaat-M'gouna et d'autres petites localités environnantes. En effet, il est à noter que :

« *Sur les 11000 clients Al Amana dans la région d'Ouarzazate, le tiers environ a suspendu ses remboursements, mettant à risque des créances de l'ordre de 73,5 millions d'euros. En réaction, Al Amana et les autres associations concernées ont suspendu pour une année, l'octroi de crédits dans les points concernés, jusqu'à la normalisation de la situation (...)* ».

Le modèle économique de base des IMF marocaines a changé accessoirement, positivement certes, mais, le système de fonctionnement et de gouvernance qui le régit est peu efficace. L'information véhiculée dans le public et en faveur des actionnaires (les bailleurs de fonds) est peu pertinente. L'opacité, malheureusement, fort grandissante, est l'une des caractéristiques qui décrivent le mieux le système d'information des IMF marocaines.

2.1. Les spécificités réglementaires et institutionnelles du secteur de la microfinance au Maroc

L'activité de microcrédit au Maroc est régie par la Loi n° 18-97 relative au microcrédit du 1er avril 1999 ainsi que la Loi n° 58-03 du 6 mai 2004 complétant et modifiant le texte fondateur[45]. Le microcrédit est, selon la loi précitée, un crédit dont l'objet est de permettre à des personnes économiquement faibles de : i. Créer ou développer leur propre activité de production ou de service en vue d'assurer leur insertion économique ; ii. Acquérir, construire, ou améliorer leur

---

[45] Ce texte fondateur a subi plusieurs modifications et abrogations suite aux changements successifs de la réglementation bancaire et financière, ceux en particulier, liés à la loi bancaire de 2006 et de 2015. Désormais, les associations de microcrédit (AMC) ne dépendront plus du ministère des Finances. Elles dépendront de Bank Al-Maghrib (BAM) au même titre que les établissements de crédit et assimilées. BAM sera donc la seule habilitée à octroyer les agréments aux AMC. Aujourd'hui, à travers ce nouveau dispositif, BAM voit son champ du contrôle élargi à plusieurs domaines. Cela concerne essentiellement le respect des dispositions comptables et prudentielles. Les exigences du nouveau cadre réglementaire portent également sur la viabilité financière ainsi que la transparence de l'information comptable et financière.

logement ; iii. Se doter d'installations électriques ou assurer l'alimentation de leurs foyers en eau potable.

Le montant maximum du microcrédit est arrêté par décret. Il ne peut excéder 50 000 dirhams[46]. Ce même décret peut prévoir plusieurs tranches en fonction des objectifs de chaque AMC (Association de Microcrédit) et de ses moyens financiers. Le taux d'intérêt appliqué est également fixé par décret. Néanmoins, les AMC ont l'obligation d'information quant aux conditions appliquées au processus d'octroi des prêts.

En plus, les actions des AMC doivent se prétendre viables socialement et financièrement et être en conformité avec les programmes nationaux d'insertion économique.

Le contrôle et la supervision des AMC sont assurés par la Banque Centrale, Bank Al-Maghrib, depuis 2007. Elles doivent tenir une comptabilité régulière, effectuer un audit externe chaque année et transmettre des rapports réguliers à Bank Al-Maghrib.

Pour le renforcement du contrôle sur les crédits accordés et l'évitement des prêts croisés, une centrale des risques informelle a été créée en 2008. Celle-ci constituait un facteur de taille permettant de maîtriser le risque de défaut, dû en particulier aux prêts croisés et au taux de pénétration injustifié pratiqué par certaines AMF marocaines (Zakoura, comme exemple type). Comme le précisait le rapport de l'IFC de 2014 :

« *La centrale des risques informelle a pris la forme d'une simple base de données hébergée par la plus grande IMF, Al Amana, à qui les autres IMF soumettaient chaque semaine les données de leur portefeuille. La centrale donnait aussi accès à des données détaillées telles que le montant du prêt ou encore la date de déboursement. Cela a marqué un tournant majeur, d'un domaine fortement compétitif où les IMF se battaient (...)* ».

---

[46] Un assouplissement, en matière de plafonnement du montant de prêt a été proposé dans le projet de loi de finance de 2019. Ce montant passera de 50.000 à 150.000 DH. Cette initiative répondra aux besoins urgents des TPE et par la même occasion aux exigences de la mésofinance, en vogue ces deux dernières années. À l'échelle internationale, les TPE représentent près de 30% du portefeuille des IMF. Au Maroc, les TPE représentent seulement 0,18% dans le portefeuille-clients des AMF.

Le fait que les principales IMF marocaines aient été dans la situation de partager et de décentraliser mutuellement les données sur l'activité et la clientèle atteste purement et simplement de l'inquiétude qui prévaut sur le marché au moment de la propagation de la crise.

« *L'échange a continué sur ce mode de 2008 à 2011. Puis, début 1012, les IMF ont largement réduit la qualité des données remises, rapportant les prêts sans inclure des attributs clés tels que la date de déboursement ou la taille du prêt (...). Les IMF ne rapportent aucune donnée concernant les garants ou les conjoints, même si leur revenu est souvent un élément important dans la décision de crédit (...). Cela a donné le temps aux autorités gouvernementales de créer un Crédit bureau officiel* »[47].

La maîtrise progressive des rouages de la Centrale des risques des IMF, initiée par le gouvernement, a permis une certaine efficacité quant au processus de faire remonter les informations au Crédit bureau. La procédure est rendue obligatoire pour toutes les IMF. La traçabilité a touché aussi bien les prêts et les emprunts ainsi que l'ensemble des débiteurs et des bailleurs.

Les spécificités des AMC marocaines sont aussi institutionnelles. Selon la loi, l'activité de microcrédit est exclusivement assurée par les AMC sans but lucratif. Elles sont des organismes non gouvernementaux (ONG), non autorisées à collecter de l'épargne.

Toute AMC est tenue, selon la loi, d'adhérer à la Fédération Nationale des Associations de Microcrédit (FNAM). Cette dernière, considérée comme un organe de concertation, de coordination interne et de représentation externe, fixe comme mission fondamentale la contribution à la réduction de la pauvreté et à l'aboutissement des objectifs de développement humain.

Les AMC ne sont pas autorisées à distribuer leurs bénéfices. Ces bénéfices peuvent seulement être utilisés dans l'octroi de microcrédit.

Ces AMC se distinguent tout de même en termes de taille et de portée ; certaines servent des millions de clients sur une large région

---

[47] International Finance Corporation (IFC). *Sortie de la crise du secteur de la microfinance au Maroc : des interventions opportunes et efficaces*. Rapport de 2014.

ou à travers tout le pays à travers de nombreuses agences, tandis que d'autres servent quelques milliers de clients dans leur zone d'intervention immédiate. En effet, le secteur de microcrédit marocain est structuré autour de treize AMC, réparties comme suit[48] :

- 4 grandes AMC d'envergure nationale (et internationale) : Al Amana, Attawfiq Microfinance, FONDEP et ARDI ;

- 3 AMC ont une couverture régionale : AMSSF, INMAA et Al Karama ;

- 5 AMC se veulent des associations locales : Fondation du Nord, ATIL, Ismaïlia, Tawada, AMOS ;

- Bab Rizk Jameel (BRJ), dont les activités ont démarré en 2010, se positionne principalement en zone rurale avec une ambition nationale.

Le secteur de la microfinance marocain compte, en l'an 2018, presque 1 million de clients actifs. Les effectifs employés sont au nombre de 7200 environ (+8% entre fin 2015 et fin 2016). À fin janvier 2019, l'effectif global des employés a atteint 7841 et le nombre de clients-actifs est de 883 717. Si nous cherchons le taux d'activité, on divise 7841/883 717, ce qui nous donne un taux de 8,87, presque 9 employés pour 1000 clients.

Relativement aux banques classiques, pour lesquelles le taux est à peu près de 50000/15000000 = 3,4 salariés pour 1000 clients, le secteur de la microfinance embauche à tour de bras, sans ne se soucier ni de l'efficacité en matière de productivité de ces agents ni du gaspillage de deniers publics (car une partie non négligeable de l'argent utilisé provient des aides et subventions de l'État et des institutions internationales).

---

[48] Selon l'observatoire national de la microfinance, le secteur compte plus de 1 300 points de vente sur l'ensemble du territoire : 52,7% localisés en milieu urbain et 47,3% en milieu rural. Le taux de couverture de la population est estimé à 60% dans les zones urbaines et près de 40% dans les zones rurales. Les AMC sont implantées pratiquement dans toutes les régions du pays et notamment là où le taux de pauvreté est élevé.

Pour les transferts de fonds, 1,5 million de transactions effectuées en 2017. Pour la microassurance, plus de 700000 de contrats placés. En ce qui concerne la bancarisation, plus de 500000 comptes à vue ouverts dans le cadre de l'intermédiation en opérations de banque.

Par ailleurs, il convient de noter que le secteur microfinancier marocain s'exporte en Afrique. Attawfiq Microfinance (BCP) a déployé un programme de développement en Afrique pour cibler les populations à faible revenu à travers la signature de plusieurs conventions de partenariat, avec des pays comme la Côte d'Ivoire, le Mali, le Gabon et la Guinée-Conakry. Avec cette expansion, le secteur marocain représente désormais 40% des encours de la région MENA, ce qui en fait le leader de la zone. De même, 4 des 13 associations marocaines de microcrédit sont dans le top 30 international.

Pour plus de détails, le tableau suivant montre des statistiques attestant d'une certaine maturité de secteur porté essentiellement par les 4 grandes AMC : Al Amana, FONDEP, Attawfiq Microfinance et ARDI.

Si nous prenons le meilleur exemple de cette maturité, nous pouvons citer le cas d'*Al Amana Microfinance*. Cette association de droit est considérée comme leader de la microfinance au Maroc avec plus de 50% de part du marché. À fin décembre 2017, elle dispose d'un réseau de plus de 643 agences dont 258 dans les zones urbaines et périurbaines, 299 dans les zones rurales et 86 véhicules mobiles desservant les zones les plus enclavées.

À fin 2017, *Al Amana* a desservi, depuis sa création en 1997, 4 432 329 prêts d'un montant global d'environ 34 milliards de dirhams au profit de 1 626 596 bénéficiaires (avec une moyenne de 20 000 DH par client).

Al Amana, leader de la microfinance au Maroc, a pu terminer l'année 2016 avec un résultat net de 95,7 millions de dirhams enregistrant une croissance de 12,47%, un portefeuille dépassant les 333 000 prêts actifs, et un encours brut de 2,42 milliards de dirhams. Les fonds propres arrêtés en 2016 à 984 millions de dirhams ont enregistré une hausse de 15,72% par rapport à 2015.

<u>TABLEAU 3</u>. Indicateurs de mesure de maturité

Tableau de bord mensuel de la Microfinance au Maroc
à fin Janvier 2018

Présentation de l'AMC	janv-18	janv-17	Var (2018/2017)
Effectifs	**7 302**	**7 091**	**3,0%**
Personnel siège	882	856	3,0%
Personnel Terrain	6 420	6 235	3,0%
Emprunteurs actifs	**923 091**	**927 502**	**-0,5%**
Hommes	471 882	465 830	1,3%
Femmes	451 209	461 672	-2,3%
Emprunteurs actifs	**923 091**	**927 502**	**-0,5%**
Individuel	563 907	552 087	2,1%
Solidaire	357 456	374 835	-4,6%
TPE	1 728	580	197,7%
Emprunteurs actifs	**923 091**	**927 502**	**-0,5%**
Rural	316 387	323 349	-2,2%
Urbain	606 704	604 153	0,4%
Solde du Nbr d'emprunteurs actifs dans le mois	**1 859**	**- 2 307**	**-180,6%**
Nouveau clients dans le mois	22 684	14 966	51,6%
Nombre de départ des clients dans le mois	20 825	17 273	20,6%
Nbre d'agences	**1 649**	**1 591**	**3,6%**
Rural	768	630	21,9%
Urbain	881	961	-8,3%
Nbre de guichets Mobiles	**140**	**122**	**14,8%**
Rural	125	107	16,8%
Urbain	15	15	0,0%
Prêts débloqués durant le mois :			
En nombre	**51 298**	**44 047**	**16,5%**
En montant	**503 860 922**	**486 861 433**	**3,5%**
Prêts débloqués (Cumul de l'année 2018) :			
En nombre	**51 298**	**44 047**	**16,5%**
En montant	**503 860 922**	**486 861 433**	**3,5%**
Décomposition du portefeuille encours			
Encours total de crédit	**6 665 515 465**	**6 436 672 126**	**3,56%**
< 30 jours de retard (y compris encours sain)	6 425 297 879	6 255 412 261	**2,72%**
30-60 jours de retard	83 124 757	45 676 820	**81,98%**
60-90 jours de retard	30 722 826	26 412 154	**16,32%**
90-180 jours de retard	74 399 134	68 804 570	**8,13%**
>180 jours de retard	51 970 869	40 366 321	**28,75%**
Taux de PAR 30J	**3,60%**	**2,82%**	**(+)0,78 point**

SOURCE : Centre Mohammed VI de soutien à la microfinance solidaire.

Les tableaux 4 et 5 suivants retracent le niveau d'activité, l'évolution de la structure financière, le coût de risque et le pourcentage du portefeuille à risque (PAR) à 30 jours d'*Al Amana Microfinance* sur plusieurs années. Une simple analyse de l'évolution, au cours du temps, de principaux chiffres concernant les ressources, l'activité de la principale AMF au Maroc, nous pouvons disséquer très clairement un certain marasme dû à la baisse de certains indicateurs, en particulier l'encours de crédit.

TABLEAU 4. Tableau de Bord : Situation au 31/10/2016

A-Ressources	2012	2013	2014	2015	31/10/2016
Effectif Siège	175	174	171	170	181
Effectif Réseau	1 879	1 986	2 067	2 136	2 172
Effectif Global	2 054	2 160	2 238	2 306	2 353
Nombre de points de vente/Rural	269	274	276	279	282
Nombre de points de vente/Urbain	174	187	215	228	234
Véhicules Guichets	51	86	86	86	86
Réseau global	494	547	577	593	602
Fonds Propres (DH)	489 138 176	605 800 677	724 460 802	849 328 309	959 834 48
Quasi Fonds Propres (DH)	123 870 712	126 829 247	82 718 608	40 268 750	20 138 632
Total	613 008 888	732 629 924	807 179 410	889 597 059	979 973 11
Encours Dettes (DH)	1 343 992 761	1 220 387 196	1 242 444 586	1 229 452 442	1 268 291 531
Total Fonds Propres/Encours Dettes	46%	60%	65%	72%	77%
Total Fonds Propres/Encours Crédit	32%	38%	39%	40%	39%
B – Activité	2012	2013	2014	2015	31/10/2016
B - 1 : Activité Microcrédit	2012	2013	2014	2015	31/10/2016
Nombre de Prêts Débloqués de l'année	211 481	218 284	232 200	237 612	201 980
Volume de Prêts Débloqués de l'année (DH)	1 891 312 008	2 033 301 574	2 210 897 602	2 369 612 403	2 090 636 119
Nombre global de Prêts Actifs	307 274	315 241	323 586	329 843	354 870
Nombre global de Prêts Actifs/PI	203 615	210 232	224 759	234 674	256 404
Nombre global de Prêts Actifs/PS	103 659	105 009	98 827	95 169	98 466
Nombre global de Prêts Actifs/Urbain	149 342	155 762	161 197	168 710	181 746
Nombre global de Prêts Actifs/Rural	157 932	159 479	162 389	161 133	173 124
Nombre global de Prêts Actifs/Homme	181 492	184 493	188 256	189 455	205 290
Nombre global de Prêts Actifs/Femme	125 782	130 748	135 330	140 388	149 579
Encours Crédit Global (DH)	1 944 189 524	1 927 028 388	2 056 177 937	2 235 048 121	2 487 089 880
Taux d'endettement croisé	10%	10%	10,37%	10,84%	10,90%
B - 2 : Activité dépôt	2012	2013	2014	2015	31/10/2016
Nombre d'ouvertures de comptes			3 843	39 768	43 700
Nombre de cartes monétiques			1 179	11 706	6 734
B - 3 : Activité Transfert d'Argent	2012	2013	2014	2015	31/10/2016
Nombre de Transactions	23 425	368 410	876 934	1 247 207	1 257 257
Volume de Transactions (DH)	50 700 954	787 019 552	1 793 997 293	2 467 105 109	2 453 401 829
B - 4 : Activité Microassurance	2012	2013	2014	2015	31/10/2016
Nombre de clients Bénéficiaires (HMF*)	40 471	221 375	285 622	302 392	312 393
Nombre de clients Bénéficiaires (AMF**)				908 300	1 185 516
Nombre de Sinistres Traités	30	1 509	8 619	13 328	11 452
B - 5 : Services domestiques	2012	2013	2014	2015	31/10/2016
Nb d'opérations de recharge télé.		12 208	402 443	514 378	487 877
Nb d'opérations de vignettes auto.					20 594
C - Risque Crédit	2012	2013	2014	2015	31/10/2016

Coût de Risque	3,6%	1,7%	2,0%	2,1%	2,4%
PAR 30J Production de l'année (DH)	15 551 363	14 311 628	16 162 018	18 983 523	15 091 105
%PAR 30J Production de l'année	0,84%	0,72%	0,75%	0,82%	0,73%
Taux de Provisionnement du PAR30J	89%	93%	92%	90%	87%
*** : HMF :** ***Hors membres de la famille*** **** : AMF :** ***Avec membres de la famille***					

SOURCE : Al Amana Microfinance, 2017.

***TABLEAU 5*. Tableau de Bord : Situation au 28/02/2019**

A – Ressources	**2015**	**2016**	**2017**	**2018**	**28/02/2019**
Effectif Siège	**170**	**179**	**196**	**205**	**202**
Effectif Réseau	**2 136**	**2 199**	**2 267**	**2 254**	**2 230**
Effectif Global	**2 306**	**2 378**	**2 463**	**2 459**	**2 432**
Nombre de points de vente/Rural	**279**	**283**	**299**	**301**	**302**
Nombre de points de vente/Urbain	**228**	**237**	**258**	**259**	**258**
Véhicules Guichets	**86**	**86**	**86**	**86**	**86**
Réseau global	**593**	**606**	**643**	**646**	**646**
Fonds Propres (DH)	**849 328 309**	**983 734 777**	**1 139 400 378**	**1 276 764 602**	**1 297 850 350**
Quasi Fonds Propres (DH)	**40 268 750**	**2 009 580**	**141 833**	**118 833**	**115 000**
Total	**889 597 059**	**985 744 357**	**1 139 542 211**	**1 276 883 436**	**1 297 965 350**
Encours Dettes (DH)	**1 229 452 442**	**1 298 204 091**	**1 178 997 417**	**1 103 586 590**	**1 149 134 252**
Total Fonds Propres/Encours Dettes	**72%**	**76%**	**97%**	**116%**	**113%**
Total Fonds Propres/Encours Crédit	**40%**	**41%**	**45%**	**50%**	**51%**
B – Activité	**2015**	**2016**	**2017**	**2018**	**28/02/2019**
B - 1 : Activité Microcrédit	**2015**	**2016**	**2017**	**2018**	**28/02/2019**
Nombre de prêts débloqués de l'année	**237 612**	**246 544**	**241 810**	**234 719**	**33 980**
Vol. de prêts débloqués de l'année (DH)	**2 369 612 403**	**2 548 948 662**	**2 513 857 238**	**2 530 036 810**	**374 885 160**
Nombre global de Prêts Actifs	**329 843**	**333 455**	**343 114**	**337 252**	**337 966**
Nombre global de Prêts Actifs/PI	**234 674**	**244 644**	**257 125**	**255 378**	**256 624**
Nombre global de Prêts Actifs/PS	**95 169**	**88 811**	**85 989**	**81 874**	**81 342**
Nombre global de Prêts Actifs/Urbain	**168 710**	**171 990**	**179 498**	**178 489**	**178 401**
Nombre global de Prêts Actifs/Rural	**161 133**	**161 465**	**163 616**	**158 763**	**159 565**
Nb global de Prêts Actifs/Homme	**189 455**	**190 706**	**196 378**	**191 501**	**192 051**
Nb global de prêts actifs/Femme	**140 388**	**142 749**	**146 736**	**145 751**	**145 915**
Encours Crédit Global (DH)	**2 235 048 121**	**2 420 203 551**	**2 510 472 817**	**2 556 577 680**	**2 552 311 564**
Taux d'endettement croisé	**10,84%**	**10,59%**	**10,96%**	**10,59%**	**10,83%**
B - 2 : Activité dépôt	**2015**	**2016**	**2017**	**2018**	**28/02/2019**
Nombre d'ouvertures de comptes	**39 768**	**54 164**	**61 270**	**46 628**	**5 206**
Nombre de cartes monétiques	**11 706**	**9 388**	**15 866**	**8 122**	**749**
B - 3 : Activité Transfert d'Argent	**2015**	**2016**	**2017**	**2018**	**28/02/2019**
Nombre de Transactions	**1 247 207**	**1 522 864**	**1 714 140**	**1 808 016**	**283 398**
Volume de Transactions (DH)	**2 467 105 109**	**2 878 293 829**	**3 245 059 922**	**3 393 698 237**	**521 679 593**
B - 4 : Activité Microassurance	**2015**	**2016**	**2017**	**2018**	**28/02/2019**
Nombre de clients Bénéficiaires	**302 392**	**311 804**	**324 533**	**319 412**	**316 336**

(HMF)					
Nombre de clients Bénéficiaires (AMF)	908 300	1 265 193	1 313 521	1 295 712	1 282 938
Nombre de Sinistres Traités	13 328	14 603	16 010	14 369	224
B - 5 : Services domestiques	**2015**	**2016**	**2017**	**2018**	**28/02/2019**
Nb d'opérations de recharge télépho.	514 378	620 915	630 340	589 522	85 707
Nombre d'opérations de vignettes auto		20 741	35 238	43 617	43 115
C – Risque Crédit	**2015**	**2016**	**2017**	**2018**	**28/02/2019**
%PAR 30J de la production de l'année	2,82%	3,18%	2,79%	0,22%	-
D - Services Non financiers	**2015**	**2016**	**2017**	**2018**	**28/02/2019**
Formation clients	111	1 370	1 670	2 133	68
Appui à la commercialisation – clientèle	82	341	362	412	10
Valorisation des clients (Prix)	12	83	272	299	-
* : HMF : *Hors membres de la famille* ** : AMF : *Avec membres de la famille*					

***SOURCE** : Al Amana Microfinance, 2019.*

2.2. Les tendances actuelles du secteur de microcrédit au Maroc

Après une croissance vertigineuse, notamment entre 2003 et 2007, le secteur de microcrédit marocain a été fortement secoué par une crise des impayés, en particulier entre 2008 et 2009. Cette crise est due, en partie, au défaut de paiement de clients titulaires de plusieurs prêts, prêts notamment croisés, puisqu'ils étaient octroyés quasi instantanément par plusieurs AMC à la fois. Cette crise était due aussi à une rude concurrence entre opérateurs, à un déficit en matière de gouvernance et à une gestion de l'argent public défaillante.

La crise a touché presque toutes les AMC, ayant enregistré des taux d'impayés élevés, dépassant pour certaines la barre de 10% du PAR (portefeuille à risque) supérieur à 30 jours et pour la plupart d'entre elles le taux moyen mondial qui est de 3,1% (voir graphique ci-dessous). Le PAR supérieur à 30 jours représente la partie du portefeuille contaminée par les impayés. Un portefeuille de crédit est considéré comme sain si le PAR supérieur à 30 jours est inférieur à 10%, étant donné que les garanties en microcrédit ne sont pas toujours suffisantes. En mai 2009, Zakoura, l'une des institutions pilote dans le domaine de la microfinance au Maroc[49], annonçait un PAR > 30 de

[49] Précisons que Zakoura a reçu, à côté d'Al Amana, plusieurs prix internationaux dont le prix du MIX récompensant les IMF les plus performantes et le Prix européen de la microfinance (CGAP, 2009).

plus de 30 % et décidait de fusionner avec la Fondation des Banques Populaires, une grande IMF soutenue par une banque d'État solide (CGAP, 2009). Cette fusion a été proprement organisée, sous l'égide du gouvernement, en un temps record dont l'objectif est de restaurer la confiance et d'éviter tout effet de contagion au niveau des impayés.

<u>GRAPHIQUE 1</u> : Évolution du PAR à 30j des principales AMC opérant au Maroc

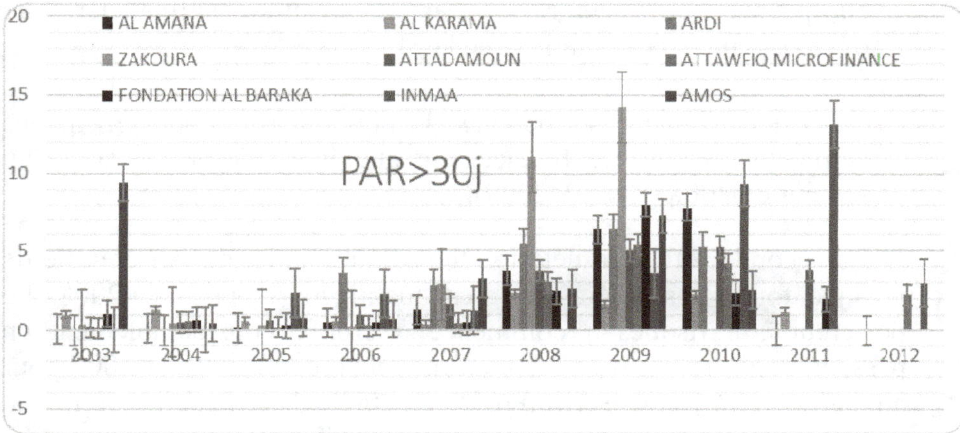

SOURCE : Graphique confectionné par nos soins à partir de la base de données de MIX Market.

Ce graphique fait ressortir deux tendances contrastées :

La première retrace la bonne qualité du portefeuille des AMC avant 2008 dont la plupart d'entre elles ont enregistré des taux de remboursement très élevés avoisinant 99%, exception faite d'AMOS qui a enregistré en 2003 un PAR de 9,47%. Notons que le secteur de microcrédit au Maroc était jusqu'en 2007 un secteur leader dans la région MENA et même à l'échelle mondiale. Grameen Jameel Bank (2012) précise en ce sens que le portefeuille de clients actifs géré par les AMC marocaines a dépassé 1,3 million en 2007, ce qui représentait 44% de clients dans le monde arabe ; et ces institutions ont été toujours classées parmi les plus performantes dans le monde et la croissance du secteur était unique, ce qui a fait du Maroc une référence dans le domaine du microcrédit assez rapidement. Ce succès n'aurait pas été possible sans la conjugaison de plusieurs efforts :

- L'appui inconditionnel du gouvernement par la promulgation de la loi sur la microfinance de 1999, qui a fourni un cadre clair pour le développement du secteur, et par le soutien financier du Fonds Hassan II, qui a permis aux premières IMF du pays de se doter en capital.

- L'appui de la communauté internationale et des bailleurs de fonds, principalement de l'USAID et de la Commission européenne, à présent relayé par des institutions financières de développement (IFD) telles que la SFI et la KfW.

- L'engagement des banques locales dans le financement des actifs du secteur. Ce financement atteignait 85 % des actifs du secteur en 2008 (CGAP, 2009).

La seconde reflète la détérioration de la qualité du portefeuille de presque toutes les AMC, qui s'est manifesté à partir de 2008. Le portefeuille à risques a commencé à croître considérablement en passant trop vite d'environ 1% en moyenne entre 2003 et 2007 pour atteindre en moyenne environ 6,5% en 2009. Cette détérioration de la qualité du portefeuille a engendré des coûts importants pour les AMC commençant à peser lourdement sur leur rentabilité et leur solvabilité.

Le secteur du microcrédit est donc rentré dans une crise profonde dont les causes sont maintenant connues, qui se résument dans la phrase suivante :

« *la forte compétition et la course vers la croissance ont abouti à une croissance non maîtrisée et à la multiplication des prêts croisés* ».

Les prêts croisés ont atteint des niveaux très élevés[50] et du coup, les défauts de paiement se sont multipliés[51]. Les systèmes d'information et de gestion existants n'étaient pas suffisamment performants (absence d'une centrale des risques) pour contenir la forte croissance du secteur du point de vue taille du portefeuille et volume des transactions. Les *reporting* existant ne reflétaient pas toujours l'image réelle des opérations (Grameen Jameel, 2012).

Du fait que les AMC marocaines sont des ONG, elles sont confrontées à plusieurs défis et contraintes. Elles n'ont pas la possibilité de lever des fonds pour soutenir leur développement ou reconstituer leurs fonds propres en cas de difficultés financières. Faute d'actionnaires, les ONG se prêtent moins à la règlementation et peinent à constituer des conseils d'administration efficaces et à même d'assurer l'expertise et la comptabilité nécessaires à la viabilité de l'institution. Elles ne peuvent donc pas avoir une gestion administrative et financière efficace et performante financièrement. D'autres contraintes s'y ajoutent. En tant qu'ONG privées, elles n'ont pas la possibilité d'offrir des produits d'épargne, et du coup, ne peuvent pas tirer le meilleur profit des relations avec leurs clients, qui, bien souvent, sont exclus du reste du secteur financier.

Pour corriger les dysfonctionnements précités et relever les défis du secteur, une stratégie nationale à l'horizon 2022 a été adoptée dès 2012. Cette stratégie, diligentée par le Centre Mohammed VI de la

---

[50] Selon l'International Finance Corporation (2014), ces prêts représentaient en 2008 environ 39% des portefeuilles combinés constitués de clients ayant contracté deux prêts simultanés ou plus. Une étude réalisée par la BAM en 2008 estimait que 40 % des bénéficiaires de microcrédits disposaient de plus d'un prêt. Ce problème est particulièrement marqué dans les centres urbains (Casablanca, Marrakech, Fès notamment).

[51] Comme l'indiquait, à juste titre, le rapport de l'IFC, « *Le secteur marocain a connu un point d'inflexion majeur en 2009. Cette année-là, les défauts de paiement de tous types de prêt présentaient des pics à travers presque toutes les régions du pays, et les prêts croisés ont joué un rôle déterminant : pendant la crise, les clients titulaires de plusieurs prêts représentaient près de la moitié de tous les défauts de paiement* ». Pour plus de détails, voir le rapport de l'IFC sur la microfinance au Maroc, *Sortie de la crise du secteur de la microfinance au Maroc : des interventions opportunes et efficaces*, IFC, World Bank Group, 2014.
https://www.ifc.org/wps/wcm/connect/f45be1004785101ca0e9f5299ede9589/IFC+Morocco+MicroFinance+Crisis+report.French.pdf?MOD=AJPERES

Microfinance Solidaire[52] et basée sur l'étude menée en 2010 par le Cabinet Oliver Wyman sur les perspectives stratégiques du secteur de la microfinance au Maroc, vise comme objectifs :

- Servir plus de clients en passant de moins d'un million de bénéficiaires actifs actuellement à 3,2 millions de bénéficiaires ;

- Atteindre 2 millions d'ETP (Équivalent temps plein) additionnels avec un encours qui passera de 5 milliards de dirhams actuellement à 25 milliards en 2022, soit 1,8% du PIB ;

- Maintenir le coefficient d'exploitation au niveau des Best Practices, soit 65% ;

- Ramener le PAR (Portfolio at Risk) à 30 jours en dessous de la moyenne mondiale (3,1%) ;

- Assurer la viabilité financière des AMC en assurant une rentabilité au niveau de la moyenne mondiale qui est de 17%.

En effet, pour atteindre les objectifs sociaux de la stratégie, le secteur des associations de microcrédit marocaines est à même de s'appuyer sur 7 leviers stratégiques (environnement institutionnel et concurrentiel ; règlementation et cadre juridique ; gouvernance des AMC ; efficacité opérationnelle ; développement de l'offre ; ciblage client ; régionalisation), déclinés en 48 actions[53].

En plus des moyens envisagés pour réussir un chantier ou un projet (ressources, suivi et contrôle), la stratégie a envisagé un appui sous forme de programmes pour subvenir aux besoins de financement de projets. Sont également prévus : des financements d'appui sous forme de programmes d'assistance technique ; un fonds de garantie pour certains crédits ou pans du portefeuille, afin d'encourager les prêts à destination de segments géographiques et de bénéficiaires plus ou moins risqués.

---

[52] Centre Mohammed VI de la Microfinance Solidaire : Livre blanc du microcrédit au Maroc, Octobre 2012.

[53] Voir, en plus de détails, Les actes du Symposium de Skhirat, Symposium organisé par la Fédération Nationale des Associations de Microcrédit (FNAM) et le centre Mohammed VI de soutien à la microfinance solidaire sous le thème "*Perspectives stratégiques du secteur de la microfinance au Maroc*", 11 octobre 2012.

Deux enveloppes conséquentes sont mobilisées dont la FNAM en avait la charge de mise en œuvre et qu'elle a pu obtenir auprès de l'Agence de Partenariat pour le Progrès : 5,4 millions de dollars dédiés à l'assistance technique des différentes AMC et 4 millions de dollars à l'appui de l'implémentation des nouvelles technologies : scoring, mobile-cash et nouveau système d'information et de gestion (SIG).

Malgré la crise et les dysfonctionnements et malgré quelques défaillances en matière de gestion et de gouvernance, le secteur de microcrédit marocain reste toujours performant et viable financièrement. Nous notons, en outre, que sur les 15 plus importantes ONG de microfinance dans le monde, les trois sont marocaines : Al Amana ; Attawfiq Microfinance ; Fondep (IFC, 2014).

2.3. Le modèle économique de base de la microfinance au Maroc

Le modèle de microfinance marocain est imparfaitement calqué sur celui développé originellement par Mohammad Yunus, avec notamment une large inspiration du modèle latino-américain. Le modèle de base, celui de lancement est « *welfariste* » avec comme fer de lance le lien de proximité et de solidarité qui le caractérise et qui lui permet une certaine pérennisation, pour un certain temps. En effet, viabilité, solidarité et pérennisation sont les mots d'ordre de la microfinance moderne. La proximité se voit dans la distribution et le suivi de l'octroi du crédit. Comme l'avait bien noté Servet (1996) :

« *La proximité accroît la confiance, réduit les asymétries d'information et atténue les barrières sociales entre les clients et l'institution. La solidarité se voit dans le principe visant à améliorer le niveau de remboursement à travers la caution solidaire aussi large que possible* ».

Ceci a pour conséquence l'image de marque, l'effort de soutien, l'efficacité des projets financés et la réduction des asymétries d'information entre les demandeurs de microcrédits et les créanciers.

Ainsi le marché du microcrédit est ouvert aux acteurs dont la présence se soucie à asseoir plus d'interaction et moins d'asymétries en termes d'information et de risque. Le marché du microcrédit s'adresse à des populations défavorisées et fragilisées par des aléas sociaux et économiques tels que le chômage, les conditions précaires de vie, etc. À vrai dire, en adoptant l'approche structuraliste, le problème de bancarisation est souvent causé par le manque d'épargne suffisante, elle-même découle du manque d'un salaire régulier, c'est-à-dire d'un emploi stable. Il s'impose comme frein supplémentaire à l'amélioration du niveau de vie des populations pauvres. Le marché du crédit classique exclut les pauvres à accéder aux avantages et bienfaits de la finance formelle : épargne, crédit personnel, crédit d'investissement, bancassurance, etc. « *Les banques classiques ne prêtent qu'aux riches*, … ». Cette exclusion a créé une sorte de besoin des exclus. L'informel ne peut éternellement se suffire à lui-même. Il devra se formaliser davantage pour mieux se développer et se moderniser. Ce besoin de formalisation nécessite trois choses à la fois : le soutien public, la solidarité et l'efficacité conjuguée avec une éthique de lutte contre la pauvreté.

À l'origine, l'émergence des IMF au Maroc et dans d'autres pays notamment, était vue comme la consécration à une réponse ponctuée pour mettre en œuvre un programme socio-économique ambitieux de financement équitable. On pourrait parler désormais de la finance équitable, chose qui allait s'effriter peu à peu pour causes essentielles de défaillance du modèle économique microfinancier, du manque de courage politique et d'une idéologisation hypertrophiée attribuée au lobby bancaire et financier à conserver les intérêts de l'intermédiation financière et bancaire classique, par définition sûre, facile, rentable et sans trop de risques.

Pour ce qui est des fonds propres et le financement du portefeuille-crédits des clients des IMF marocaines, il est notable de préciser qu'une bonne partie de ces fonds provenaient de l'USAID (United States Agency for International Development) et de la SFI[54], dans la mesure où celles-ci étaient considérées comme les premiers bailleurs internationaux de ces fonds.

---

[54] Atlantic Microfinance For Africa (AMIFA), filiale du groupe BCP, et la Société financière internationale (SFI), membre du groupe de la Banque mondiale, ont conclu, le 24 octobre, un partenariat portant sur un accord d'assistance et de consulting d'une enveloppe globale de 1,4 million de dollars.

À titre de rappel, le Maroc est considéré comme le plus grand marché du microcrédit en Méditerranée, totalisant plus de la moitié de la clientèle dans la région[55].

D'un point de vue théorique et pratique et selon les tenants de l'approche libérale, le développement de la microfinance est le résultat des défaillances à la fois du secteur financier formel en raison de restrictions diverses imposées par les gouvernements successifs sur les activités des établissements de crédit et de la répression financière chère à McKinnon et Shaw. L'approche de McKinnon et Shaw néglige un des aspects les plus caractéristiques (les plus complexes de surcroît) des économies en développement, à savoir le secteur financier informel. Selon les thèses de l'école de la répression financière[56] et de la banque mondiale[57], les secteurs financiers organisés et informels sont substituables et la croissance du premier conduira à la disparition du second. Cependant, et comme le souligne Jensen,

« *L'existence d'un marché financier informel n'est pas forcément la preuve nécessaire de la répression financière, mais plutôt la manifestation d'une organisation particulière de la production et du marketing* »[58].

Jensen sous-entend ici, et avec lui Taylor[59] (1983), que le marché financier non officiel est d'une grande efficacité quant à l'allocation des ressources. Loin d'être un handicap au développement

---

[55] Voir en plus de détails, Rapport FEMIP (Facilité Euro-méditerranéenne d'investissement et de partenariat), *Impact économique et social de la microfinance en Méditerranée : état des lieux et perspectives*, Banque européenne d'Investissement, 2008. Voir aussi le rapport de l'IFC sur le Maroc, *Sortie de la crise du secteur de la microfinance au Maroc : des interventions opportunes et efficaces*, 2014.

[56] Selon les termes de Shaw, le secteur financier informel (qui ne constitue qu'un substitut imparfait aux actifs financiers indirects) va devoir faire face à la concurrence accrue d'un secteur financier organisé plus libéralisé. Pour plus de details sur ce point, consulter Shaw, E.S (1973). *Financial Deepening in Economic Development*. New York, Oxford University Press, p. 85.

[57] World Bank, *World development Report*, *Oxford University Press*, 1989, p. 67.

[58] Jensen M.C. Monetary Policy and Financial Development. in *Financing Economic Development: À Structural Approach of Economic Development*, édité par E.V.K. Fitzgerald et R. Vos, Gower Publishing Company Ltd, Brookfeild, 1989, p. 63.

[59] Chef de file de l'école structuraliste.

économique, le secteur financier informel serait, selon les tenants de cette école, un facteur qui favoriserait la croissance économique. En effet, c'est à travers ce circuit non formel que l'épargne dégagée des profits et non des salaires ait orientée vers le financement d'une grande partie des économies des pays en développement. Le fait que les projets de pauvres demandant des microcrédits réussissent, c'est une preuve que l'engagement de remboursement des personnes pauvres est commodément tenu à l'échéance. La réussite des projets de microfinance est aussi un atout de réussite des institutions de microfinance et de la baisse des taux d'intérêt. Une institution dont le nombre de clients solvables est important ne peut faire faillite si celle-ci est bien gérée.

Les principaux facteurs influençant le remboursement des prêts sont liés aux asymétries d'informations, aux chocs négatifs auxquels font face les emprunteurs ou à la mauvaise qualité des institutions civiles, judiciaires, économiques, politiques et sociales, notamment la justice et l'éducation. Les asymétries d'informations apparaissent lorsqu'il est coûteux pour l'IMF d'obtenir des informations sur les caractéristiques ou le comportement de l'emprunteur. Ces asymétries génèrent des problèmes de sélection adverse[60] – attribution de prêts aux emprunteurs très risqués – ainsi que des problèmes d'aléa moral – situation où l'emprunteur agit d'une manière non appropriée (il fait peu d'effort ou des efforts insuffisants pour faire fructifier son prêt ou l'utilise de manière non appropriée). Les problèmes de sélection adverse et d'aléa moral augmentent la proportion d'emprunteurs qui ne peuvent rembourser leur prêt à la date d'échéance, car le rendement issu de l'utilisation de leur prêt ne leur permet pas de dégager suffisamment de cash-flows. Les emprunteurs qui ont assez d'argent pour rembourser peuvent cependant décider de faire défaut sur le remboursement pour des raisons de comportements socioculturels déviants et malsains. Le coût associé à cette stratégie, pour eux, peut

---

[60] Un problème de sélection adverse peut survenir lorsque le prêt est individuel. L'emprunt solidaire minimise les problèmes de sélection adverse pour une raison majeure : en cas de non remboursement et de cessation de paiement, les cautions solidaires sont frappées par des interdits de recourir dans le futur à des prêts ou à des microcrédits. Avec, le nouveau rapprochement avec le secteur bancaire classique, il serait fort probable que cette interdiction prenne aussi d'autres formes comme l'impossibilité d'ouvrir un compte dans le futur dans le système bancaire formel en se basant sur un Fichier central retraçant les interdits micro-bancaires.

en effet être faible si l'institution requiert peu de collatéral (ou de garantie) et si le système légal fournit peu de soutien à l'IMF pour obtenir le remboursement de prêts défectueux ou en souffrance. Les IMF doivent donc développer des méthodologies de prêt qui permettent de contourner ces problèmes de sélection adverse, d'aléa moral et de défaut stratégique.

Un taux de remboursement parfait (100%) à l'échéance peut être assimilé à un optimum de premier rang. Si l'IMF ne peut atteindre un tel taux à l'aide des différents éléments de la structure incitative de sa méthodologie de prêt, elle utilisera des stratégies de second rang afin d'accroître sa performance de remboursement. Elle cherchera ainsi à attribuer des prêts plus élevés aux emprunteurs moins risqués ou de réduire la durée des retards de remboursement.

Dans un autre registre, une des questions majeures pour laquelle il faut apporter des réponses est celle relative à la pérennisation dans le temps des IMF. Autrement dit, il s'agit de viabiliser et de consolider sur le plan financier et institutionnel tout l'appareil microfinancier afin de lui permettre à terme une certaine viabilité et une certaine durabilité des microprojets proposés par les pauvres. En effet, une seconde question corollaire à la première porte sur la manière de combiner à la fois les objectifs sociaux et les objectifs de pérennisation financière des IMF ? Quels sont les risques de dérive par rapport à la mission initiale des IMF ? Nous supposons, naturellement, que la mission des IMF soit celle de lutter contre la pauvreté. La recherche effrénée du profit par le secteur microfinancier qui se met en exécution depuis déjà quelques années peut déboucher sur une défaillance du secteur, à l'image de la noble mission des crédits *subprimes* aux États-Unis et leur exploitation qui en a été orchestrée par les banquiers et les concepteurs d'actifs sur les marchés de capitaux.

Il s'agira en effet non seulement de proposer des solutions sectorielles basées sur la microfinance, mais aussi de rendre compte de la dynamique et de la nature économique et sociale des investissements mis en place afin de les rendre endogène par le système financier classique et de les soutenir économiquement. Au Maroc, mais aussi dans d'autres pays aussi bien développés qu'en développement, le projet de la microfinance s'inscrit dans une logique de développement du capital, une logique d'intégration verticale, celle qui permet l'élargissement inclusif d'une infime partie de la population pauvre aux services financiers les plus élémentaires[61]. Cette logique est au fond une logique d'exclusion puisqu'elle entretient l'inégalité plus qu'elle l'éradique.

En effet, on craint aujourd'hui que ces institutions puissent se transformer subitement en un réseau bancaire classique ou quasi classique. D'où la question de la vraie mission des IMF et de leur impact réel sur la réduction de la pauvreté ?

Il est vrai que les craintes de cette éventuelle métamorphose sont réelles. De même, le rapprochement des deux secteurs microfinancier et bancaire « classique » est porteur d'une certaine manigance stratégique et exprimant un opportunisme et une certaine opacité qui déguisent et camouflent la vraie finalité des IMF. Dans cet ordre d'idées, on a pu développer des outils d'analyse financière qui ont été adaptés et conçus pour suivre les performances économiques, financières et sociales des IMF. En effet, une série d'outils techniques du CGAP (Consultative Group to Assist the Poor) a été mise en place et qui porte sur le système d'information et de gestion, sur la planification opérationnelle et la modélisation financière, ou encore, sur l'audit externe des IMF. Des indicateurs de performance financière ont été harmonisés pour les IMF par la Micro-Rate et Inter-American Development Bank, en 2003, afin d'améliorer le suivi et la transparence financière de ces institutions.

Si l'on peut décliner le parcours en étapes d'évolution et de fonctionnement des IMF marocaines, nous le résumons dans les points qui suivent :

- Étape d'euphorie suivie de désordre et de chaos (1997-2005) : dans cette étape, une sorte de relance de l'activité des IMF leur permettant de réaliser un chiffre d'affaires important avec un coût assez faible. Cela a bénéficié, en petite partie, à une certaine catégorie sociale appartenant à une tranche d'âge de 35-50 ans, celle considérée comme la moins pauvre parmi les pauvres, la plus

[61] La majorité des pauvres peuvent facilement échapper à la pauvreté, puis à l'exclusion financière par d'autres moyens et d'autres formes plus efficaces, ceux de l'économie solidaire en fait partie.

entreprenante, la plus humble et la moins éduquée financièrement, mais la plus sérieuse d'un point de vue éthique et moral (surtout dans les campagnes et les périphéries urbaines). Le coup d'exultation et d'emballement euphorique n'a pas duré trop longtemps ; en gros, 6 à 7 ans. À partir de 2003/2004, un virage a été pris pour consacrer ce que la culture entrepreneuriale marocaine a souvent fait depuis au moins l'indépendance : la prédation, le mercenariat affairiste, le gaspillage, distribution de primes et des salaires indécents, l'anarchie dans le travail et l'organisation, les emplois fictifs, l'absentéisme, une prise de risque sans limites ni méthode, etc. Tout cela débouchera, par la suite, sur un certain nombre de faillites et quasi-faillites.

- Étape des rapprochements voulus et orchestrés par le secteur bancaire notamment. Cette période est furtive. Elle a duré 2 à 3 ans. La manœuvre n'est pas complètement réussie et sa mise en œuvre est restée inachevée.

- Étape de restructuration juridictionnelle et de stabilisation en matière financière, avec un niveau de récession assez conséquent qui en découlait : soumission des AMF aux dispositions de la loi bancaire de 2006 en matière de règles prudentielles particulièrement et réorganisation partielle de certains articles de la loi 18-97 sur le microcrédit (microfinance). Cette période a duré jusqu'à 2008/2009.

- Étape de plongement dans une crise plus profonde avec la débâcle des impayés à cause en particulier des prêts croisés, mais aussi à cause du manque d'une bonne gouvernance. Cette étape a duré jusqu'à 2011.

- Période d'attentisme : la date de 2011 a été consacrée pour une recherche d'un nouveau modèle économique des IMF marocaines. Cela débouchera très probablement, au plus tard vers 2022 ou 2023, sur un modèle hybride, voire avatar (puisqu'il mettra en relation les compétences et l'argent public et le secteur privé, avide de profit), mais dont l'objectif est de réduire à néant et à terme les petites institutions locales. Cela se fera, vraisemblablement, par la politique des OPA hostiles ou non hostiles et par la prise du marché par 4 à 5 institutions qui s'organiseront sur la base d'un modèle économique privatiste à connotation libérale et de marché avec le retrait progressif de l'État. L'État cherchera une innovation financière qui se profilera à l'horizon pour éventuellement et comme d'habitude préparer une nouvelle opportunité pour le secteur privé.

La situation des IMF en 2019 est mitigée, des institutions qui résistent bien à la crise économique observée depuis plusieurs années surtout depuis 2017 (baisse du taux de croissance économique, baisse des aides massives en provenance de l'extérieur, manque d'innovation[62] réelle dans l'industrie de la microfinance, etc.). Une extension vers le continent africain (Côte d'Ivoire, Sénégal, Mali, Gabon, Guinée-Conakry, Île Maurice, etc.) de l'activité d'Attawfiq Microfinance, filiale de la BCP est une stratégie commerciale offensive de recherche de débouchés fructueux. C'est une manière intelligente de la part des dirigeants d'Attawfiq Microfinance et de la BCP d'échapper à la quasi-saturation du marché marocain et à l'inadaptation du *business model* des AMC marocaines.

Comme l'indique, ci-après, le tableau de bord mensuel, édité par le Centre Mohammed VI de Soutien à la Microfinance Solidaire, la situation globale de l'activité de la microfinance s'est dégradée.

Comme le montre les statistiques (janvier 2019) du tableau et comparativement à celles de janvier 2018, une évolution négative assez visible sur tous les niveaux à part les domaines de TPE et de la microassurance. Le secteur continue d'embaucher (+ 7,38%) malgré la baisse (– 4,27%) du nombre de clients actifs qui est passé de 923 091 à 883 717.

[62] La digitalisation des opérations de la microfinance n'est pas la panacée aux problèmes du manque d'innovation dans le domaine de la microfinance au Maroc.

TABLEAU 6. ***Situation globale de l'activité du secteur de la microfinance marocain***

Tableau de bord mensuel de la Microfinance au Maroc

Tableau de bord mensuel à fin janvier 2019					
A- Indicateurs d'Activité	**Janv. 2019**	**Janv. 2018**	**Taux d'évolution Janv.19/Janv.18**	**Déc. 2018**	**Taux d'évolution Janv.19/Déc.18**
Emprunteurs actifs	**883 717**	**923 091**	**-4,27%**	**901 654**	**-1,99%**
Hommes	450 409	471 882	-4,55%	460 030	-2,09%
Femmes	433 308	451 882	-4,11%	441 624	-1,88%
Emprunteurs actifs	**883 717**	**923 091**	**-4,27%**	**901 654**	**-1,99%**
Individuel	552 931	563 907	-1,95%	556 404	-0,62%
Solidaire	327 366	357 456	-8,42%	341 961	-4,27%
TPE	3 420	1 728	97,92%	3 289	3,98%
Emprunteurs actifs	**883 717**	**923 091**	**-4,27%**	**901 654**	**-1,99%**
Rural	298 222	316 387	-5,74%	302 891	-1,54%
Urbain	585 495	606 704	-3,50%	598 763	-2,22%
Prêts débloqués durant le mois :					
En nombre	46 359	51 298	-9,63%	52 968	-12,48%
En montant	540 099 166	503 860 922	7,19%	621 485 300	-13,10%
Taux de renouvellement des prêts	**62%**	**ND**	**ND**	**NC**	**ND**
Prêts débloqués (Cumul de l'année) :					
En nombre	46 359	51 298	-9,63%	515 347	-91,00%
En montant	540 099 166	503 860 922	7,19%	5 706 372 607	-90,54%
Encours total des microcrédits en DHS	**6 756 310 249**	**6 665 515 465**	**1,36%**	**6 810 237 971**	**-0,8%**
Décomposition de l'encours par type de prêt en DHS	**6 756 310 249**	**6 665 515 465**	**1,36%**	**6 810 237 971**	**-0,79%**
Individuel	4 938 684 523	ND	ND	4 842 206 381	1,99%
Solidaire	1 709 386 571	ND	ND	1 862 420 447	-8,22%
TPE	108 239 154	ND	ND	105 611 143	2,49%
Décomposition de l'encours par zone géographique en DHS	**6 756 310 249**	**6 665 515 465**	**1,36%**	**6 810 237 971**	**-0,79%**
Rural	2 055 025 941	ND	ND	2 327 462 597	-11,71%
Urbain	4 701 284 308	ND	ND	4 482 775 374	4,87%
B- Indicateurs de Moyens					
Effectif	**7 841**	**7 302**	**7,38%**	**7 818**	**0,3%**
Personnel siège	2 359	882	167,46%	909	159,5%
Personnel Réseau	5 482	6 420	-14,61%	6 909	-20,7%
Nbre d'agences	**1 646**	**1 649**	**-0,18%**	**1 678**	**-1,9%**
Rural	738	768	-3,91%	752	-1,9%
Urbain	908	881	3,06%	926	-1,9%
Nbre de guichets mobiles	**133**	**140**	**-5,00%**	**131**	**1,5%**
Rural	100	125	-20,00%	97	3,1%
Urbain	33	15	120,00%	34	-2,9%
C- Indicateurs de Risque					
Coût du Risque (Dotation aux prov./Encours moyen)	**6,66%**	**ND**	**ND**	**NC**	**ND**
Décomposition du portefeuille à risque (PAR):					
PAR > 16j en DHS	2 746 437 882	ND	ND	NC	ND
PAR > 30j en DHS	190 490 776	240 217 586	-20,70%	211 687 676	-10,0%
** Dont montant des détournements*	NC	ND	ND	ND	ND
PAR > 30j en DHS de l'année	982 683	ND	ND	NC	ND
PAR > 180j en DHS	47 568 472	51 970 869	-8,47%	68 068 165	-30,12%
Taux de PAR > 30j	**2,82%**	**3,60%**	**'-0,78pt'**	**3,11%**	**'-0,29pt'**
Taux de PAR > 30j de l'année	**NC**	**ND**	**ND**	**NC**	**ND**
D- Indicateurs des Radiations					
Montant des radiations (s'il y en a) en DHS	**5 301 554**	**ND**	**ND**	**205 519 856**	**-97%**
Taux des radiations (s'il y en a)	**0,08%**	**ND**	**ND**	**3,02%**	**'-2,94pts'**
E- Activité Microassurance					
Nombre des clients bénéficiaires	458 526	ND	ND	458 667	-0,03%
F- Activité Transfert d'argent					
Nombre de transactions domestiques	141 329	ND	ND	1 667 083	-92%
Nombre de transactions à l'international	19 541	ND	ND	212 023	-91%
G- Activité de Bancarisation					
Nombre d'ouvertures de comptes bancaires de l'année	7 343	ND	ND	50 530	-85%
Nombre de comptes d'épargne de l'année	989	ND	ND	1 017	-3%
Solde du stock des comptes d'épargne en DHS	98 516 012	ND	ND	45 956	-

SOURCE : Centre Mohammed VI de soutien à la microfinance solidaire.

2.4. Gouvernance du secteur marocain de la microfinance

Une association de microfinance est une forme juridique qui ne pourra perdurer sur le long terme à cause d'un modèle économique comprimé, sans dire dépassé. L'AMF marocaine, comme le cas de la majorité des autres IMF dans le monde, est appelée à un certain niveau de son développement à changer de forme juridique et de structure organisationnelle. Les meilleures IMF, les plus rentables, les mieux gérées sont celles qui sont indépendantes des groupes bancaires et financiers avec une forme de partenariat public/privé et avec un *business model* axé sur un certain équilibre entre l'efficacité économique et performance sociale.

Selon Marc Labie[63], la majorité des études sérieuses confirme que bon nombre des IMF se focalisent sur les personnes se situant autour du seuil de pauvreté et ayant des projets productifs sérieux et qui tiennent la route (et non pas sur les plus pauvres ou les plus démunis, loin de là). Pour Labie, l'effet en faveur de cette couche est positif, mais limité, voire mitigé. Ce propos est à l'opposé de ce que certains auteurs affirment trivialement (Hulme et Mosley, 1996 ; Gulli, 1998 ; Navajas et *alii*, 2000 ; Guérin et Palier, 2005) :

« *Quand la microfinance vise les plus pauvres, c'est logiquement au travers de programmes et d'institutions nécessitant le plus souvent un subventionnement (Morduch, 1999 ; Armendariz and Morduch, 2005) ou en appliquant des taux comparables aux marchés informels, ce qui constitue alors peu d'amélioration en termes de développement. On assiste donc à un arbitrage entre la recherche de pérennité et le fait de servir les plus pauvres (Olivares-Polanco, 2005)* »[64].

Ce propos est aujourd'hui confirmé encore par l'un des derniers prix-Nobel d'économie : Esther Duflo lorsqu'elle affirme, dans l'émission sur France Culture, comprendre le monde c'est déjà le

---

[63] Pour plus de détails, voir Marc Labie, Microfinance et gouvernance : réflexions pour une régulation articulée entre secteurs public et privé, *Mondes en développement*, 2007/2 n° 138, pp. 93-102.

[64] Labie M. (2007/2), *op. cit*, pp. 94-95.

transformer[65], que les effets de microcrédit sont nuls. Dans le même sillage de ces idées, Marc Labie ajoute la chose suivante :

« *Pour beaucoup de personnes et d'institutions, affirmer cela est insupportable puisque minimisant les apports spectaculaires de la microfinance au cours des trente dernières années. Il n'en est rien. En moins de dix ans, la microfinance moderne a réussi à multiplier par six le nombre de ses clients bénéficiaires (...). À l'heure actuelle, outre les coopératives et les ONG, des institutions régulées spécifiques, ainsi que des banques commerciales se préoccupent de la microfinance* »[66].

Marc Labie ajoute à cet argument que la formation et le développement de la pauvreté sont un processus multidimensionnel :

« *Du point de vue du développement, la microfinance ne constitue qu'un aspect de la lutte contre la pauvreté, laquelle est un processus multidimensionnel qui ne peut en aucun cas être ramené à un seul problème de revenus ; qui plus est, rien n'indique que pour les plus pauvres, il s'agisse de l'outil le plus efficace (...)* »[67].

Parallèlement, la microfinance n'a cessé au cours de ces vingt dernières années de se « professionnaliser » en appliquant les outils et les techniques de gestion des secteurs bancaire et financier classiques. La microfinance est en quelque sorte un petit avatar de la finance formelle, tombée *deus ex machina* et qui s'en prend plein les poches sur le dos des pauvres.

Il est clair qu'aujourd'hui, suite au rapprochement ambiant, on peut considérer que la microfinance a une certaine légitimité et une place assez correcte au sein du paysage de la finance avec un grand « F ».

Selon Marc Labie, en microfinance :

« *Le terme gouvernance renvoie au concept de « corporate governance », c'est-à-dire à l'ensemble des mécanismes*

[65] Emission diffusée le 17 novembre 2017 entre 07h40 et 08h00.
[66] Labie M. (2007/2), op. cit., p. 94.
[67] Labie M. (2007/2), « Microfinance et gouvernance : réflexions pour une régulation articulée entre secteurs public et privé », *Mondes en développement*, n° 138, pp. 94-95.

organisationnels qui ont pour effet de délimiter les pouvoirs et d'influencer les décisions des dirigeants »[68].

La problématique que pose le secteur microfinancier est celle qui est relative à sa surveillance. Rappelons au passage que la majorité des IMF, au Maroc et dans le monde, sont peu contrôlées. Les structures organisationnelles qui les régissent ne sont pas aux normes sur les plans de contrôle interne, de rémunération des dirigeants, etc.

En effet, les résultats de l'étude empirique déclinés dans le reste de cet article nous montreront une facette radioscopique de ces propos. À travers un certain nombre de chiffres-clés, nous montrerons que le *business model* de la microfinance actuelle au Maroc n'est pas fait pour perdurer. Il est appelé, à tout moment, d'être refondu.

3. Étude empirique sur le secteur de la microfinance marocain : résultats d'une enquête

Si l'inclusion financière, au Maroc, semble être une stratégie que le gouvernement a mis sur les rails depuis au moins 2012-2013, suite, justement, à *la déclaration de Maya*, elle ne relève point d'une conduite ou tactique de lutte contre la pauvreté.

Si nous nous référons aux deux paradigmes dominants au sein de la microfinance, à savoir le paradigme *welfariste* et le paradigme institutionnaliste, le modèle économique de celle-ci oscille entre la recherche de la performance économique empirique (issue de la structure sociale et économique de la population globale) et la performance sociale théorique (issue des politiques de ciblage des populations par le recours aux subventions publiques). Et cela, bien entendu, se fait sans pour autant tenter de concevoir un nouveau modèle qui soit en mesure d'inclure une proportion raisonnable de la population pauvre qui bénéficiera des bienfaits de la microfinance avec un coût qui sera légèrement supérieur à celui des services financiers classiques par le respect d'un certain nombre de critères objectifs. Ceux-là prendront en compte la capacité non seulement économique et d'infrastructures, mais aussi managériale et de gouvernance. Et comme le soutient à juste titre *Fabienne Pinos :*

---

68 Labie M. (2007/2), op. cit., p. 95.

« *Nous avançons et justifions qu'en matière de services financiers, un modèle économique soutenable et inclusif est conditionné par des transformations socio-économiques. La première tient en l'officialisation de l'accès à la monnaie (...), la seconde procède de la réhabilitation de la valeur de l'épargne. L'inclusion financière n'a pas vocation à résoudre le problème du niveau des ressources, mais, au constat de besoins récurrents en crédit de liquidité, elle progresse lorsque se diffusent des offres qui évitent de détériorer les conditions de vie de l'emprunteur* »[69].

Il est en effet naturel de cibler les populations pauvres en suivant des critères économiques, sociaux, régionaux, environnementaux et de genre. Une région marocaine comme Gharb-Chrarda-Beni Hssen, où le niveau de pauvreté multidimensionnel[70] est le plus élevé du Maroc, suscite une attention particulière en se référant notamment à des opportunités économiques qu'elle offre (la région est l'une des plus riches du Maroc en matière agricole avec une population très jeune) et en privilégiant la mise en œuvre des politiques publiques d'accompagnement (infrastructures économiques, sociales, culturelles, éducatives et de santé) et pas seulement d'installer des associations de microcrédit. Le mariage entre des thérapeutiques purement financières et des thérapeutiques purement sociales est la clé de voûte de tout projet de développement.

Le calcul du niveau d'inclusion et du niveau de pauvreté multidimensionnelle sur le plan régional nous permet de statuer sur la capacité des modèles économiques actuels des IMF à résoudre le problème de la pauvreté par l'inclusion et quels sont leurs limites. Une « microfinance combinée (MFC) » à coût d'offre raisonnable basée sur l'« autonomisation » (« empowerment ») des pauvres et le ciblage multidimensionnel de la clientèle reste une solution réaliste. En effet, la pérennité du *Business Model* des IMF est une question de dosage

---

[69] Pinos F., *Inclusion financière et populations précarisées : effets des business models des services financiers en France*, Thèse, Université de Bordeaux, 2015, p. 2. file:///C:/Users/hp/Downloads/PINOS_FABIENNE_2015_CORR.pdf

[70] Pour plus de détails, voir, entre autres, Abdelhamid EL BOUHADI, Abdelkader ELKHIDER et El Mustapha KCHIRID (2012), The Multidimensional Approach to Poverty Measurement: Case of Morocco, *Applied Econometrics and International Development*, Euro-American Association of Economic Development, vol. 12(2).

entre l'impératif financier et économique et la performance sociale en matière de lutte contre la pauvreté.

3.1. Rappel statistique sur la microfinance dans le monde et au Maroc

Nous comptons aujourd'hui, dans le monde, 3700 institutions opérant dans le secteur de la microfinance. En 2017, le portefeuille clients-actifs de ces institutions a atteint 139 millions pour un montant total de prêts estimé à 114 milliards de dollars. Cela constitue, au niveau mondial, une croissance annuelle de 15,6% du portefeuille de crédit et de 5,6% du nombre total d'emprunteurs. Selon le Baromètre de la microfinance « *Convergences* » :

« *Bien que l'augmentation du portefeuille de crédit ait été plus importante que celle de 2016 (plus 6,2 points), le taux de croissance du nombre d'emprunteurs a fortement ralenti, diminuant de moitié en 2017* »[71].

Les 100 plus grandes IMF concentrent l'essentiel de la clientèle et de portefeuille de crédit, en 2017. Le portefeuille-crédit représente en effet plus de ¾ du marché mondial du microcrédit avec un nombre d'emprunteurs de 108 millions, ce qui représente 77,69% du portefeuille clients-actifs à l'échelle du globe. Comme le précise de surcroît le Baromètre *Convergences* :

« *Une enquête du MIX réalisée en 2017 indique que 61% des IMF interrogées déploient déjà des canaux de distribution alternatifs pour atteindre les clients, que ce soit par l'utilisation de distributeurs automatiques de billets, de personnel itinérant ou encore de services de paiement par téléphone. Sur l'ensemble des IMF, 40% développent déjà des services de mobile banking et 20% en sont à la phase d'expérimentation* »[72].

---

[71] Voir l'étude complète, Baromètre de la Microfinance 2018, Site *Convergences*. http://www.convergences.org/barometre-de-la-microfinance/ (Consulté le 21 mai 2018).

[72] Convergences, Baromètre de la Microfinance 2018, p.2. Page web de 21 mai 2018. (http://www.convergences.org/barometre-de-la-microfinance/).

__TABLEAU 7.__

Top 10 des pays par emprunteurs en 2017

Rang	Pays	Nombre et croissance des emprunteurs	Encours (2017) et croissance de l'encours
1	Inde	50,9M (+5,8%)	17,1Mds (+26,3%)
2	Bangladesh	25,6M (+3,5%)	7,8Mds (+17%)
3	Vietnam	7,4M (+2,8%)	7,9Mds (+18,9%)
4	Mexique	6,8M (-3,8%)	4,4Mds (+5,5%)
5	Philippines	5,8M (+16,3%)	1,3Mds (+17,5%)
6	Pakistan	5,7M (+25,9%)	1,8Mds (+39,6%)
7	Pérou	5,1M (+9,5%)	12,6Mds(+17%)
8	Brésil	3,5M (+1,1%)	2,6Mds (+2,7%)
9	Colombie	2,8M (-0,7%)	6,3Mds (+5,6%)
10	Cambodge	2,4M (-4,7%)	8,1Mds (21,6%)

SOURCE : Convergences, Baromètre de la Microfinance, 9e édition, 2018.

Ce classement reflète le dynamisme de l'Asie du Sud. La région concentre plus de 2/3 des emprunteurs, et a connu la plus grande croissance en termes de prêts, avec + de 23,5% en 2016 et de 18,1% en 2017. L'Amérique Latine et les Caraïbes restent aussi une place forte de la microfinance, en cumulant 42,5 milliards de dollars d'encours, quand la microfinance en Europe mobilise 9,3 milliards de dollars et 8,7 milliards de dollars en Afrique subsaharienne.

Malgré ces avancées, l'exclusion financière dans le monde persiste, mais les IMF contribuent, à leur échelle et modestement bien entendu, à sa réduction. Selon le Global Findex, publié par la Banque mondiale en 2017, le pourcentage d'adultes bancarisés continue d'augmenter. Il est passé de 62% en 2014 à 69% en 2017, alors qu'il était seulement de 51% en 2011.

Nonobstant ces améliorations, force est de constater que le grand bémol de la politique d'inclusion est intimement lié à la pratique des taux d'intérêt. Les taux d'intérêts appliqués mondialement sont de l'ordre de 26% en moyenne ; ils varient entre 5% (en Europe) et 70% (en Amérique latine, en Asie et en Afrique).

Au Maroc, nous comptons 13 institutions de microfinance, à peu près 1 million de clients-actifs. Le nombre d'employés est en hausse continuelle atteignant 7841 personnes, en janvier 2019. L'encours de crédit est de 6,7 milliards de DH, en baisse par rapport aux années précédentes.

Les activités de microassurance et de transferts de fonds fleurissent considérablement. Fin 2018, elles ont atteint respectivement 458 667 bénéficiaires et 1 879 106 opérations.

En nous basant sur un certain nombre de données récentes et d'études[73] effectuées par le centre Mohammed VI de soutien à la microfinance solidaire, effectuées en 2017, nous tirons les principaux constats de l'analyse financière du secteur de la microfinance :

- Le nombre des clients actifs a connu une évolution positive d'à peu près 1,6% en 2017 par rapport à 2016, soit un nombre de 937599 clients actifs à fin décembre 2017 contre 922878 clients à fin décembre 2016. En revanche, ce chiffre est tombé en fin janvier 2019 à 883717 avec donc une régression de 5,74%.

- L'encours du microcrédit a enregistré une évolution de +1,36% entre 2018 et 2019, s'établissant à 6,756 milliards de DH à fin janvier 2019 contre 6,656 milliards de DH à fin janvier 2018.

- Le montant moyen des prêts décaissés a enregistré un taux d'évolution de 5,87% par rapport à fin janvier 2019, soit une moyenne de 7645 DH à fin janvier 2019 contre 7220 DH à fin janvier 2018.

- Le taux moyen de PAR supérieur à 30 jours s'est établi à 2,82% en 2019, contre 3,60% l'année précédente, soit une baisse de 0,78%.

- Le ratio du rendement du portefeuille s'est établi à 25,6% à fin décembre 2017, contre 26,3% l'année d'avant, enregistrant ainsi une diminution de 0,7 point.

---

[73] Voir, entre autres détails, « Analyse de la performance sociale et financière du secteur du microcrédit », *Factsheet*, Centre Mohammed VI de soutien à la microfinance solidaire, 2017.

De même, les principaux constats de l'analyse sociale du secteur de microfinance sont déclinés de la manière suivante :

- La part des prêts individuels dans le portefeuille du secteur du microcrédit ne cesse de croître, atteignant les 60% à fin décembre 2017 contre 59% l'année précédente.

- Le secteur des services et du commerce a connu une baisse de 4 points en atteignant un taux de 61% en 2017 contre 65% en 2016.

- La part des clients de la gent féminine dans le secteur de la microfinance a connu une diminution face à la gent masculine, passant de 50% à fin 2016 à 49% à fin décembre 2017.

- Le milieu urbain continue de s'accaparer la plus grande part des clients actifs du secteur, avec une part de 65%, tout comme en 2016.

***GRAPHIQUES 2*. Évolution de la taille du portefeuille clients-actifs et de sa qualité des AMF au Maroc**

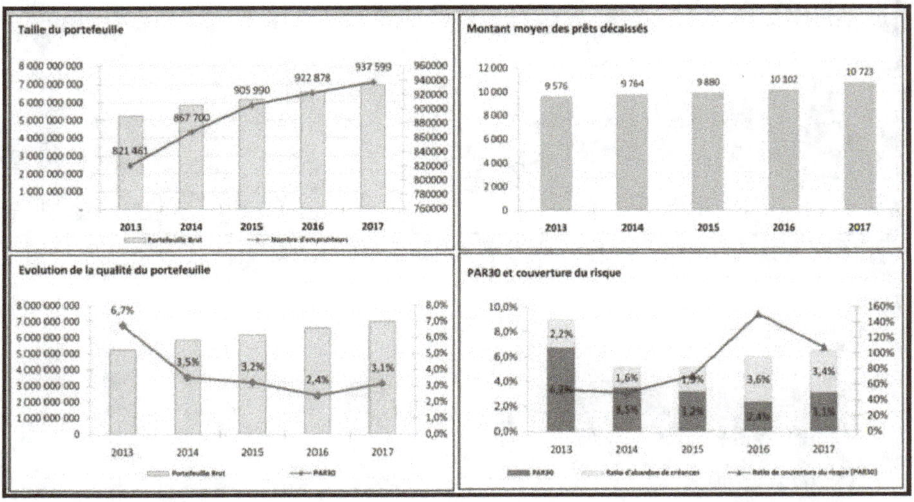

SOURCE : Centre Mohammed VI de soutien à la microfinance solidaire, 2018.

À travers les graphiques ci-dessus, l'analyse établie par le centre Mohammed VI de soutien à la microfinance solidaire nous fait montrer une évolution assez faible de la taille du portefeuille clients-actifs et de sa qualité, qui reste moyenne sur les cinq dernières années.

De même, nous remarquons à travers les graphiques ci-après une évolution positive en matière de performance financière sauf pour l'année 2017. La productivité du personnel, quant à elle, suit une tendance baissière sur les cinq dernières années.

La structure financière des AMF est en nette progression sur les cinq dernières années. Les fonds propres ont passé de 31% en 2013 à 40% en 2017. C'est un signe qui corrobore l'idée selon laquelle, l'objectif futur des AMF marocaines (d'au moins les 4 plus grandes) est de se transformer en appareil bancaire quasi classique avec un ciblage d'une catégorie sociale qui serait légèrement au-dessus du seuil de pauvreté.

***<u>GRAPHIQUES 3</u>*. Performance financière des AMF entre 2013 et 2017 au Maroc**

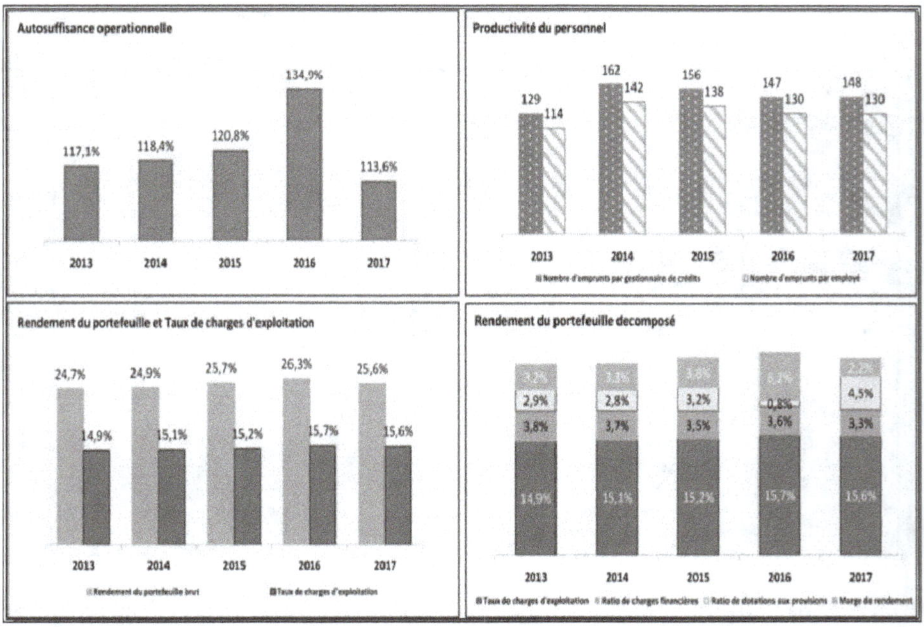

SOURCE : Centre Mohammed VI de soutien à la microfinance solidaire, 2018.

Concernant la performance sociale ou plutôt le ciblage des populations, nous disséquons les points suivants :

- Le nombre d'emprunts cumulés décaissé, exprimé en dirhams, qui est supérieur au RNB *per capita*, ne cesse de prendre de l'ampleur dans la totalité des prêts octroyés par les AMC au Maroc. Cela montre, évidemment, que le ciblage implicite des plus riches parmi les pauvres se confirme. Hormis cette évidence, le ciblage peut révéler une tendance à la hausse des prêts en faveur des microentreprises et des TPE. C'est le créneau commercial le plus dynamique du secteur de la microfinance, qui pourrait éventuellement déboucher sur des rentabilités assez bonnes sur le long terme au profit des AMC marocaines ;

- Les prêts accordés restent d'obédience individuelle plus que collective ;

- Le montant moyen des prêts augmente légèrement, mais surement au cours du temps ;

- La répartition du portefeuille des crédits par secteur marque le recul sensible des prêts octroyés aux secteurs agricole et de production (industrie et artisanat) au profit des services. Cela montre un certain délaissement en progression du monde rural au profit du monde urbain et périurbain. Cela pourrait aussi s'expliquer par l'engouement progressif exprimé à l'égard du plan Maroc vert (PMV), depuis son lancement en 2008, qui a éventuellement, remplacé, dans certains cas, le financement par les AMC.

***GRAPHIQUES 4*. Performance sociale des AMF entre 2013 et 2017 au Maroc**

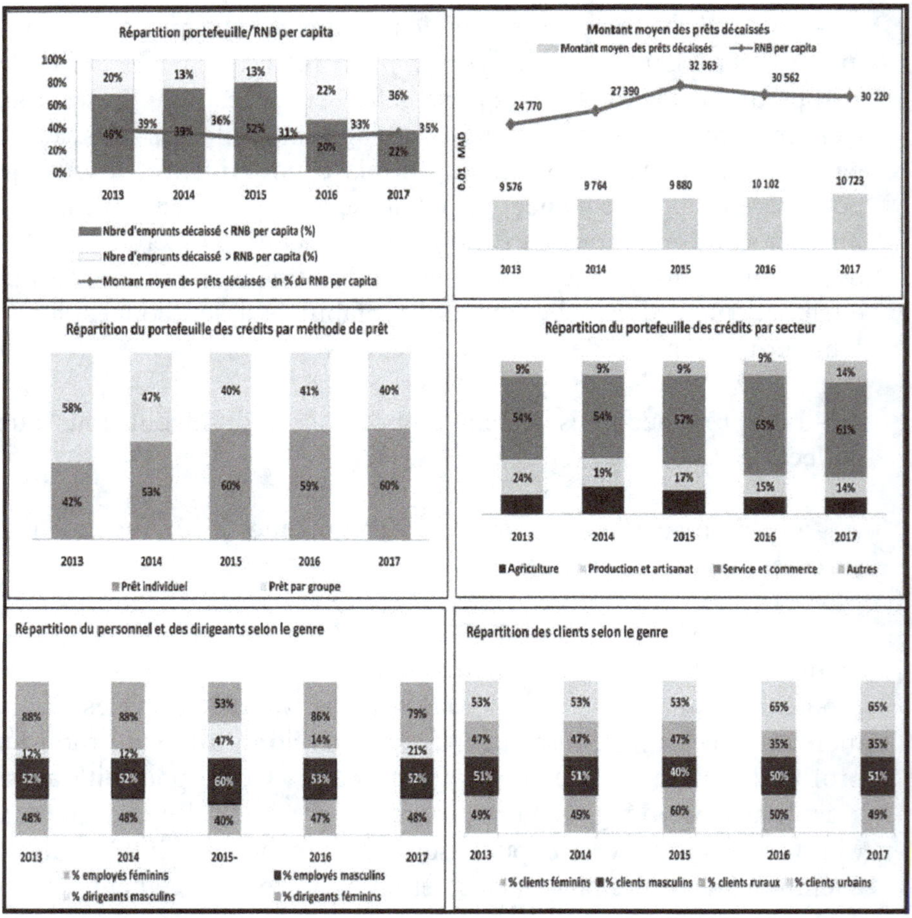

SOURCE : Centre Mohammed VI de soutien à la microfinance solidaire, 2018.

D'après cette brève analyse, il ressort clairement que l'objectif essentiel de la microfinance n'a jamais été de lutter contre la pauvreté extrême.

3.2. Les résultats de l'enquête : vers une restructuration des IMF occultant le social au profit d'un modèle à objectif purement économique et financier

L'enquête concerne les bénéficiaires du microcrédit à travers le territoire national. Au sein de cette enquête, il a été procéder par une méthode d'échantillonnage de convenance, menée auprès des établissements de microcrédit. Dans une liste de 4645 bénéficiaires constituant l'échantillon global validé, 2023 représentent le groupe des nouveaux bénéficiaires, 1201 ont une ancienneté moyenne (2 à 4 crédits) et 1421 sont d'anciens clients (plus de 4 crédits).

Notre échantillon se compose des caractéristiques suivantes :

- Répartition des bénéficiaires selon la zone de résidence : 68,4% milieu urbain ; 25,6% milieu rural ; 6% milieu périurbain.

- Répartition des bénéficiaires selon le sexe : Hommes : 59,05% ; Femmes : 40,95%.

***TABLEAU 8.* Répartition des bénéficiaires selon les tranches d'âge et le genre**

		Homme		Femme		Total	
		Effectif	**%**	**Effectif**	**%**	**Effectif**	**%**
Tranches d'âge	**Entre 18 et 24 ans**	227	*8,3%*	159	*8,4%*	386	*8,31%*
	Entre 25 et 34 ans	817	*29,8%*	594	*31,2%*	1411	*30,4%*
	Entre 35 et 44 ans	948	*34,6%*	726	*38,2%*	1674	*36,03*
	Entre 45 et 55 ans	605	*22,1%*	342	*18,0%*	947	*20,38%*
	Plus de 55 ans	146	*5,3%*	81	*4,3%*	227	*4,88%*
	Total	2743 (59,05%)	*100%*	1902 (40,95%)	*100%*	4645	*100%*

SOURCE : Les auteurs.

Les moyennes d'âge des bénéficiaires pour les deux sexes s'élèvent respectivement à 38,53 ans et 37,70 ans. Le revenu mensuel moyen de la population ciblée est de 2.527 DH/mois par ménage. Ce montant est légèrement supérieur au SMIG qui est de 2.450 DH (2.733 pour les hommes et 2.230 DH pour les femmes).

La valeur moyenne de prêt tourne autour de 11 000 DH pour la quasi-totalité des AMC. Le prêt individuel reste le plus dominant parmi les types de prêts confirmant en cela les statistiques nationales de l'ensemble du portefeuille clients-actifs.

La tranche d'âge qui bénéficie le mieux parmi l'ensemble des débiteurs est la tranche qui se situe entre 35 et 44 ans, suivi de la tranche 25 - 34 ans. En matière de genre, et dans les deux cas, ce sont les femmes qui en bénéficient le plus.

La majorité des bénéficiaires (57%) n'ont pas de métiers et 43% restant ont un métier formel ou informel connu.

TABLEAU 9. Nature du métier par région d'étude

	Nature du métier du client						Ensemble	
	Formelle		Informelle		Aucune			
	N	%C	N	%C	N	%C	N	%C
Ensemble	944	*20,3%*	1034	*22,3%*	2667	*57,4%*	4645	*100%*

Source : Les auteurs.

<u>TABLEAU 10.</u> Répartition des bénéficiaires selon l'ancienneté et l'association du microcrédit

		Ancienneté du client						Ensemble	
		Nouveau		Moyen		Ancien			
		N	%C	N	%C	N	%C	N	%C
Association de microcrédit	**Al Amana**	1023	*50,6*	602	*50,1*	802	*56,4*	2427	*52,2*
	Attawfiq Microfinance	580	*28,7*	339	*28,2*	375	*26,4*	1294	*27,9*
	FONDEP	131	*6,5*	101	*8,4*	98	*6,9*	330	*7,1*
	Fondation ARDI	118	*5,8*	79	*6,6*	75	*5,3*	272	*5,9*
	Al Karama	83	*4,1*	35	*2,9*	23	*1,6*	141	*3*
	INMAA	88	*4,3*	45	*3,7*	48	*3,4*	181	*3,9*
Ensemble		2023	*43,6*	1201	*25,9*	1421	*30,6*	*4645*	*100*

Source : Les auteurs.

<u>TABLEAU 11.</u> Répartition des bénéficiaires selon la connaissance du taux d'intérêt par AMC

		Connaissance du taux d'intérêt du microcrédit obtenu				Ensemble	
		Non		Oui			
		N	%L	N	%L	N	%C
Association de microcrédit	Al Amana	1643	*54,2*	784	*48,6*	2427	*52,2*
	Fondation Zakoura - Chaabi	793	*26,1*	501	*31,1*	1294	*27,9*
	FONDEP	219	*7,2*	111	*6,9*	330	*7,1*
	Fondation ARDI	191	*6,3*	81	*5*	272	*5,9*
	Al Karama	91	*3,0*	50	*3,1*	141	*3*
	INMAA	96	*3,2*	85	*5,3*	181	*3,9*
	Ensemble	3033	*65,3*	1612	*34,7*	4645	*100*

Source : Les auteurs.

<u>TABLEAU 12.</u> Répartition des bénéficiaires selon la connaissance des frais du dossier du prêt obtenu par AMC

		Connaissance des frais du dossier du microcrédit obtenu				Ensemble	
		Non		Oui			
		N	%L	N	%L	N	%C
Association de microcrédit	Al Amana	1474	*60,7%*	953	*39,3%*	2427	*52,2*
	Atawfiq Microfinance	686	*53,1%*	606	*46,9%*	1294	*27,9*
	FONDEP	158	*47,9%*	172	*52,1%*	330	*7,1*
	Fondation ARDI	157	*57,7%*	115	*42,3%*	272	*5,9*
	Al Karama	103	*73,0%*	38	*27,0%*	141	*3*
	INMAA	96	*53,0%*	85	*47,0%*	181	*3,9*
	Ensemble	2674	***57,6***	1969	***42,4%***	4645	*100*

Source : Les auteurs.

<u>TABLEAU 13.</u> Répartition des bénéficiaires selon le type de recouvrement par AMC en pourcentage

		Le type de recouvrement en pourcentage			
		À l'agence	À la porte	Lettre de mise en demeure	Autre
Association de microcrédit	Al Amana	94,1%	2,7%	1,5%	1,7%
	Attawfiq Microfinance	93,4%	2,0%	1,4%	3,2%
	FONDEP	97,3%	1,5%	0,6%	0,6%
	Fondation ARDI	88,6%	9,6%	0,7%	1,1%
	Al Karama	85,1%	7,1%	5,7%	2,1%
	INMAA	87,8%	5,0%	6,1%	1,1%

Source : Les auteurs.

Selon les statistiques du tableau 10, 2/3 des bénéficiaires enquêtés n'ont aucune idée du taux d'intérêt appliqué et 58% des bénéficiaires ne savent pas s'ils paient ou non les frais de dossier.

En ce qui concerne le mode de recouvrement, 88% des bénéficiaires remboursent leur emprunt à l'agence.

Il ressort donc des résultats obtenus que globalement plus de 70% des prêts ont pour destination un projet personnel : achat des équipements, extension du fonds du commerce, financement du stock, l'acquisition d'utilitaires. En revanche, plus d'un quart des bénéficiaires demandent un prêt pour réaliser des travaux (construction, finition, entretien, etc.) dans leurs logements.

Parmi l'ensemble des enquêtés, 54% reconnaissent l'amélioration de leur activité professionnelle suite à la contraction d'un microcrédit et le reste non, soit 46%. De même, 2/3 reconnaissent la création d'une valeur ajoutée grâce au recours au microcrédit.

<u>TABLEAU 14.</u> Répartition des bénéficiaires des prêts selon l'amélioration de leur activité professionnelle par AMC

		Amélioration de l'activité professionnelle				Ensemble	
		Non		Oui			
		N	%C	N	%C	N	%C
Association de microcrédit	Al Amana	1133	*52,9%*	1294	*51,7%*	2427	*52,2%*
	Attawfiq Microfinance	637	*29,7%*	657	*26,2%*	1294	*27,9%*
	(FONDEP)	108	*5,0%*	222	*8,9%*	330	*7,1%*
	Fondation ARDI	126	*5,9%*	146	*5,8%*	272	*5,9%*
	Al Karama	70	*3,3%*	71	*2,8%*	141	*3%*
	INMAA	68	*3,2%*	113	*4,5%*	181	*3,9%*
Ensemble		2142	***46,1%***	2503	***53,9%***	4645	*100%*

Source : Les auteurs.

Parmi les bénéficiaires, 54% souhaitent être accompagnés par les AMC dans le cadre de leurs projets.

De même, 53% seulement des bénéficiaires acceptent d'être contrôlés et surveillés par leurs bailleurs de fonds. En outre, 35% seulement des bénéficiaires reconnaissent que les visites des agents contribuent positivement à l'amélioration du profit de leur activité professionnelle.

TABLEAU 15. ***Répartition des bénéficiaires des prêts selon la création d'une valeur ajoutée dans leur activité professionnelle par AMC***

		Création d'une valeur ajoutée dans l'activité professionnelle				Ensemble	
		Non		Oui			
		N	%C	N	%C	N	%C
Association de microcrédit	Al Amana	769	*48,9%*	1658	*54,0%*	2427	*52,2%*
	Attawfiq Microfinance	470	*29,9%*	823	*26,8%*	1294	*27,9%*
	(FONDEP	113	*7,2%*	217	*7,1%*	330	*7,1%*
	Fondation ARDI	110	*7,0%*	162	*5,3%*	272	*5,9%*
	Al Karama	54	*3,4%*	87	*2,8%*	141	*3%*
	INMAA	55	*3,5%*	126	*4,1%*	181	*3,9%*
Ensemble		1571	***33,8%***	3073	***66,2***	4645	*100%*

Source : Les auteurs.

TABLEAU 16. ***Répartition des bénéficiaires selon la nécessité de l'accompagnement par l'AMC du prêt obtenu***

		Nécessité de l'accompagnement par l'AMC du prêt obtenu				Ensemble	
		Non		Oui			
		N	%C	N	%C	N	%C
Association de microcrédit	Al Amana	1150	52,9%	1275	51,6%	2427	*52,2%*
	Attawfiq Microfinance	593	27,3%	701	28,4%	1294	*27,9%*
	FONDEP	158	7,3%	172	7,0%	330	*7,1%*
	Fondation ARDI	120	5,5%	152	6,2%	272	*5,9%*
	Al Karama	77	3,5%	64	2,6%	141	*3%*
	INMAA	74	3,4%	107	4,3%	181	*3,9%*
Ensemble		2172	***46%***	2473	***54%***	4645	*100%*

Source : Les auteurs.

TABLEAU 17. ***Répartition des bénéficiaires selon la contribution des visites du contrôle effectuées par les agents de l'AMC à l'amélioration du profit de l'activité professionnelle***

		Contribution des visites				Ensemble	
		Non		Oui			
		N	%C	N	%C	N	%C
Association de microcrédit	Al Amana	1572	*52,5%*	854	*51,9%*	2427	*52,2%*
	Attawfiq Microfinance	874	*29,2%*	419	*25,5%*	1294	*27,9%*
	FONDEP	185	*6,2%*	145	*8,8%*	330	*7,1%*
	Fondation ARDI	156	*5,2%*	116	*7,0%*	272	*5,9%*
	Al Karama	97	*3,2%*	43	*2,6%*	141	*3%*
	INMAA	112	*3,7%*	69	*4,2%*	181	*3,9%*
Ensemble		2996	*64,5%*	1646	*35,5%*	4645	*100%*

Source : Les auteurs.

En analysant les résultats globaux de l'enquête, il semble évident que l'action des AMF à inclure financièrement les pauvres demeure limitée. Le ciblage de la clientèle qui se trouve au-dessus du seuil de pauvreté se confirme nettement à travers nos résultats. L'obédience individuelle des prêts, elle aussi, se corrobore.

Nous tirons la conclusion que l'objectif essentiel des AMF au Maroc n'est pas du tout l'inclusion financière à tout va. Cela se montre à travers le manque d'éducation financière et de transparence en matière des taux d'intérêt et des frais appliqués à la clientèle des AMF marocaines.

En définitive, il s'avère clairement que le modèle d'affaires actuel de la microfinance ne pourra, à terme, perdurer. Il est, un jour ou l'autre, appelé à être refondu.

Une forme orientée vers une « microfinance combinée (MFC) » basée sur l'autonomisation des pauvres et le ciblage de la clientèle (la plus riche et la plus entreprenante des pauvres, pour en faire une source de profit) constituera le socle d'une période transitoire vers une forme de banque quasi classique avec des tarifs moins usuraires et des clients plus solvables.

Conclusion

À travers cette étude, nous avons voulu montrer le caractère instable et changeant du modèle économique des AMF au Maroc. Nous avons voulu aussi disséquer les problèmes, les causes véritables derrière la crise des impayés qu'a connu le secteur de la microfinance marocaine à partir de la seconde moitié des années 2000, en particulier entre 2008 et 2010.

Une attention particulière est portée, dans cet article, à l'impact du modèle économique des AMF marocaines sur la réduction de la pauvreté et de la précarité et à la capacité de ce modèle à faire inclure financièrement les exclus. De permettre à ces derniers d'accéder, par étapes, et, dans le temps à la monnaie sous toutes ses formes, aux instruments monétaires et aux services financiers les plus divers.

Nous avons constaté, à travers notre enquête, réalisée sur le territoire national, portant sur 4645 ménages, bénéficiaires de microcrédit, qu'un certain progrès est accompli, mais il reste insuffisant.

Il ne faut pas perdre de vue que la microfinance qu'elle soit « mono » ou « combinée » ne résoudra jamais, à elle seule, le problème de l'inclusion financière et encore moins la problématique de la pauvreté. Une chose est certaine, la microfinance est une affaire privée, utilisant, en partie ou en grande partie, l'argent public, relevant de l'économie de marché, où le profit est le moteur ultime de son *business model*. En des termes, on ne peut être plus claire, le service offert par la microfinance ne s'inscrit point dans la catégorie des services publics. Au contraire, il se caractérise par une forte excluabilité et une forte rivalité.

Par ailleurs, dans notre étude, nous avions pu montrer que les associations marocaines de microfinance (AMF) restent fragiles, tant du point de vue de leur management que du point de vue de leur gouvernance.

La question récurrente de la régulation du secteur ou son renforcement n'est pas la panacée qui permet d'asseoir ce meilleur système de management et cette bonne gouvernance. Nous dirons même que c'est le modèle lui-même qui venait à son bout de souffle. Il bute sur sa fin. Sa mission est vraisemblablement terminée.

Le passage à un nouveau modèle de financement et d'inclusion des pauvres ou d'une catégorie de pauvres est bien naturellement l'émanation d'une logique d'acteurs publics et privés.

La finance conventionnelle va bientôt accoucher d'un système qui sera qualifié de novateur. On parle déjà de la mésofinance, concept en vogue, en effusion dans les pays d'Europe de l'Est et qui probablement va dépouiller (ce n'est pas de tout notre souhait) les TPE marocaines.

La catastrophe arrivera lorsqu'on ordonnera la généralisation de création monétaire (par des réserves fractionnaires) à l'ensemble des IMF ou de ce qui en restera.

Références bibliographiques

Abdelmoumni F., Bellin-Schultz C. et Kpodekon E. (2016). Les dérives du microcrédit au Maroc, le regard d'un investisseur social et solidaire. https ://www.findevgateway.org/sites/default/files/publication_files/20150713-article_maroc-vf.pdf (page web de 09 avril 2019).

Alliance for Financial Inclusion, AFI (2011). *Mesurer l'Inclusion financière : Les Indicateurs fondamentaux de l'Inclusion financière*. https: //www.afi–global.org/sites/default/files/fidwg_core%20set%20of%20 indicators-fr.pdf, avril.

AFI (2013), *Rapport du forum Mondial sur les Politiques d'Inclusion financière*. www.afi-global.org/sites/default/files/publications/gpf2013_ report_french.pdf.

Alkire, S. et Foster, J. (2007). Counting and Multidimensional Poverty Measurement. Working Paper 7, *Oxford Poverty & Human Development Initiative*.

Armendariz De Aghion B., Morduch J. (2005). *The Economics of Microfinance*, MIT Press.

Armendariz de Aghion, B. et Morduch, J. (2004). Microfinance, where do we stand ? in C. Goodhart (Ed.), *Financial development and economic growth : Explaining the links* (pp. 135-148). London : Palgrave.

ATTAC CADTM Maroc. *Le microcrédit au Maroc, quand les pauvres financent les riches : Étude de terrain et analyse du système du microcrédit*. Sudpub Communication, avril 2017.

BEI, Rapport FEMIP (2008). Facilité euro-méditerranéenne d'investissement et de partenariat, *Impact économique et social de la microfinance en Méditerranée : état des lieux et perspectives*. Banque européenne d'Investissement.

Bourguignon, F. et Chakravarty, S. (2003). The measurement of multidimensional poverty. *Journal of Economic Inequality*, 1(1) : 25-49.

Centre Mohammed VI de la Microfinance Solidaire (2012). *Livre blanc du microcrédit au Maroc*, Octobre. *http : //www.cm6-microfinance.ma/wp-content/uploads/2018/02/Le-Livre-Blanc-du-Microcr%C3%A9dit-au-Maroc. pdf (page web* consultée le *09 avril 2019).*

Centre Mohammed VI de Soutien à la Microfinance Solidaire (2015). Benchmark du secteur de la microfinance : Maroc, Pérou, Bangladesh, Avril. http://www.cm6-microfinance.ma/wp-content/uploads/2018/02/ Benchmarking-Microfinance-Maroc-P%C3%A9rou-Bangladesh.pdf (page web consultée le 09 avril 2019).

Centre Mohammed VI de soutien à la microfinance solidaire (2017). *Analyse de la performance sociale et financière du secteur du microcrédit*. Factsheet. http: //www.cm6-microfinance.ma/wp-content/uploads/2018/10/D% C3% A9cembre-2017.pdf (page web consultée le 09 avril 2019).

Centre Mohammed VI de Soutien à la Microfinance Solidaire (2018). *Tableau de bord mensuel de la microfinance au Maroc*, Janvier. http : //www.cm6-microfinance.ma/wp-content/uploads/2018/03/Janvier-2018.pdf (page web consultée le 09 avril 2019).

Centre Mohammed VI de Soutien à la Microfinance Solidaire (2018). *Tendances du secteur de la microfinance au Maroc*, Septembre. http : //www.cm6-microfinance.ma/wp-content/uploads/2018/12/Tendances-du-Secteur-Septembre-2018.pdf (page web consultée le 09 avril 2019).

Centre Mohammed VI de Soutien à la Microfinance Solidaire (2019). *Tableau de bord mensuel de la microfinance au Maroc*, Janvier. http : //www.cm6-microfinance.ma/wp-content/uploads/2019/03/Janvier-2019.pdf (page web consultée le 09 avril 2019).

Centre Mohammed VI de Soutien à la Microfinance Solidaire (2019). *Tableau de bord mensuel de la microfinance au Maroc*, février. http : //www.cm6-microfinance.ma/wp-content/uploads/2019/04/F%C3%A9vrier-2019.pdf (page web consultée le 09 avril 2019).

Chakravarty, S. et Silber, J. (2008). Measuring Multidimensional Poverty: The Axiomatic Approach. in Kakwani, N. et Silber, J. (eds). *Quantitative Approaches to Multidimensional Poverty Measurement*.

Charreaux G. (1997). *Le gouvernement des entreprises*. Paris, Economica.

Christen R. P., Rosenberg R. (2000). Regulating microfinance - the options. *Small Enterprise Development*, Vol. 11, n° 4, 4-23.

Churchill, C.F. (1999). *Client - Focused Lending - The Art of Individual Lending*. Calmeadow, Toronto.

Convergences (2015). Baromètre de la Microfinance 2015. Consulté le 21 mai 2018 (www.adie.org/sites/default/files/links/barometre2015de_ la_microfinance_red.pdf

Convergences (2018). Baromètre de la Microfinance 2018. Consulté le 21 mai 2018 (http: //www.convergences.org/barometre-de-la-microfinance/).

Crépon, B., Devoto, F., Duflo, E. et Parienté, W. (2012). Évaluation de l'impact du microcrédit en zone rurale au Maroc. *Série Analyses d'impact*, n°07, FinDev, Programme de CGAP, www.findevgateway.org/ fr/library/%C3%A9valuation-de-l%C2%92impact-du-microcr%C3%A9dit-en-zone-rurale-au-maroc (Page web consultée le 08 avril 2019).

Daher L. et Le Saout E. (2014). La performance boursière de la microfinance : Le cas des entreprises cotées. *Researchgate* (page web de 08 avril 2019). https: ///C: /Users/hp/Downloads/perfboursiere.pdf.

Daru, P., Beemsterboer, E., Churchill, C.F. (2004). La servitude pour dette et la finance solidaire comme mode de lutte et de prévention : Leçons préliminaires d'un projet du Bureau International du Travail en Asie du Sud (183-211). In Guerin, I., Servet, J.M. (2003). *Exclusion et liens financiers : Rapport du Centre Walras*, Paris, Economica.

Defourny, J. et Develtere, P. (1999). Origines et contours de l'économie sociale au nord et au sud. In : *L'économie sociale au Nord et au Sud*, (Defourny, J., Develtere, P. et Fonteneau, B., eds), Bruxelles : De Boeck.

Drake D., Rhyne E. (2002). *The Commercialization of Microfinance: Balancing Business and Development*. Bloomfield, Kumarian Press.

Ferguson, B. (2003). Housing microfinance: A key to improving habitat and the sustainability of microfinance institutions. *Small Enterprise Development*, Vol. 14, n°1, March, 21-31.

Fernando J. L. (2006). *Microfinance: Perils and prospects*. Routledge Studies in Development Economics, London & New York, Routledge.

FNAM (2012). *Les actes du Symposium de Skhirat*, Symposium organisé par la Fédération Nationale des Associations de Microcrédit (FNAM) et le centre Mohammed VI de soutien à la microfinance solidaire sous le thème "Perspectives stratégiques du secteur de la microfinance au Maroc", 11 octobre.

Fouillet, C. (2004). L'évaluation d'impact en microfinance : proposition d'une grille de lecture (561-592). Dans Guerin, I., Servet, J.M., *Exclusion et liens financiers : Rapport du Centre Walras 2003*, Paris, Economica.

Goodman P. (2004). Microfinance Investment Funds: Objectives, Players, Potential. KFW Financial Sector Development Symposium, Berlin, 11th and 12th of November.

Goodman, P. (2003). *Fonds d'Investissement Internationaux : Mobilisation des investisseurs vers la microfinance*. Luxembourg, ADA – Appui au Développement Autonome.

Grameen-Jameel Microfinance Ltd (2012). The Microcredit Sector in Morocco Pre and Post Crisis. https://www.findevgateway.org/sites/default/files/mfg-en-paper-the-microcredit-sector-in-morocco-pre-and-post-crisis-2012.pdf

Gubert F. et Roubaud F. (2006). *Analyser l'impact d'un projet de micro finance : l'exemple d'AdéFI à Madagascar*. https: //www. researchgate.net/publication/44450163_Analyser_l'impact_d'un_projet _de_micro-finance_l'exemple_d'ADeFI_a_Madagascar

Guerin I., Palier J. (2005). *Microfinance Challenges: Empowerment or Disempowerment of the poor?* Collection Sciences Sociales, Institut français de Pondichéry.

Guerin I., Servet J-M. (2004). *Exclusion et liens financiers*. Rapport du Centre Walras 2003, Paris, Economica.

Gulli H. (1998). *Microfinance and Poverty. Questioning the Conventional Wisdom*, Inter-American Development Bank, Washington, D.C.,

Haley, B., Morduch, J. (2004). Microfinance et réduction de la pauvreté : quel est le résultat ? (549-560). In Guerin, I., Servet, J.M., « Exclusion et liens financiers – Rapport du Centre Walras 2003 », Paris, Economica.

Hulme D., Mosley P. (1996). *Finance Against Poverty*. Volumes I & II, London, Routledge.

International Finance Corporation (2014). *Sortie de la crise du secteur de la microfinance au Maroc : des interventions opportunes et efficaces*. https :

//www.ifc.org/wps/wcm/connect/f45be1004785101ca0e9f5299ede9589/IFC +Morocco+MicroFinance+Crisis+report.French.pdf ? MOD=AJPERES.

Jebli A. (2012). *Déterminants de la performance des institutions de microcrédit au Maroc, Une analyse par les données de panel (2003-2010).* Université Ibn Zohr, Faculté des Sciences Juridiques, Economiques et Sociales Agadir, thèse soutenue publiquement le 22 décembre 2012.

Jensen M.C. (1989). Monetary Policy and Financial Development. In *Financing Economic Development: A Structural Approach of Economic Development.* Édité par E.V.K. Fitzgerald et R. Vos, Gower Publishing Company Ltd, Brookfeild.

Labie M. (2004). Microfinance : un état des lieux. *Mondes en Développement*, vol. 32(2), 126, pp. 9-23.

Labie M. (2007/2). Microfinance et gouvernance : réflexions pour une régulation articulée entre secteurs public et privé. *Mondes en développement*, n° 138, pp. 93-102.

Labie, M. (1999). *La microfinance en questions : Limites et choix organisationnels.* Bruxelles, Éditions Luc Pire.

Labie, M. (2001). Corporate governance in microfinance organizations: a long and winding road. *Management Decision*, MCB University Press, vol. 39(4) : 296-301.

Labie, M. (2002). De Finansol à Finamerica : quelques leçons d'une crise majeure dans le monde de la microfinance latino-américain (49-55). Texte des Journées d'Études Iram 2001. Dans Servet et Guérin (eds). *Exclusion et liens financiers.* Rapport du Centre Walras 2002, Paris, Economica.

Labie, M. (2003). Corporate Governance in the Non-Profit Sector: A Framework for Microfinance Organizations. *19th EGOS Colloquium*, Copenhagen Business School, July.

Labie, M. (2003). How can we value microfinance funds. *Microenterprise Americas*, *Inter-American Development Bank*, Washington, D.C., Autum, 10-11.

Labie, M., Sota, J. (2004). Gouvernance et organisations de microfinance : de la nécessité de délimiter les apports d'un conseil d'administration. Le cas d'une ONG colombienne (380 - 391). Dans Guerin, I. et Servet, J.M.

Exclusion et liens financiers. Rapport du Centre Walras 2003, Paris, Economica.

Lapenu C. (2002). La gouvernance en microfinance. *Revue Tiers Monde*, t. XLIII, 172, 847-865.

Lelart M. (2002). L'évolution de la finance informelle et ses conséquences sur l'évolution des systèmes financiers. *Mondes en Développement*, Tome 30, n° 119, 9-20.

Lhériau L. (2009). *Précis de réglementation de la microfinance*. AFD.

Mees, M. (2003). Quel impact pour la microfinance ? L'expérience de SOS FAIM. *Techniques financières du développement*, n°73, 28-32.

MicroRate (2002). *Performance Indicators for Microfinance Institutions - Technical guide*. Washington D.C. (version française - ADA, 2003).

Moll H. (2005). Microfinance and Rural Development: A Long-Term Perspective. *Journal of Microfinance*, winter, vol. 7, 2, 13-31.

Montalieu, T. (2002). Les institutions de microcrédit : entre promesses et doutes – quelles pratiques bancaires pour quels effets ? *Mondes en Développement*, Tome 30, n°119, 21-32.

Morduch, J. (1999). The Microfinance Promise. *Journal of Economic Literature*, December, Volume XXXVII, 4, 1569-1614.

Navajas S., Schreiner M., Meyer M.L., Gonzalez-Vega C., Rodriguez-Meza J. (2000). Microcredit and the Poorest of the Poor: Theory and Evidence from Bolivia. *World Development*, Vol. 28, 2, 333-346.

Olivares-Polanco F. (2005). Commercializing Microfinance and Deepening Outreach? Empirical Evidence from Latin America. *Journal of Microfinance*, vol. 7, 2, 47-71.

Ordioni, N. (2005). L'approche genre, outil de développement ou dispositif idéologique au service de la « bonne » gouvernance mondiale ? In Froger, Mainguy, Brot et Gérardin, *Quels acteurs pour quel développement ?* Paris, Gemdev-Karthala.

Pinos F. (2015). *Inclusion financière et populations précarisées : effets des business models des services financiers en France*. Thèse, Université de Bordeaux.

Robinson M. S. (2001). *The Microfinance Revolution: Sustainable Finance for the Poor.* Washington, D.C., The World Bank - Open Society Institute.

Rosengard J. (2005). Regulation and financial integration in microfinance industry. Communication présentée lors du séminaire: *The Future of Microfinance Policy, Regulation and Norms, Challenges Ahead,* ULB, Solvay Business School, 26-27 May.

Rossel-Cambier K. (2009/3). La microfinance combinée : aperçu en Amérique latine et dans les Caraïbes. *Reflets et perspectives de la vie économique*, Tome XLVIII, p. 85-97.

Schreiner, M., Leon, J. (2002). Microfinance for microenterprise: the state of the art. *Savings and Development*, Vol. XXVI, n°4, 329-353.

Seep (2005). *Measuring Performance of Microfinance Institutions, a Framework for Reporting, Analysis and Monitoring.* The Seep Network, Washington.

Shaw, E.S. (1973). *Financial Deepening in Economic Development.* New York, Oxford University Press.

Simanowitz, A. (2004). Quelles méthodologies pour évaluer l'impact de la microfinance ? Une diversité de méthodes pour une diversité d'objectifs (607-665). In Guerin, I., et Servet, J.M. *Exclusion et liens financiers.* Rapport du Centre Walras 2003, Paris, Economica.

Treillet S. (2005). La société civile dans les stratégies des organisations internationales. In Froger, Mainguy, Brot et Gérardin, *Quels acteurs pour quel développement ?* Paris, Gemdev-Karthala.

World Bank (1989). *World development Report*, Oxford University Press.

Zeller, M., Lapenu, C. et Greeley, M. (2003). *Social Performance Indicators Initiative: Measuring Social Performance of Microfinance Institutions*. Summary Report, Argidius Foundation and Consultative Group to Assist the Poorest (CGAP).

CHAPITRE 2.

Pérennité et Efficience des Institutions de Microfinance au Maroc

Sanae SOLHI

Université Mohammed V de Rabat, FSJES, Agdal

« *Plus notre environnement est sculpté, plus son efficience augmente et plus il est logique d'envisager que tout ce qui est bâti et construit par l'homme doit être sculpté* ».

Nicolas Schöffer (1912-1992)

« *L'efficience c'est faire les choses bien ; l'efficacité c'est faire les choses justes* ».

Peter Drucker (1909-2005)

La microfinance est reconnue comme un levier de développement qui contribue à la lutte contre la pauvreté et favorise l'autonomisation des individus socialement défavorisés. Elle a toujours été présentée comme un moyen d'inclusion des populations exclues du système bancaire classique, en leur offrant l'accès aux services financiers. La technique des crédits solidaires, initiée par la Grameen Bank, est aussi le résultat d'un consensus mondial sur le rôle de cette pratique dans la lutte contre la pauvreté (Servet et Guérin, 2005). Ce consensus s'est renforcé avec la reconnaissance de la microfinance par les Nations-Unies comme un moyen favorisant l'éradication de la pauvreté extrême et comme un des objectifs du Millénaire.

Toutefois, les objectifs sociaux des institutions de microfinance (IMFs) sont souvent posés au niveau international, ils en constituent objectivement l'ossature à mettre sur la sellette. De nombreux gouvernements et donateurs, investissant dans la microfinance, sont convaincus, que si celle-ci est incapable d'améliorer les conditions de vie des clients, la priorité pourrait être accordée à d'autres champs d'activités (l'éducation, la santé ou l'agriculture par exemple).

Face à ce dilemme, les IMFs sont à la croisée des chemins ; elles doivent faire face à un double enjeu : permettre aux populations pauvres d'accéder à des services financiers de qualité, tout en garantissant une certaine performance financière. Les IMFs doivent réfléchir à une gestion efficace de leurs ressources. D'ailleurs, en 2003, le Groupe consultatif pour l'assistance aux très pauvres (CGAP) a révélé que seul 1 % des 7000 IMFs dans le monde étaient rentables. Ce résultat remet fortement en cause la pérennité à long terme des IMFs, d'autant plus que les bailleurs de fonds exigent une analyse qui prône le développement des institutions les plus efficientes au regard des autres. Le calcul de l'efficience des IMFs est un nouveau défi qui répond à l'exigence de repenser la vocation sociale d'une institution en tant que facteur de développement économique. La présente recherche découle précisément de cette problématique d'efficacité intrinsèque des IMFs avec comme terrain d'analyse celles de la région MENA. Nous tentons de répondre aux deux questionnements suivants : les ressources mises à la disposition de l'IMF par les bailleurs de fonds sont-elles utilisées de façon optimale pour préserver le secteur de la microfinance ? Dans quelle mesure les IMFs peuvent-elles concilier entre l'objectif de performance sociale (PS) et celui de performance financière (PF) ?

Notre démarche consiste à identifier les IMFs efficientes par le calcul d'un score d'efficience avec la méthode DEA. Ce dernier empruntera une approche combinée (financière et sociale). Sera considérée comme efficiente toute institution parvenant à concilier entre la réduction de la pauvreté et une rentabilité pérenne. Ensuite, cette efficience sera testée à travers un ensemble de variables explicatives prenant en considération les spécificités des IMFs ainsi que leur environnement socio-économique.

Notre échantillon couvre toutes les IMFs marocaines. Ce choix est conditionné par le degré de maturité de la microfinance dans notre pays. En plus, le Maroc appartient à la catégorie de pays à moyen et faible revenu. L'ensemble des données de cette étude proviennent de la base de données « MIX Market ».

Le reste de ce chapitre est structuré de la manière suivante. La première section présente les soubassements théoriques et empiriques de l'efficience au sein des IMFs. La deuxième section expose, quant à elle, les données de notre échantillon. Nous analysons les résultats à la troisième section et la dernière section est dédiée à la conclusion et les implications de politique économique.

1. Littérature théorique et empirique de l'efficience des IMFs

Les IMFs sont des institutions financières très différentes des établissements de crédit classiques. Elles sont nettement plus petites en taille, limitent leurs services aux ménages pauvres et offrent souvent de petits prêts de groupe, sans garantie. En plus, la plupart de ces institutions dépendent des fonds des donateurs et des organisations à but non lucratif.

Elles diffèrent aussi dans leurs deux principaux objectifs opérationnels. Premièrement, elles agissent en tant qu'intermédiaires financiers aux ménages pauvres. Ceci est connu comme le « *paradigme institutionnaliste* » (Woller, Dunford et Woodworth, 1999 ; Murdoch, 2000) qui atteste que les IMFs doivent générer des revenus suffisants pour répondre à leurs coûts de financement et d'exploitation. Deuxièmement, elles ont un objectif social. Le « *paradigme des welfaristes* », qui met l'accent sur la réduction de la pauvreté, stipule que toute recherche de rentabilité entraîne une hausse du coût du crédit pour les micro-entrepreneurs, compromettant ainsi les capacités de la microfinance à améliorer les conditions socio-économiques des ménages pauvres (Sebstad et Chen, 1996 ; in Acclassato, 2006). La relation entre la performance sociale (PS) et la performance financière (PF) est une question qui a fait l'objet d'une profonde divergence entre les *Institutionnalistes* et les *Welfaristes*. Seulement la convergence entre les deux performances se pose aujourd'hui avec acuité. Cette contrainte est devenue la norme pour les chercheurs (Morduch et al., 2007 ; Servet, 2006). D'autant plus que nombre d'institutions tentent de combiner des objectifs sociaux et financiers (Labie, 2004). Une gestion efficace des IMFs devrait promouvoir ces deux objectifs (Brau et Woller, 2004).

Le compromis possible entre PS et PF est l'un des sujets débattus récemment en microfinance. Un certain nombre d'initiatives ont vu le jour ces dernières années pour encourager les intervenants de la microfinance à évaluer conjointement leurs performances sociales et financières. Les études qui se sont intéressées à l'efficacité de ces institutions se sont, pour la majorité, basées sur des indicateurs comptables (Farrington, 2000). De leur côté, Lafourcade, Isern, Mwangi et Brown (2005) ont analysé l'efficacité des IMFs africaines à travers la comparaison du coût par emprunteur avec le coût par épargnant. Mais, aucune de ces deux études n'a utilisé une approche paramétrique ou non paramétrique pour évaluer l'efficacité des IMFs.

Récemment, plusieurs études se sont penchées sur l'efficience des IMFs. Les premières l'ont fait en ne considérant que le caractère d'intermédiation financière (Qayyum et Ahmad, 2006 ; Bassem, 2008 ; Haq et al., 2009). Mais de plus en plus d'auteurs font une investigation quant à la possibilité de prendre en compte aussi la dimension sociale (Nghiem, 2004 ; Soulama, 2008 ; Guitiérez-Nieto et al., 2007 et 2009 ; Serano-Cinca et al., 2010 ; Hermes et al., 2011).

Dans leur étude, Qayyum et al. (2006) ont tenté d'évaluer l'efficience de 85 IMFs du sud d'Asie. L'analyse a révélé que l'inefficience des IMFs de certains pays est principalement de nature technique et pour améliorer leur efficience, ces institutions sont amenées à rehausser les compétences directoriales et améliorer la technologie. De son côté, Bassem (2008) a analysé l'efficience de 35 IMFs dans la zone méditerranéenne. Les résultats obtenus ont révélé que la taille a un effet négatif sur l'efficience, vu que les IMFs de taille moyenne sont plus efficientes que les éminentes.

Fadzlan (2006) a essayé d'analyser l'efficience des institutions financières non bancaires (IFNB) de la Malaisie en application de la méthode non paramétrique Data Enveloppement Analysis (DEA). L'étude a révélé que la taille et la part du marché ont un effet négatif sur l'efficience. Finalement, l'auteur a conclu que les IFNB les plus efficientes tendent à être plus profitables. Serano-Cinca et al. (2007) ont mesuré l'efficacité de 30 IMFs d'Amérique latine et ensuite exploré l'analyse multivariée des résultats DEA. Ils ont montré que l'efficience varie selon les pays et le statut, ONG versus non-ONG, des IMFs.

Par ailleurs, Desrochers et Lamberte (2003) ont utilisé des approches paramétriques pour étudier l'efficacité des banques coopératives rurales aux Philippines. Ils ont constaté que la bonne gouvernance améliore leur efficacité. Enfin, Leon (2001) a signalé que la productivité des ressources, la gouvernance et l'environnement des affaires ont été les facteurs contribuant à la rentabilité des banques municipales péruviennes.

Pour résumer cette revue de la littérature, deux courants d'analyse ressortent quant à la manière de mesurer l'efficacité. Le premier met en avant l'efficacité sociale, qu'il considère comme la fonction principale des IMFs, tandis que le second insiste sur la viabilité financière. Toutefois, un consensus a récemment réconcilié les deux approches. Sous certaines conditions de marché (renforcement du marché et stabilité des IMFs), il y a compatibilité entre performance sociale et soutenabilité financière (Morduch, 2000). D'ailleurs, Serano-Cinca et al. (2010) montrent que les scores d'efficacité obtenus par la méthode DEA en prenant en compte à la fois le rôle d'intermédiation financière et le rôle social des IMFs apprécient mieux l'efficacité. Notre étude s'inscrit dans la lignée de cette dernière vague d'études en prenant en compte en plus du rôle d'intermédiation financière, le rôle social des IMFs.

2. Mesure de l'efficience des IMFs au Maroc

Actuellement, des méthodes simples et fiables d'évaluation nous renseignent sur la capacité de la microfinance à remplir son double objectif : social et financier. L'approche DEA paraît plus pertinente pour évaluer la performance des IMFs en utilisant une approche combinée : financière et sociale.

Pour calculer les scores d'efficience, nous avons choisi les IMFs les plus actives au Maroc et où les IMFs sont à différents stades de maturité.

2.1. Caractéristiques et justification du choix de l'échantillon

Les IMFs marocaines fournissent une illustration pertinente de ce débat et l'analyse de leur activité permet d'identifier les institutions combinant à la fois la performance sociale (PS) et la performance financière (PF). Notre échantillon couvre 10 IMFs opérationnelles. En plus, le Maroc est un pays diversifié tant en termes de dotations humaines et naturelles. Sur le plan régional, la croissance économique et la distribution de la richesse se distinguent considérablement des autres pays de la région, comme illustrées dans le tableau 1 ci-dessous. Selon la classification de la Banque Mondiale des pays par tranches de revenus (PNUD et BREA, 2009), la majorité des pays arabes appartiennent aux catégories « moyens et faibles revenus », à l'exception de quelques-uns des pays riches en pétrole, appartenant au Conseil de Coopération du Golfe (CCG).

<u>Tableau 1.</u> Indicateurs macroéconomiques par Pays MENA (2008 - 2012)

	Population (millions)	**Population sous le seuil de pauvreté**	**Indice de Gini**[74]	**RNB par habitant, PPA ($) internationaux courants**	**Croissance Du PIB (annuel %)**
Maroc	32,52	9,0%[75]	40,9	5040 $	2,7 %
Égypte	83,68	16,7%	32,1	6640 $	2,2 %
Jordanie	6,31	14,2%	37,7	6130 $	2,8 %
Iraq	32,57	22,9%[76]	NA	4300 $	8,4 %
Liban	4,42	NA	NA	14400 $	1,4 %
Palestine[77]	4,04	NA	NA	NA	NA
Soudan	37,19	NA	NA	2030 $	- 10,1 %
Syrie	21	NA	NA	4620$	4,0%
Tunisie	10,77	7,6%	40,8	9360 $	3,6 %
Yémen	23,85	41,8%	37,7	2340$	3,8%

SOURCE : Rapport de la Banque Mondiale sur les indicateurs de développement et le développement humain en 2012.

Le choix des institutions de notre échantillon s'explique par la volonté manifeste d'atteindre l'autonomie financière et de rendre publics et transparents leurs états financiers aussi bien sociaux que financiers. Deuxièmement, le secteur de la microfinance se développe progressivement à travers des IMFs dont le statut diffère des ONG, Coopératives, Institutions financières non bancaires, en plus, de la gamme des services offerts.

2.2. Méthodologie et approche empirique choisies

Dans la littérature empirique, cinq techniques sont utilisées dans le calcul de l'efficience : trois utilisent des méthodes d'estimations paramétriques qui nécessitent l'imposition d'une forme fonctionnelle spécifique. Toutefois, le choix fonctionnel de l'équation suppose des hypothèses sur la distribution des termes d'erreurs. En conséquence, si le modèle n'est pas bien spécifié, l'efficience mesurée pourra être

[74] L'indice de Gini est compris entre 0 et 100. Une valeur de 0 représente une égalité absolue et 100 l'inégalité absolue.
[75] D'après les données 2007 de la base de données de la banque mondiale disponible sur le site : http://donnees.banquemondiale.org/
[76] D'après les données 2007 de la base de données de la banque mondiale disponible sur le site : http://donnees.banquemondiale.org/
[77] Les chiffres pour la Palestine se réfèrent à la Cisjordanie et à Gaza uniquement.

biaisée par une erreur de spécification (Berger et Humprey, 1997). Les deux autres techniques reposent sur des approches non paramétriques : 1. La méthode d'enveloppement des données (DEA), 2. Une généralisation de celle-ci à la méthode de « *Free Disposal Hull* » (FDH). Seulement, l'efficience des institutions financières a été étudiée à de nombreuses reprises à l'aide de la méthode DEA. Celle-ci impose moins de structure sur la frontière, et a le potentiel de fournir des informations aux autorités du contrôle dans l'amélioration de l'efficacité productive de l'organisation, et aider les donateurs de fonds et les gouvernements d'identifier les IMFs les plus efficaces dans l'utilisation de leur financement (généralement à coût faible) (Farrington, 2000).

2.2.1. Présentation de la méthode DEA

Le choix de l'approche non paramétrique *Data Envelopement Analysis* (DEA) se justifie par la combinaison de variables financières et sociales. La méthode d'enveloppement des données a été mise au point à partir des travaux de Charnes et al. (1978). Elle se fonde sur le principe qu'un certain nombre d'inputs est employé dans la production d'un nombre déterminé d'outputs. Ainsi, un score d'efficience et de capacité de production est fourni pour chaque institution. Cette mesure indique le niveau individuel d'efficience pour chaque unité pour une période donnée et pour la quantité utilisée d'inputs (Abdelkhalek et Solhi, 2008).

Elle est fondée sur la programmation linéaire et a pour objectif d'identifier des fonctions de production empiriques. Elle compare toutes les unités similaires dans une population donnée en prenant en compte simultanément plusieurs dimensions. Chaque unité est considérée comme une unité décisionnelle (Decision Making Unit – DMU) qui transforme des inputs en outputs. Chaque DMU consomme ainsi un montant $\boldsymbol{m}$ de différents inputs afin de produire $\boldsymbol{s}$ différents outputs. La $DMU_{(j)}$ ($j = 1, \ldots, m$) consomme un montant $X_{\{ij\}}$ d'inputs ($i = 1, \ldots, m$) et produit un montant $Y_{\{rj\}}$ d'outputs ($r = 1, \ldots, s$).

Pour construire la frontière non paramétrique de production[78] qui pourrait être employée comme repère pour les mesures d'efficience, il est supposé qu'il existe $\boldsymbol{K}$ inputs et $\boldsymbol{M}$ outputs de $\boldsymbol{N}$ firmes sur une

[78] En se référant au modèle de Charnes, Cooper et Rhodes (1978).

période $\boldsymbol{t}$ (t = 1, …, T). Les vecteurs $x_{i,t} \in IR_+^K$ et $y_{i,t} \in IR_+^M$ sont respectivement les inputs et les outputs de la firme $\boldsymbol{i}$ à la période $\boldsymbol{t}$. Pour toute période $\boldsymbol{t}$, les matrices $\boldsymbol{X_t}$ de taille ($\boldsymbol{K}\times\boldsymbol{N}$) et $\boldsymbol{Y_t}$ de taille ($\boldsymbol{M}\times\boldsymbol{N}$) représentent les matrices d'inputs et d'outputs des $\boldsymbol{N}$ firmes pendant la période $\boldsymbol{t}$.

L'idée de la méthode DEA consiste à résoudre, pour chaque institution, le programme linéaire qui détermine simultanément les vecteurs de pondérations optimales des M outputs *(u)* et des K inputs *(v)* en résolvant le programme mathématique suivant :

$$\begin{aligned} & Max_{\mu,\nu}\ (\mu' y_i) \\ & s/c:\quad \nu' x_i = 1 \\ & \mu' y_j - \nu' x_j \leq 0 \qquad j = 1,\ldots, N \\ & \mu, \nu \geq 0 \end{aligned} \qquad \textbf{(1)}$$

Le recours aux théorèmes de dualité en programmation linéaire aboutirait à l'équivalent du programme (2) sous la forme d'une enveloppe :

$$\begin{aligned} & Min_{\theta,\lambda}\ \theta \\ & s/c:\quad -y_i + Y\lambda \geq 0 \\ & \qquad \theta x_i - X\lambda \geq 0 \\ & \qquad \lambda \geq 0 \end{aligned} \qquad \textbf{(2)}$$

où λ est un vecteur de $\boldsymbol{N}$ variables de ce programme dual.

Un programme de ce type doit être résolu $\boldsymbol{N}$ fois ; une fois par firme de l'échantillon. La valeur estimée de la variable scalaire $\boldsymbol{\theta_i}$ obtenue donne l'estimation de l'efficience technique ($\boldsymbol{\theta_i}$) de la firme (IMF) $\boldsymbol{i}$ à la période $\boldsymbol{t}$.

Force est de constater que la valeur de $\boldsymbol{\theta}$ est comprise entre $\boldsymbol{0}$ et $\boldsymbol{1}$ ($0 \leq \theta \leq 1$). La valeur unitaire ($\boldsymbol{\theta = 1}$) marque un point sur la frontière et donc une firme techniquement efficiente selon la définition de Farrell (1957). Si $\boldsymbol{\theta < 1}$, la firme est techniquement inefficiente.

Dans notre étude, une IMF est efficiente s'il n'est pas possible de réduire un input sans modifier un ou plusieurs inputs ou outputs. Le modèle Charnes-Cooper-Rhodes ou « *CCR* » (Charnes et *al.*, 1978) orienté inputs et à rendements d'échelle constants, mesure l'efficience de chaque IMF dans une perspective de long terme où les processus opérationnels et la taille de l'activité peuvent être ajustés conjointement. Le modèle Banker-Charnes-Cooper ou « *BCC* » (Banker et *al.*, 1984) mesure l'efficience dans une situation de rendements d'échelle variables, c'est-à-dire qu'il évalue l'efficience de l'IMF sans modification de la taille de son activité. Il fournit une information de court terme en analysant l'efficience des IMFs dans la gestion de leurs pratiques courantes (opérationnelles et management).

2.2.2. Le choix des inputs et des outputs et la spécification des modèles d'orientation

Le caractère d'institution poursuivant à la fois un objectif économique et social pose la question de la détermination simultanée d'un optimum, à la fois économique et social. Dans le cadre de cette étude, nous nous inspirons pour le choix des inputs et des outputs du travail de Jacob Yaron (1992). Ce dernier suggère, pour l'analyse de l'efficience des IMF, de prendre en compte deux aspects importants, à savoir : l'autosuffisance et la portée (outreach).

L'ensemble des éléments chiffrés provient de la base de données Mix Market. Les informations qu'elle contient sont essentiellement d'ordre financier ; aucune donnée reflétant réellement la PS des IMF n'est présente (par exemple : score social). Du fait de l'absence d'indicateurs sociaux harmonisés au niveau mondial et l'absence de données à ce sujet, la PS est mesurée ici par la portée sociale du programme.

Deux dimensions principales sont retenues : La profondeur (*depth of outreach*) qui détermine la capacité d'un programme à servir les plus défavorisés. Et, l'amplitude (*Breadth of outreach*) qui mesure l'échelle du programme. Lapenu et al. (2001) distinguent trois proxys pour mesurer la profondeur du programme : Le pourcentage de femmes emprunteuses (FE) ; Le montant moyen du prêt (MP) ; Le montant moyen des dépôts (MD). Seuls les deux premiers indicateurs sont disponibles dans la base de données de Mix Market. En effet, le montant moyen du prêt par emprunteur est pris en considération sous l'hypothèse que, plus le montant moyen du prêt par emprunteur est faible, plus l'IMF sert les pauvres.

➢ ***Sélection des inputs***

La sélection des inputs s'inscrit dans le cadre d'une approche traditionnelle de la mesure de l'efficience des institutions financières, à savoir le modèle de production. Nous avons opté pour l'input « travail » représenté par le nombre de personnel (régulièrement utilisé dans la littérature comme approximation facteur travail), et pour l'input « capital » correspondant au montant total des actifs des IMFs (largement utilisé dans la littérature comme approximation du facteur capital).

➢ ***Sélection des outputs***

Le but d'une IMF est d'optimiser les inputs « capital » et « travail » de manière à assurer l'accès au crédit pour les populations défavorisées. Les indicateurs de portée traditionnelle en microfinance comprennent :

- ***Indicateurs de Performance Sociale :***

La performance sociale comprend généralement deux indicateurs :

- *Encours moyen des prêts (MP)* **:** c'est l'encours brut de crédit moyen/nombre d'emprunteurs. Pour Hermes et al. (2011), cette variable permet d'appréhender l'implication de l'IMF dans le ciblage des pauvres. Ainsi, plus faible sera l'encours, plus la population visée est modeste et plus cette IMF participe au financement d'une population pauvre et donc à la réduction de la pauvreté (Hartarska, 2005) ;
- *Pourcentage de femmes emprunteuses (FE)* **:** permet de mesurer la propension de l'IMF à favoriser les femmes, lorsque l'on sait qu'elle représente la tranche de la population la plus touchée par la pauvreté. Le nombre d'emprunteurs reflète l'amplitude du programme, c'est-à-dire la capacité de l'IMF à utiliser ses ressources pour servir le maximum de clients. C'est le nombre de femmes emprunteuses/le nombre d'emprunteurs actifs.

• ***Indicateur de Performance financière : Autosuffisance opérationnelle***

Les deux aspects de la pérennité, opérationnelle et financière, peuvent être appréhendés par le rendement des actifs (ROA) et/ou l'autosuffisance opérationnelle.

Généralement, la PF des systèmes bancaires est évaluée par le taux de rendement des actifs (ROA). Celui-ci mesure la capacité des dirigeants de l'institution financière à acquérir du capital à un coût raisonnable et d'investir ces fonds de manière profitable. Toutefois, les actifs bancaires sont majoritairement des prêts générant un revenu d'intérêts importants. Par conséquent, la capacité à octroyer des prêts qui rapporteront des intérêts (qui seront remboursés) affecte directement la rentabilité bancaire (Kohers et Simpson, 2002). Mais, il convient d'être prudent dans l'utilisation du ROA dans le cas des IMFs, car même si la rentabilité sur actifs est ajustée, certains effets demeurent pernicieux. Ainsi, les IMF à statut d'ONG peuvent certes avoir un ROA plus élevé que les IMF réglementées, car leurs ratios dettes/fonds propres sont faibles puisque leur financement est limité sur le marché financier et sont donc contraintes de générer un surplus pour financer leur croissance. Par contre, les IMF réglementées, ayant accès aux sources de financement plus facilement, ont des effets de levier plus grands et sont donc gérées pour atteindre un bon retour sur fonds propres malgré une rentabilité sur actifs plutôt faible. Pour surmonter cette anomalie dans le secteur de microfinance, nous proposons le recours à l'autosuffisance opérationnelle.

L'autosuffisance d'une IMF renvoie à la question de sa viabilité financière. Autrement dit, elle fait référence à sa capacité de couverture des charges à partir des produits qu'elle génère. Une institution viable ne doit pas dépendre exclusivement des ressources de bailleurs de fonds pour subventionner ses activités (Ledgerwood, 1998).

Inputs	**Outputs**
• ***Travail :*** le nombre d'employés ; • ***Capital :*** le montant total des actifs des IMFs.	• ***MP*** : Encours moyen des prêts • ***FE*** : le % de Femmes Emprunteuses • ***AO*** : Autosuffisance opérationnelle

> ***Orientation du modèle***

Il est clair que l'objectif d'une IMF est de maximiser son impact et par conséquent sa production en touchant un maximum de personnes pauvres à partir d'un niveau d'inputs donné. Nous devrions ainsi privilégier une orientation output du modèle.

Toutefois, trois arguments justifient l'orientation input de notre modèle (Coelli, 1996). Les travaux antérieurs ont adopté une orientation input. Aussi, l'orientation doit être choisie en fonction des quantités d'inputs et d'outputs que les dirigeants sont en capacité de contrôler. Dans la spécification de notre modèle, les IMFs utilisent aussi peu d'inputs que la production d'outputs le requiert[79] et que les dirigeants sont plus à même de contrôler les inputs (personnel et total de l'actif) que les outputs. Enfin, le choix de telle ou telle orientation n'a que peu d'influence sur les scores obtenus et par conséquent sur le classement des DMU.

Nous mesurons l'efficacité suivant les deux hypothèses de rendements d'échelle variables (*BCC*) et constants (*CCR*). La première hypothèse correspond mieux à l'environnement de compétition imparfaite dans lequel évoluent les IMFs et nous met donc à l'abri des mauvaises spécifications. Tandis que la seconde permet de comparer les grandes IMFs aux petites en évitant que les premières n'apparaissent artificiellement efficaces. Enfin, nous opterons pour une mesure de l'efficacité suivant une orientation d'inputs.

3. Analyse et interprétation des résultats

Pour conduire l'analyse de l'efficience des IMFs marocaines, les informations pertinentes sur la période d'analyse (2000 - 2011) ont été regroupées dans une large base de données[80]. Un programme sur le logiciel GAMS (General Algebraic Modeling System) a été établi pour calculer les indicateurs d'efficience. Le tableau 2 donne les

[79] À l'opposé, la mesure de l'efficacité suivant une orientation output considère que les IMF maximisent leur production à inputs fixés.

[80] Des statistiques descriptives des variables utilisées dans l'estimation de l'efficience des IMF de l'échantillon sont reproduites en annexe 1.

scores d'efficience en rendements constants (*CRS*) et en rendements variables (*VRS*) qui traduisent une efficience technique globale[81].

<u>TABLEAU 2</u>. Calcul du score d'efficience par la méthode DEA, en rendements constants (CRS) et en rendements variables (VRS)

DMU Name	2011		2010		2009		2008		2007		2006	
	CRS	**VRS**	**CRS**	**VRS**	**CRS**	**VRS**	**CRS**	**VRS**	**CRS**	**VRS**	**CRS**	**VRS**
ARDI_Mar	0,028	0,029	0,022	0,039	0,027	0,027	0,018	0,018	0,021	0,028	0,099	0,154
AIMC_Mar	1,000	1,000	0,417	0,866	0,490	0,490	ND	ND	ND	ND	ND	ND
Al Amana_Mar	0,003	0,005	0,002	0,006	0,003	0,003	0,005	0,005	0,003	0,003	0,004	0,006
Al Karama_Mar	0,097	0,101	0,122	0,191	0,142	0,142	0,146	0,146	0,137	0,157	0,171	0,251
AMSSF/MC_Mar	0,063	0,064	0,089	0,131	0,098	0,099	0,097	0,097	0,062	0,078	0,082	0,124
ATIL_Mar	ND	ND	ND	ND	0,789	0,795	0,285	0,285	0,312	0,453	1,000	1,000
ATTAWFIQ_Mar	0,005	0,007	0,006	0,016	0,010	0,010	0,003	0,003	0,012	0,012	0,015	0,021
FONDEP_Mar	0,009	0,012	0,010	0,017	0,011	0,011	0,014	0,014	0,016	0,017	0,025	0,037
INMAA_Mar	0,143	0,155	0,131	0,252	0,162	0,162	0,159	0,159	0,128	0,177	0,211	0,385
AMOS_Mar	ND	ND	0,501	0,671	0,660	0,684	0,584	0,584	0,267	0,318	0,299	0,431
Zakoura_Mar	ND	ND	0,009	0,021	0,011	0,011	0,004	0,004	0,004	0,005	0,048	0,066

DMU Name	2005		2004		2003		2002		2001		2000	
	CRS	**VRS**	**CRS**	**VRS**	**CRS**	**VRS**	**CRS**	**VRS**	**CRS**	**VRS**	**CRS**	**VRS**
ARDI_Mar	0,313	0,328	0,292	0,385	0,513	0,591	**ND**	**ND**	**ND**	**ND**	ND	ND
AIMC_Mar	ND	ND	**ND**	**ND**	**ND**	**ND**	**ND**	**ND**	**ND**	**ND**	ND	ND
Al Amana_Mar	0,016	0,020	0,019	0,023	0,038	0,062	0,098	0,099	0,088	0,091	0,056	0,068
Al Karama_Mar	0,838	0,981	0,562	1,000	0,857	1,000	ND	ND	ND	ND	ND	ND
AMSSF/MC_Mar	0,205	0,221	0,218	0,310	0,314	0,566	1,000	1,000	1,000	1,000	1,000	1,000
ATIL_Mar	1,000	1,000	1,000	1,000	1,000	1,000	ND	ND	ND	ND	ND	ND
ATTAWFIQ_Mar	0,052	0,084	0,065	0,142	0,065	0,100	0,247	1,000	ND	ND	ND	ND
FONDEP_Mar	0,098	0,106	0,105	0,136	0,138	0,158	0,502	0,578	0,703	0,722	ND	ND
INMAA_Mar	0,623	0,647	1,000	1,000	0,627	1,000	ND	ND	ND	ND	ND	ND
AMOS_Mar	0,989	1,000	0,509	0,993	0,503	0,971	1,000	1,000	ND	ND	ND	ND
Zakoura_Mar	0,033	0,033	0,032	0,085	0,033	0,054	0,066	0,066	0,103	0,187	0,071	0,086

[81] L'efficience par IMF et par année sont reproduits en annexe 7.

TABLEAU 3 **: Résultats de l'estimation en données de panel (Modèle à effets fixes) reliant le score d'efficience (CRS et VRS) aux variables explicatives retenues**

	CRS	VRS	CRS	VRS	CRS	VRS	CRS	VRS	CRS	VRS	CRS	VRS
Ratio_K	0,368***	0,409***					0,319***	0.380***			0.327***	- 0,140*
	(3,29)	(2,62)					(3,01)	(3.10)			(3.37)	(- 2)
RISK	0,826*	- 1,138	1,304	1,850	- 0,670	1.383	0,348	0.499	0,795*	0,870*	0.423	- 0,088
	(1,72)	(1,55)	(1,56)	(1,60)	(0,89)	(1.31)	(0,53)	(0.53)	(1,47)	(1,35)	(0.65)	(- 0,56)
AGE	- 0,013	- 0,015	- 0,018	0,018	0,020	- 0.022	- 0,013**	- 0.014**	- 0,016*	- 0,017	- 0.013**	- 0,002
	(- 1,48)	(- 1,44)	(- 1,38)	(- 1,15)	(- 1,40)	(- 1.29)	(- 2,00)	(- 1.73)	(- 1,39)	(- 1,27)	(- 1.99)	(- 0,72)
SUB	- 6,2e - 09***	- 6,75e - 09**	- 4,8e - 09*	- 6,1e - 09*	- 5,8e - 09*	- 6.9e - 09	- 3,7e - 09*	- 5.1e - 09*	- 3,4e - 09**	- 4,01e - 09	- 3.7e - 09*	- 3,09e - 09
	(- 2,53)	(- 2,21)	(- 1,77)	(- 1,78)	(- 1,61)	(- 1.65)	(- 1,85)	(- 1.81)	(- 2,20)	(- 1,62)	(- 1.85)	(- 0,78)
GDPc	0,0001	0,0002**	0,00001	0,0001	0,00004	- 0.00007			0,00002	- 0,00004	- 0.00006	0,00005***
	(- 1,09)	(- 2,05)	(- 0,11)	(- 1,02)	(- 0,37)	(- 0.63)			(0,26)	(- 0,40)	(- 0.77)	(- 3,55)
Pop_RU	6,8e - 07*	1,08e - 06*	- 3,1e07	- 1,6e - 07	- 2,8e - 07	- 4.6e - 08	1,1e - 07	- 5.8e - 08	- 4,7e - 07	- 3,2e - 07	4.7e - 07	- 6,8e09***
	(1,38)	(- 1,76)	(- 0,54)	(- 0,98)	(0,51)	(- 0.06)	(0,25)	- 0.10	(- 0,85)	(- 0,42)	(0.93)	(- 5,26)
ROA			0,527	- 0,15**	0,416	0.573	- 0,242	- 0.145			- 0.266	- 0,159*
			(- 0,86)	(- 0,98)	(0,97)	(1.13)	(- 0,63)	- 0.29			(- 0.71)	(- 2,08)
LOAN					- 0,009	- 0.006						
					(- 1,10)	(- 1.01)						
SIZE							- 0,025**	- 0.029**	- 0,024*	- 0,037*	- 0.021**	- 0,066**
							(- 2,13)	- 2.06	(- 1,64)	(- 1,76)	(- 2.17)	(- 2,73)
CONS	- 9,034*	- 14,126**	4,761*	2,868	4,150***	1.248	- 0,975	1.508	7,132	5,549	- 5.844	1,436***
	(- 1,36)	(- 1,72)	(- 0,59)	(0,24)	(- 0,57)	(0.11)	(- 0,16)	0.19	(0,95)	(0,53)	(- 0.85)	(- 3,83)
N	72	72	72	72	72	72	72	72	72	72	72	72
R2	0,5279	0,5513	0,3006	0,34137	0,3437	0,31301	0,52545	0,5894	0,4275	0,4628	0,56839	0,55935
adj. R2	0,5180	0,5114	0,2741	0,29188	0,1980	0,29832	0,5085	0,48929	0,3356	0,4037	0,54579	0,53562

***, ** et *** représentent respectivement la significativité au seuil de 10%, 5% et 1%.**

Il ressort des résultats obtenus selon les deux modèles (*CRS* et *VRS*) que les rangs des IMFs marocaines par rapport à d'autres pays de la région MENA en termes d'efficience sont globalement semblables. Toutefois, le niveau d'efficience de chaque pays est différent.

Durant les premières années de leur implantation, l'efficience des IMFs a été marquée par des scores d'efficience satisfaisants. Mais après sa maturité, le secteur de la microfinance a enregistré une faible dégradation. Ce renversement de tendance ne sera pas sans conséquence sur l'impact social et financier des IMFs.

Mais pour mieux comprendre le score d'efficience de chaque IMF, il est recommandable de voir leur comportement. Globalement, l'efficience des IMFs est assez faible. Elle baisse sur la période d'étude. Cela peut s'expliquer par les restructurations dans le secteur, et la fermeture de plusieurs IMFs (fermeture de 3 IMFs), révélant les difficultés du secteur, mais aussi une détérioration des indicateurs de performance sociale.

Nous retenons de l'analyse des scores d'efficience (en rendements constants ou variables) que les IMFs marocaines n'ont pas connu une évolution systématiquement positive en matière d'efficacité durant la période étudiée. Certaines IMFs enregistrent même un déclin pointu en la matière (voir Annexe 7). Cette perte pourrait probablement être justifiée par la non-endogénéisation de la réglementation du secteur.

Pour tous ces modèles, nous avons testé l'endogénéité des variables explicatives choisies[82]. Les tests de White et Breush Pagan confirment l'absence d'hétéroscédasticité. Il en découle que toutes les variables sont exogènes, les tests de normalité des résidus, d'hétéroscédasticité et de variables oubliées ont validé ces modèles[83].

Seules les variables les plus significatives ont été retenues. Ces dernières sont présentées comme permettant d'expliquer ces différences d'efficacité. Elles confirment bien nos soupçons. Ainsi, les coefficients estimés dégagent les constats suivants :

---

[82] Voir Annexe 3.

[83] Les résultats de ces tests sont fournis en annexes 4 et 5.

Pour les variables de gestion des IMFs, la capitalisation et le risque ont un impact positif, alors que le ratio d'endettement a un impact négatif sur l'efficacité. Ces résultats montrent l'importance des techniques de gestion financière des IMFs portant sur leur capitalisation et des méthodes strictes de gestion de leur portefeuille de risque. L'impact de la taille est significatif pour les deux types de scores (CRS et VRS). La taille de l'IMF est négativement associée au score d'efficience. Ce résultat indique que les IMFs de petites tailles privilégient l'endettement. Les IMFs de grande taille, relativement moins opaques sur le plan informationnel, ont tendance à se financer par fonds propres (Myers et Majluf, 1984 ; Harris et Raviv, 1991). Ce résultat va dans le sens des prédictions de la théorie du financement hiérarchique. La distribution des produits financiers par les IMFs n'engendre pas forcément des économies d'échelle. Il semble que les IMFs, malgré leur vocation sociale, arrivent à maîtriser leur politique de gestion de risque. Toutefois, ce résultat n'est acceptable que si les IMFs demeurent fidèles à leurs créneaux de populations cibles, les pauvres et/ou les femmes. Sinon ces dernières procèdent à une sélectivité des projets rentables ou accordent des prêts aux populations avec des garanties.

Les subventions ont un impact négatif sur l'efficacité des IMFs. Les fonds alloués par les donateurs et investisseurs éthiques semblent agir négativement sur la performance. Ces subventions incitent les IMFs à l'aléa moral ; et les rend enclins à moins de rentabilité puisqu'elles comptent sur les bailleurs de fonds en cas de manque à gagner ou risque majeur. D'autant plus que ces dons ne sont pas accompagnés par un encadrement (formation et consultation) de la part des donateurs. Les résultats indiquent que l'expérience (Âge) influence négativement (bien que non significative) la performance des IMFs. La maturité semble agir défavorablement sur l'efficacité. À partir d'un certain nombre d'années d'exercice, les IMFs se soucient peu de leur performance.

Concernant les variables de contrôle : PIB par tête et pourcentage de la population rurale ont respectivement un signe positif et négatif. L'impact positif du GDPc est la résultante d'un environnement économique sain. Toutefois, le signe négatif de l'efficience avec la population rurale se corrobore avec les inquiétudes avancées précédemment. Les IMFs opèrent plus dans les zones périurbaines auprès des populations ayant des garanties plutôt que les ruraux et les pauvres. Elles procèdent à une sélectivité des projets les plus rentables en s'écartant de leur objectif d'outreach.

Conclusion et implications de politique économique

Ce travail évalue la performance du secteur de la microfinance et la place que jouent ces institutions comme acteurs complémentaires aux banques dans un système financier peu développé. Après la vague de réformes de restructurations du secteur dans les pays dans la région MENA, nous avons tenté d'analyser empiriquement l'efficience de leurs IMFs. Cette étude s'est donnée comme objectif le calcul de l'efficience des IMFs en prenant en compte leur double fonction d'intermédiaire financier et d'outreach. Au terme de cette analyse, plusieurs constatations émergent.

L'étude analytique et empirique sur les déterminants de l'efficience des IMFs de la région MENA nous a permis de déduire une série de conclusions tantôt corroborant tantôt contredisant les prédictions de la théorie économique et financière en la matière. Les résultats obtenus dévoilent que, pour la période étudiée, la tendance de l'évolution de l'efficience a été plutôt mitigée, quelle que soit l'unité statistique étudiée (pays ou IMF). Elle est performante pour certaines et plutôt médiocre pour d'autres. Elle montre que certains pays ont plutôt bien réagi, alors que les résultats restent tempérés dans d'autres. Dans ces pays, les restructurations du secteur ont entraîné la fermeture de plusieurs institutions défaillantes. Par la même occasion, celles-ci ont pu délaisser leur fonction d'outreach pour se repositionner en matière de soutenabilité, ainsi que le souligne Hermes et al. (2011).

De plus, l'analyse a dévoilé que les niveaux d'efficience sont plus liés à des variables spécifiques des IMFs qu'à des facteurs socio-économiques. Ce constat n'est pas sans conséquence sur les implications politiques des autorités et des investisseurs.

Pour cette raison, il est souhaitable que les autorités favorisent le suivi des IMFs dans leur gestion financière, leur gestion de portefeuille sans se démarquer de leur mission principale : le bien-être économique des personnes exclues du système de financement traditionnel. De plus, les bailleurs de fonds peuvent privilégier les IMFs ayant de bonnes pratiques en matière d'utilisation des prêts pour contenir les problèmes d'aléa moral et d'antisélection et servir d'exemple pour celles qui ont du mal à gérer ces risques. À cet égard, le soutien apporté à ces institutions ne devrait pas se focaliser uniquement sur l'apport financier, sinon, la priorité pourrait être accordée à d'autres secteurs d'activités (l'éducation, la santé ou l'agriculture par exemple). Pour soutenir ce secteur, les subventions peuvent être accompagnées par un contrôle rigoureux des normes suivies et un transfert de compétences par l'encadrement et la consultation.

Enfin, les réformes de restructuration du secteur de microfinance sont censées préserver l'objectif social des IMFs tout en veillant à faire du secteur un complément et non un concurrent des banques.

Références bibliographiques

Abdelkhalek T. et Solhi S (2008). Efficience et productivité des banques commerciales marocaines : Approche non paramétrique. *ERF Working Paper* n° 466.

Acclassato, D. (2006). Taux d'intérêt effectif, viabilité financière et réduction de la pauvreté par les institutions de microfinance au bénin. *Document de recherche,* Laboratoire d'économie d'Orléans, UMR CNRS.

Adair, P. et I. Berguiga (2010). Les facteurs déterminants de la performance sociale et de la performance financière des institutions de micro - finance dans la région MENA : une analyse en coupe instantanée. *Région et Développement*, 32, 91-119

Banker R.D., Charnes A., Cooper W.W. (1984). Some models for estimating technical and scale inefficiencies in Data Envelopment Analysis. *Management Science*, vol.30, n°9, September, pp.1078-1092.

Banque Mondiale (2011) : http : //donnees.banquemondiale.org/

Bassem B. S (2008). Efficiency of microfinance institutions in the Mediterranean: an application of DEA. *Mediterranean and Middle East Papers*, Vol. 15, No. 2.

Brau J. C., Woller G. M. (2004). Microfinance institutions: a comprehensive review of the existing literature and an outline for future financial research. *The Journal of Entrepreneurial Finance and Business Venture*.

Charnes, A., Cooper, W. W. et Rhodes, E. (1978). Measuring the efficiency of decision - making units. *European Journal of Operational Research*, 2(6), 429-444.

Coelli, T. (1996a). A guide to FRONTIER version 4.1: a computer program for frontier production function estimation. *CEPA Working Paper 96/07*, Department of Econometrics, University of New England, Armidale, Australia.

Coelli, T. J. (1996b). A guide to DEAP version 2.1: A Data Envelopment Analysis (Computer) program. *CEPA Working Papers* No. 8/96. ISSN 1327 - 435X. ISBN 1 86389 4969.

Consultative Group to Assist the Poor (2003). *Microfinance consensus guidelines. Definitions of selected financial terms, ratios and adjustments for microfinance.* 3rd ed., Washington DC, USA.

Consultative Group to Assist the Poor (2007). *Le processus de décision des IMFs en matière de structure capital : pour une approche plus réfléchie et plus méthodique*. Rapport CGAP 2007.

Consultative Group to Assist the Poor (2008). *Who is funding microfinance: Results of the first global survey of funders' microfinance portfolio.* Rapport CGAP 2008.

Cornée S. (2006). *Microfinance, entre marché et solidarité Analyse de la convergence entre performances financières et performances sociales : application de la méthode Data Envelopment Analysis sur 18 institutions de microfinance péruviennes*. Master de recherche en sciences de Gestion, option Finance.

Desrochers M. et Lamberte, M. (2003). Efficiency and expense preference behavior in Philippines' cooperative rural banks. *Centre interuniversitaire sur les risques, les politiques économiques et l'emploi (CIRPÉE).* Cahier de recherche/Working paper 03-21.

Fadzlan S. (2006). The efficiency of Islamic banking industry: a nonparametric analysis with non-discretionary input variable. *Islamic Economic Studies*, Vol. 14, No. 1 & 2, Aug. 2006 & Jan. 2007.

Farrington, T. (2000). Efficiency in microfinance institutes. *Microbanking Bulletin,* 20-23.

Gutiérez-Nieto, B., Serrano-Cinca, C., Mar molinero, C. (2007). Microfinance and efficiency. *The International Journal of Management Science*.

Gutiérez-Nieto, B., Serrano-Cinca, C., Mar molinero, C. (2009). Social efficiency in microfinance institutions. *Journal of operational research society*, 60, PP 104-119.

Gutiérez-Nieto, B., Serrano-Cinca, C., Mar molinero, C. (2010). *Social and financial efficiency of microfinance institutions.* Forthcoming in Handbook of microfinance.

Haq, M., Skully, M. And Shams, P. (2009). *Efficiency of microfinance institutions: A Data Envelopment analysis*. SSRN working paper N 1405709.

Harris, M., Raviv, A. (1991). The theory of capital structure. *Journal of Finance* 46 (1): 297-355.

Hartarska, V. (2005). Governance and Performance of Microfinance Institutions in Central and Eastern Europe and the Newly Independent States. *World Development*, 33: 10, 1627-1648.

Hermes N., R. Lensink (2011). Microfinance: Its Impact, Outreach, and Sustainability. *World Development*, Vol. 39, No. 6, pp. 875-881.

Hermes, N., Lensink, R. Meesters, A. (2008). *Outreach and efficiency of microfinance institutions*. SSRN working paper No. 1143925.

Kablan, S. (2009). *Mesure de la performance des banques dans les pays en développement : le cas de l'union économique et monétaire ouest-africaine*. African Development Review, Vol. 21, No. 2.

Labie, M. (2004). Microfinance : un état des lieux. *Mondes en développement,* 32 (126), 7-24.

Lafourcade, A., Isern, J., Mwangi, P. & Brown, M. (2005). Overview of the outreach and financial performance of microfinance institutions in Africa. www.mixmarket.org (accessed in Jun. 2006).

Ledgerwood J. (1998). *Manuel de microfinance*. Éditions Banque Mondiale, décembre 1998.

Leon. J. V. (2001). *Decentralized efficient organizations of microfinance: the case of the Peruvian municipal banks*. Working paper series. Wittenberg University, Ohio.

Mahendra, P. Varman (2008). Benchmarking microfinance institutions in India and determinants of their technical efficiency. *Indian Journal of Economics and Business*.

Morduch, J. (1999). The role of subsidy in microfinance: evidence from the Grameen Bank. *Journal of Development Economics*, vol. 60, pp. 229-248.

Morduch, J. (2000). The microfinance schism. *World Development*, Vol. 28, n°4, pp. 617-629.

Morduch, J., Cull, R., Demirgüç-Kunt, A. (2007). Financial performance and outreach: A global performance of leading microbanks. *Economic Journal*, 117: 107-133.

Myers, S.C., Majluf, N.S. (1984). Corporate financing and investment decisions when firms have information that investors do not have. *Journal of Financial Economics*. 13(2): 187-221.

Nghiem, H.S. (2004). *Efficiency and Effectiveness of Microfinance in Vietnam: Evidence from NGO Schemes in the North and Central Regions.* CEPA, School of Economics, UQ.

PNUD et BREA (2009). *Les défis du développement pour la région arabe : Une approche du développement humain.* 1.

Qayyum, A. and Ahmad M (2006). *Efficiency and sustainability of Microfinance institutions in South Asia.* Pakistan Institute of Development Economics (PIDE), Australia.

Rapports de MIX Market (2000-2011) : www.mixmarket.org

Sebstad, J. et Chen G. (1996). Overview of studies on the impact of microenterprise credit. Washington DC, *AIMS-USAID. https: //www. microfinancegateway.org/files/1208.pdf*

Serrano-Cinca C., Fuertes-Callén Y., Mar-Molinero C. (2005). Measuring DEA efficiency in Internet companies. *Decision Support System*, n°38, pp. 557-573.

Servet, J. M. (2006*). Banquiers aux pieds nus.* Odile Jacob.

Servet, J. M. et I. Guerin (2005). L'économie solidaire entre le local et le global : l'exemple de la microfinance. *Revue Internationale de l'Économie Sociale RECMA,* 301, 52-64.

Soulama, S. (2005). *Microfinance, pauvreté et développement.* Édition des archives contemporaines, Paris.

Soulama, S. (2008). *Efficacité technique et inefficience à l'échelle des institutions de microfinance au Burkina Faso.* Laboratoire d'Économie d'Orléans.

Woller G. M, Dunford C. and Woodworth W. (1999). Where to microfinance ? *International Journal of Economic Development*, 1(1), 29-64.

Worthington, A. (1998). The determinants of non-bank financial institution efficiency: a stochastic cost - frontier approach. *Applied Financial Economics*, Vol. 8, Issue 3, pp. 279-287.

Annexes

Annexe 1 : Statistiques relatives aux inputs et outputs utilisés pour l'estimation de l'efficience avec la méthode DEA.

Variable	Obs	Mean	Std. Dev.	Min	Max
MP	473	1143,593	5095,576	2,267826	104236,8
AO	469	1,34881	1,083063	0,009	13,913
Actif	471	2,18E+07	4,85E+07	0	3,91E+08
Personnel	470	250,505	555,6419	0	5583
FE	472	0,6782034	0,8743163	0,00837	9,645349

Annexe 2 : Statistiques descriptives des variables utilisées dans la régression en données de panel

Variable		Mean	SD	Min	Max	Observations	
ROA	overall	.0322209	.0713	-.192	.184	N	86
	between		.0333	-.0173	.08	n	10
	within		.0638	-.1541	.1905543	T - bar	8,6
Risk	overall	.0325174	.0373	0	.1779	N	86
	between		.0221	.0125	.0927143	n	10
	within		.0317	-.0206	.1380174	T - bar	8,6
ratio_K	overall	.3842058	.2778	-.5006	.9462	N	86
	between		.2233	.1626	.8769875	n	10
	within		.1819	-.2847	.8751391	T - bar	8,6
Size	overall	15.90874	2.3779	6.625	19.78391	N	86
	between		1.9447	12.55	18.99433	n	10
	within		1.5465	5.595	18.11364	T - bar	8,6
Loan	overall	2.581163	4.0816	- 23.81	14.11	N	86
	between		2.2619	-.3262	6.678889	n	10
	within		3.4614	- 20.90	13.27741	T - bar	8,6
GDPc	overall	2351.095	473.68	1651.96	3053.531	N	86
	between		55.715	2223.7	2379.447	n	10
	within		471.02	1623.6	3025.179	T - bar	8,6
pop_ru	overall	6.70e+10	2.6e+10	3.4e+10	1.11e+11	N	86
	between		3.5e+09	5.8e+10	6.88e+10	n	10
	within		2.5e+10	3.2e+10	1.09e+11	T - bar	8,6
SUB	Overall	1.37e+07	83797	1.3e+07	1.39e+07	N	86
	between		10694.98	1.3e+07	1.37e+07	n	10

	Within		83246	1.3e+07	1.39e+07	T - bar	8,6
Age	Overall	6751872	8528556	0	2.82e+07	N	86
	between		7633856	290358	2.28e+07	n	10
	Within		3695901	- 1.4e+07	2.31e+07	T - bar	8,6
CRS	Overall	10.51163	4.040222	3	21	N	86
	between		3.3483	6	17	n	10
	Within		2.501764	6.511	14.51163	T - bar	8,6
VRS	Overall	.226128	.2996319	.0023	1	N	86
	between		.2572139	.0104	.7694774	n	10
	within		.1874484	-.257	.8722985	T - bar	8,6

Annexe 3 : Test d'endogénéité d'Hausman

3.1. Test d'endogénéité d'Hausman pour Equation CRS

	(b) Fixed	(B) .	(b - B) Difference	sqrt(diag(V_b - V_B)) S.E.
ROA	0.0261563	0.0668308	- 0.0406745	0.032559706
Risk	0.2748106	0.266259	0.0085516	0.07244395
Capitalactif	0.0387636	0.0181669	0.0205967	0.072467411
log_actif	- 0.0696031	- 0.073751	0.0041478	0.049694011
Age	- 0.0000219	- 0.0026065	0.0025846	0.019721275
Subvention	- 2.60E - 09	1.54E - 08	- 1.80E - 08	0.084883868
Ong	- 0.0308921	- 0.0243496	- 0.0065426	0.1994488
Other	- 0.1728724	- 0.3002024	0.12733	0.093062964
Collectif	0.2557276	0.2554667	0.0002609	0.067335996
comunautaire	0.207847	0.0555388	0.1523081	0.012266322
Individuel	0.2541566	0.2270315	0.0271251	0.007862656
Mixte	0.1111749	0.057962	0.0532128	0.002766511
pop_rural	- 4.87E - 09	- 5.29E - 09	4.17E - 10	0.062444081
pib_per_ca~c	- 0.0000342	- 0.0000374	3.28E - 06	0.00025172

Test: Ho: difference in coefficients not systematic

Chi2 (11) = (b - B)' [(V_b - V_B) ^ (- 1)] (b - B) = 0.0024

3.2. Test d'endogénéité d'Hausman pour Equation VRS

	(b) Fixed	(B) .	(b - B) Difference	sqrt(diag(V_b - V_B)) S.E.
ROA	0.0966591	- 0.1011193	- 0.0590264	0.053836553
Risk	0.1813478	0.0516424	0.0347492	0.081967679
Capital actif	0.0424958	0.141691	0.0028774	0.001165443
log_actif	- 0.044498	- 0.0612431	- 0.0044182	0.022784069
Age	- 0.0019054	- 0.0063595	0.0044541	0.009799819
Subvention	- 3.14E - 09	2.15E – 08	- 2.46E - 08	0.051313997
Ong	- 0.1048395	- 0.0429722	- 0.0618673	0.2098763
Other	- 0.2904495	- 0.4066036	0.1161541	0.074447289
Collectif	0.3564011	0.3562024	0.0001988	0.022166845
Communautaire	0.2296084	0.0118906	0.2177179	0.075501764
Individuel	0.3341836	0.3051331	0.0290505	0.095634334
Mixte	0.1911654	0.1162698	0.0748956	0.013868047
pop_rural	- 6.85E - 09	- 7.06E – 09	2.15E - 10	0.07130089
pib_per_ca~c	- 0.0000561	- 0.0000673	0.0000112	0.032306242

Test: H_0: difference in coefficients not systematic/Chi2 (11) = (b - B)' [(V_b - V_B)^ (- 1)](b - B)=0.071

Annexe 4 : Test d'hétéroscédasticité

4.1. Test d'hétéroscédasticité de White (synthèse des 6 modèles)

Modèles équations CRS

Chi2(98) = 205.18
Prob > chi2 = 0.0000

Source	chi2	df	p - value
Heteroskedasticity	205.18	98	0.0000
Skewness	101.95	15	0.0000
Kurtosis	6.84	1	0.0089
Total	**313.97**	**11 4**	**0.0000**

Modèles équations VRS

Chi2(98) = 180.10
Prob > chi2 = 0.0000

Source	Chi2	df	p- value
Heteroskedasticity	180.10	98	0.0000
Skewness	104.47	15	0.0000
Kurtosis	7.03	1	0.0080
Total	**291.60**	**114**	**0.0000**

4.2. Test Breush - Pagan (synthèse des 6 modèles)

Modèles équations CRS

	Var	sd = sqrt(Var)
CRS	0,0873069	0,2954774
E	0,033189	0,1821786
U	0,0151426	0,1230552

Test : Var(u) = 0

chi2(1) =	18,14
Prob > chi2 =	0

Modèles équations VRS

	Var	sd=sqrt(Var)
VRS	0,1154656	0,3398022
E	0,0446613	0,2113322
U	0,0195192	0,1397112

Test : Var(u) = 0

chi2(1)	19,59
Prob > chi2	0

Annexe 5 : Test d'Hausman

	(b)	**(B)**	**(b - B)**	**sqrt(diag(V_b - V_B))**
Équations de CRS	**Fixed**	**.**	**Difference**	**S.E.**
ROA	0,0966591	0,0261563	0,0705029	0,033794
Risk	0,1813478	0,2748106	- 0,0934629	0,0542619
Ratio_K	0,0424958	0,0387636	0,0037322	0,0560749
Size	- 0,044498	- 0,0696031	0,0251051	0,0069862
Age	- 0,0196299	- 0,0000219	- 0,019608	0,0106502
Subvention	- 1,06E – 09	- 2,60E – 09	1,54E - 09	3,26E - 09
Pop_rural	1,59E – 08	- 4,87E – 09	2,08E - 08	1,65E - 08
GDPcc	- 7,42E – 06	- 0,0000342	0,0000267	0,0000277

Test: Ho: difference in coefficients not systematic

Chi2 (6) = (b - B)' [(V_b - V_B)^ (- 1)](b - B) = 18.47

Prob>chi2 = 0.0052

Équations de CRS	(b) Fixed	(B) .	(b - B) Difference	sqrt(diag(V_b - V_B)) S.E.
ROA	- 0,1008584	- 0,1601457	0,0592873	0,0388465
Risk	- 0,0180273	0,0863916	- 0,1044189	0,0626205
Ratio_K	0,1511104	0,1445685	0,0065419	0,0652208
Size	- 0,0367922	- 0,0656613	0,0288691	0,0081224
Age	- 0,0225413	- 0,0019054	- 0,0206359	0,0123606
subvention	6,41E - 10	- 3,14E - 09	3,78E - 09	3,80E - 09
pop_rural	3,37E - 08	- 6,85E - 09	4,05E - 08	1,91E - 08
GDPc	- 4,99E - 05	- 0,0000561	6,15E - 06	0,0000321

Test: Ho: difference in coefficients not systematic

Chi2 (6) = (b - B)' [(V_b - V_B) ^ (- 1)] (b - B) = 20.89

Prob>chi2 = 0.0019

Annexe 6 : Matrice de corrélation

	ROA	Risk	ratio_K	Size	Loan	GDPc	pop_rur	SUB	Age	CRS	VRS
ROA	1.0000										
Risk	- 0.5607	1.0000									
ratio_K	0.4519	- 0.2496	1.0000								
Size	- 0.1204	0.0564	- 0.4075	1.0000							
Loan	0.0773	- 0.0730	- 0.2876	0.1602	1.0000						
GDPc	- 0.5496	0.5948	- 0.4229	0.1575	0.1361	1.0000					
pop_rur	- 0.5160	0.5430	- 0.4639	0.1359	0.1446	0.9688	1.0000				
SUB	0.1199	0.0462	- 0.0167	0.4111	- 0.0610	- 0.0464	- 0.0642	1.0000			
Âge	- 0.2252	0.2382	- 0.3406	0.3278	- 0.0514	0.5300	0.5482	0.5283	1.0000		
CRS	0.1281	- 0.0607	0.5709	- 0.5663	- 0.1637	- 0.2354	- 0.2468	- 0.4140	- 0.5100	1.0000	
VRS	0.1853	- 0.1010	0.5951	- 0.5788	- 0.1785	- 0.3022	- 0.3037	- 0.4074	- 0.5261	0.9710	1.0000

Chapitre 3.

Régulation et structuration de la microfinance marocaine : vers plus ou moins d'inclusion des plus pauvres ?

Asmae DIANI

Université Sidi Mohamed Ben Abdellah, FSJES, Fès

« *C'est la société qui fait les pauvres. Lorsque les gens sont autorisés à libérer leur créativité, la pauvreté disparait* » ... « *Les pauvres ne sont pas responsables de leur pauvreté. Ils ne sont ni des incapables ni des fainéants, mais des victimes* ».

Mohammad Yunus (1940 - …)

« *Une théorie de la régulation efficace de la finance doit se fonder sur le postulat lucide de l'invariance de la nature humaine en général et de celle des dirigeants d'établissements financiers en particulier...* ».

Eric Pichet (1960 - …)

Regroupant les activités de microcrédit, de microassurance, de micro-épargne, de transfert de fonds ou de garanties, la microfinance a originellement pour vocation d'offrir, à des personnes « pauvres », un accès à des ressources monétaires dont elles sont privées afin qu'elles puissent créer leurs propres projets. Leur inclusion financière et donc leur inclusion sociale s'en trouvent dès lors favorisées (Jégourel, 2008). Pendant les années 1980 et 1990, la microfinance a connu un franc succès et le nombre des institutions œuvrant dans ce secteur a augmenté de manière exponentielle, notamment dans les pays en voie de développement.

Cette croissance du secteur s'est accompagnée d'une forte commercialisation[84] des activités de la microfinance. En effet, à ses débuts, le secteur a pu beaucoup compter sur des fonds philanthropiques, mais au fur et mesure de son développement et de l'élargissement de sa clientèle, le besoin s'est fait sentir de se tourner aussi vers le financement commercial (Meehan, 2004 ; De Sousa-Shields, 2004 ; Littlefield et Rosenberg, 2004 ; Ivatury and Reille, 2004).

L'évolution de la microfinance, en passant d'une finance « *donor driven* » vers une finance « *market driven* », a parfois placé les objectifs de profitabilité, venant s'ajouter à des objectifs de soutenabilité et de viabilité financière, à la tête des préoccupations du management des institutions de microfinance (IMF). Dans cette mouvance, on a ainsi assisté à partir des années 1990, à un vaste phénomène de transformation en sociétés lucratives, des structures créées sous forme d'Organisations non gouvernementales (ONG). Inspirées de la création en Bolivie de BancoSol à partir de l'ONG PRODEM (Villafani, 2003), ces conversions sont vite devenues incontournables pour les IMF afin d'être agréées pour capter de l'épargne ou de gagner la confiance des investisseurs (Ledgerwood et White, 2006).

Cette situation a engendré la peur par rapport à certaines dérives pouvant affecter la mission sociale des IMF (Christen, 2001 ; Labie et Mees, 2005 ; Dichter et Harper, 2007 ; Urgeghe, 2010). Plusieurs

---

[84] La commercialisation a été définie par Halpern (2000) comme étant : « l'application des principes de marché à la microfinance pour en garantir la viabilité à long terme ».

voix, dont celle de Muhammad Yunus lui-même[85], se sont élevées pour condamner une déviation de la microfinance de sa mission initiale de lutte contre la pauvreté vers une quête acharnée de la « profitabilité », déviation qu'on qualifie dans la littérature de « *mission drift* »[86] (Bhatt et Tang, 2001 ; Cull et al., 2007 ; Schreiner, 2002 ; Copestake, 2007).

Dans ce contexte, le rôle de la régulation s'avère primordial pour encadrer le fonctionnement des institutions de microfinance (IMF) et prévenir leur enlisement dans une logique purement commerciale. En effet, en fixant les règles dans le cadre desquelles les institutions évoluent, la régulation devient « *le lieu où se définit la vision dominante de ce que doit être la microfinance, ainsi que le vecteur par lequel cette vision se diffuse et s'impose aux acteurs du secteur* » (Bédécarrats et Marconi, 2009).

Au Maroc, quelques années seulement après l'émergence des premières initiatives de microfinance, les pouvoirs publics ont mis en place un cadre réglementaire et institutionnel en vue d'organiser et de contrôler le fonctionnement du secteur. Introduit en 1999, ce dispositif légal a subi plusieurs amendements et révisions, permettant ainsi d'élargir le champ d'intervention des institutions de microfinance et d'améliorer leurs systèmes de gouvernance. Cependant, la crise vécue par le secteur sur près de 3 ans, de 2008 à 2011, a accéléré la réflexion, entamée des années plus tôt sous la pression des grandes IMF, sur une nouvelle réglementation inspirée des « bonnes pratiques »

---

[85] "*We created microcredit to fight the loan sharks; we didn't create microcredit to encourage new loan sharks*," M. Yunus a récemment déclaré lors d'un rassemblement de responsables financiers aux Nations-Unies. "*Microcredit should be seen as an opportunity to help people get out of poverty in a business way, but not as an opportunity to make money out of poor people.*" Propos reportés dans un article de Neil MacFarquhar paru dans le New York Times le 14 avril 2010.

[86] Le débat autour des risques de dérive de la microfinance a suivi l'entrée en bourse de l'institution de microfinance mexicaine *Compartamos* en 2007. L'action de cette institution créée et consolidée grâce à des fonds publics et l'appui d'ONG, a gagné plus de 20 % dès le premier jour de mise en vente, avec un montant de transaction douze fois supérieur à la valeur initiale. Le succès financier de cette opération pour ses actionnaires (ONG, agences de développement et dirigeants) tient surtout au fait que cette IMF avait atteint un niveau de rentabilité et un rythme de croissance spectaculaires en appliquant à ses clients des taux d'intérêts annuels dépassant les 100% !

internationales. C'est ainsi qu'en 2014, une nouvelle loi[87] a vu le jour, plaçant le secteur sous l'unique supervision de la banque centrale, introduisant des dispositions particulières en matière de transparence, et donnant la possibilité aux IMF d'élargir leur offre à d'autres produits financiers (épargne, assurance et transfert d'argent) et d'envisager leur transformation en sociétés de financement.

Dans la présente contribution, nous nous proposons de montrer comment les évolutions récentes de la microfinance marocaine, et notamment la transformation de son système de régulation consacrent une orientation plus commerciale du secteur mettant en danger sa vocation sociale. Pour ce faire, nous nous appuyons sur des données secondaires portant sur l'évolution de la microfinance marocaine, ainsi que sur des entretiens semi-directifs conduits auprès d'acteurs institutionnels, des membres du conseil d'administration et des cadres opérationnels au sein de sept IMF représentatives de la diversité du secteur. Les entretiens, au nombre de quatorze, ont été enrichis par des notes d'observation prises lors des différentes réunions et événements intéressant le secteur auxquels nous avons pris part en notre qualité de membre du conseil d'administration d'une des plus anciennes IMF marocaines. Nous faisons aussi appel, dans une moindre mesure aux résultats d'une autre enquête que nous avons menée auprès de 43 clients de la microfinance marocaine. La triangulation des données ainsi collectées nous permet de saisir les enjeux que les cadres juridiques et institutionnels contribuent à cristalliser au sein du secteur.

Le présent article est structuré en deux sections. La première traite du contexte d'émergence et de l'évolution de la microfinance marocaine ; elle revient sur la crise vécue par le secteur ainsi que sur les mesures prises pour assurer sa restructuration. Dans la deuxième section, nous nous penchons sur le cadre réglementaire, ses mutations et la vision de la microfinance qu'il participe à faire valoir en nous appuyant sur l'observation des modes de gouvernance et de l'évolution de la politique d'octroi de prêts d'une IMF en cours de transformation.

[87] Il s'agit de la loi 34-13, approuvée par le conseil de gouvernement marocain, en février 2014.

1. Genèse et évolution de la microfinance au Maroc

La microfinance est apparue au Maroc initialement dans la sphère associative et activiste. Cependant, son développement, son changement d'échelle et son essaimage ont sciemment été orchestrés par les pouvoirs publics et les institutions internationales. Le secteur a ainsi bénéficié après son émergence de soutiens fiscaux, financiers et réglementaires favorisant sa croissance et sa pérennité. En une dizaine d'années, il a connu « *l'une des plus formidables croissances jamais observées en microfinance* »[88] et est devenu le « champion »[89] du microcrédit dans la région Moyen-Orient et Afrique du Nord (MENA), en détenant à lui seul 50% du portefeuille clients de la région.

1.1. Du « trouble à l'ordre public » au « take-off » orchestré

Comparativement à celui des différents pays d'Asie du sud ou de l'Amérique latine, le secteur de la microfinance au Maroc est relativement jeune. Les premières opérations de microcrédit y ont débuté en 1993 et furent initiées par les militants des droits humains, qui, les premiers osèrent décrier la pauvreté extrême qui sévissait dans le pays et critiquer les politiques publiques en matière de lutte contre les inégalités.

Ainsi, à un moment où le sujet relevait du « trouble à l'ordre public »[90] parce qu'il dénonçait l'incapacité de l'État à prendre en charge la problématique de la pauvreté, l'Association Marocaine de Solidarité et de Développement (AMSED), une organisation à but non lucratif, dont la mission est de renforcer les capacités des individus et des organisations à prendre en charge le développement humain local, réalisa dans le cadre du programme rural du Catholic Relief Service (CRS)[91], sa première expérience de microcrédit. Cela est intervenu

---

[88] Reille, X. (2009), Essor, crise et redressement du secteur de la microfinance au Maroc, *Brief CGAP*, Washington, D.C.

[89] Reille, 2009, op.cit, p : 1.

[90] Expression empruntée à Rida Lamrini in R. Lamrini (2008), *Les chevaliers de l'infortune. Microcrédit au Maroc : la genèse*, Editions Marsam, Rabat, 184 p.

[91] Organisation caritative américaine d'inspiration catholique, qui possédait une antenne au Maroc dans les années 80 et 90. Elle opérait dans le champ du développement humain et de la solidarité internationale.

dans le milieu rural (Moyen Atlas) en octroyant un micro-prêt de 500 dirhams (environ 50$ US) à un groupe de 8 femmes.

Pendant les premières années d'émergence du secteur, les petites associations, gérées par des bénévoles, ont constitué le socle de la microfinance marocaine, elles étaient « visibles » et leurs « voix étaient entendues »[92].

Dans les années qui ont suivi, cette expérience a essaimé et changé d'échelle. Depuis 2011, le secteur compte 13 IMF, dont les trois plus grandes captent une très grande part du marché (environ 90 % des encours de prêts et du nombre des clients)[93].

Plusieurs facteurs ont contribué à faire passer la microfinance marocaine d'un épiphénomène à une activité socio-économique reconnue et ont favorisé son développement rapide.

Le contexte socio-économique marocain dans lequel s'est développée la microfinance marocaine est essentiellement marqué par l'existence de grandes inégalités sociales, amplifiées par l'échec du Programme d'Ajustement Structurel instauré au début des années 80 sur les recommandations de la Banque Mondiale et du Fonds Monétaire International (FMI). Il existait des besoins de financement importants parmi les couches défavorisées que la « finance informelle » ne parvenait pas à satisfaire et qu'une absence d'offre bancaire adaptée contribuait à amplifier.

Dans le cadre du programme MicroStart, le Maroc a bénéficié en 1998 d'une subvention d'un 1,7 million de dollars, destinée au développement de six associations locales de microcrédit, et allouée à la distribution de prêts et aux dépenses opérationnelles. Financé par le PNUD, ce programme a été implanté dans 25 pays. Il avait pour but de promouvoir la microfinance et de bénéficier à 100 millions de familles à l'horizon 2005. Il visait aussi la transmission des « bonnes » pratiques de la microfinance, notamment : l'utilisation des groupes de

---

[92] Pour reprendre l'expression utilisée par le président de l'une des petites IMF, ayant été à la tête de la Fédération professionnelle du secteur (FNAM) pour deux mandats successifs.

[93] In *Note d'information sur les tendances du secteur de la microfinance au Maroc*, septembre 2015, publication trimestrielle du Centre Mohamed VI de soutien à la microfinance solidaire.

solidarité qui participent à la garantie de remboursement, la distribution de petits montants avec des annuités de remboursement faibles et l'instauration d'une épargne obligatoire pour les bénéficiaires.

Plus tard, le secteur a pu drainer des ressources financières de plusieurs origines : les contributions publiques, les concours d'organismes internationaux et bilatéraux (USAID, Agence française de Développement (AFD), Banque européenne d'Investissement (BEI), Commission européenne, Coopération espagnole ou encore le Millenium Challenge Corporation à travers l'Agence du Partenariat pour le Progrès - MCC/APP[94]). En 2000, le Fonds Hassan II[95] a soutenu le secteur par une subvention de 10 millions de dollars US. Cette contribution financière a permis d'accroître le nombre et le montant des prêts accordés, en particulier pour trois institutions : Al Amana, Fondation Zakoura et la Fondation Banque Populaire pour le microcrédit (alias Attawfiq Microfinance). L'ensemble des concours évoqué ci-dessus a pris la forme de subventions, de prêts accordés directement aux institutions de microfinance à des taux préférentiels, de garanties, ou encore d'assistance technique pour l'amélioration de la performance financière de ces institutions. Ces concours ont beaucoup contribué au changement d'échelle des IMF bénéficiaires.

Le champ de la microfinance fut ainsi complètement transformé avec l'arrivée progressive en 1997 et 1998 de grandes IMF, dont la création a été impulsée soit par les autorités publiques, soit par le secteur bancaire ou le secteur privé. Dotées de ressources considérables, ces institutions ont rapidement pris une avance importante sur leurs pairs et créent un pôle distinct ; celui des « grandes IMF », dont les enjeux et les logiques d'action sont – à

[94] L'Agence du Partenariat pour le Progrès (APP) est un établissement public marocain, chargé de la mise en œuvre du programme « Millénium Challenge Compact », un accord conclu le 31 Août 2007 entre le Maroc et les USA, par le biais de la Millénium Challenge Corporation. Le montant de ce programme s'élevait à 697,5 Millions $US, dont une bonne partie a été dédiée à la microfinance.

[95] Créé en 1999 en vertu de la loi n° 36-01, le Fonds Hassan II pour le développement économique et social est un établissement public doté de la personnalité morale et de l'autonomie financière. Sa mission principale est le financement de projets structurants dans différents domaines d'activité, à travers des subventions, des prêts ou de prises de participation.

quelques variantes près – proches de ceux des organisations financières classiques.

Progressivement, la logique qui favorise prioritairement l'équilibre financier de l'institution va prendre le dessus sur la logique de solidarité qui prévalait dans le secteur jusque-là. Les bailleurs de fonds nationaux et internationaux contribuèrent à ce glissement dans les logiques d'intervention des IMF, en ne prêtant qu'aux structures viables, justifiant d'une taille critique et de performances chiffrées. Dans le même ordre d'idées, Lamrini (2008) souligne que :

« *Les bailleurs de fonds se bousculaient au portillon des associations du peloton de tête, attirés par leurs performances, leur communication, leurs structures humaines, leurs manuels de procédures, leurs programmes de formation, leurs conseillers et experts - certains d'envergure internationale (...). Les associations en croissance, quant à elles, confrontées à de nombreuses contraintes structurelles et entraves opérationnelles, opéraient loin des feux de la rampe (...)* ».

La prévalence de cette logique, instaura une course à la taille entre IMFs, qui, occupées à élargir le volume de leur portefeuille, ne tardèrent pas à mettre à mal leurs clients devenus surendettés et à remettre en cause leur propre viabilité financière à cause de la montée des impayés.

En effet, en quelques années, le secteur a connu l'une des croissances les plus spectaculaires jamais observées en microfinance. En moins de quatre ans, de 2003 à 2007, le portefeuille de prêts des institutions marocaines a été multiplié par onze, et la clientèle par quatre, selon les données du Microfinance Information Exchange (MIX)[96], plaçant ainsi le Maroc en tête de la région Moyen-Orient et Afrique du Nord. En décembre 2008, douze IMF opéraient au Maroc,

[96] Le MIX est une plateforme d'échange d'informations sur la microfinance, sur laquelle les différents acteurs du secteur (IMF, investisseurs, chercheurs, etc.) obtiennent des informations chiffrées sur le secteur au niveau mondial.

servant près d'un million de clients, avec des actifs combinés de 5,7 millions de dirhams (705 millions de dollars US)[97].

Cependant, la croissance exponentielle qu'a connue le secteur sur près de dix ans ne tarda pas à dépasser les capacités institutionnelles des IMF et à révéler la fragilité de leurs systèmes de gestion.

1.2. Crise et restructuration

Très vite la croissance démesurée de la microfinance marocaine, va se traduire par une crise d'impayés qui va affecter toutes les IMF. D'un portefeuille à risque[98] à plus de 30 jours (PAR > 30) de l'ordre de 1,9% en 2007[99], le secteur est passé à 5% en décembre 2008 avant d'atteindre un niveau alarmant de 10% en juin 2009. En effet, la défaillance des systèmes d'information et les politiques de crédit laxistes des IMF, se sont traduites par un surendettement massif des clients entraînant ainsi une forte augmentation des impayés et la faillite de l'une des plus importantes institutions de microcrédit du pays. Il s'agit de l'association Zakoura qui a connu une croissance de 137 % en 2007, mais dont le système d'information n'a pu détecter l'endettement croisé des clients (c'est-à-dire les clients détenant des prêts auprès d'au moins deux et jusqu'à cinq IMF différentes). En mai 2009, le portefeuille à risque de Zakoura s'élevait à 30 % mettant à mal sa viabilité financière. Pour faire face à cette situation, le gouvernement marocain organisa dans les coulisses l'acquisition, en un temps record, de Zakoura par la Fondation Banques Populaires, une grande IMF soutenue par une banque d'État.

Si la crise de la microfinance au Maroc n'a pas atteint la même profondeur ni la même ampleur qu'en Bosnie, au Nicaragua ou en

[97] Taux de change dollar US/dirham marocain au 31 décembre 2008 (1 USD = 8,08 MAD).

[98] Somme des crédits en défaut depuis plus de 30 jours et des abandons de créances divisée par le portefeuille moyen.

[99] Taux bien en deçà de la moyenne mondiale de 2,7 % rapportée par le MIX dans le *MicroBanking Bulletin* du 17 août 2008.

Inde[100], les mesures de redressement prises pour limiter ses effets ont considérablement affecté la structure et le fonctionnement du secteur.

En effet, à partir de 2009, le secteur connut d'innombrables actions de restructuration pilotées aussi bien par les autorités de régulation que par les IMF elles-mêmes (Tableau 1). Ainsi, la banque centrale multiplia la fréquence de ses contrôles, généralisa l'accès à la centrale des risques, une base de données hébergée par la plus grande IMF, Al Amana, à qui les autres IMF soumettaient chaque semaine les données de leur portefeuille[101]. Elle engagea ensuite, à travers la Fondation ARDI[102], la mise en réseau des petites et moyennes IMF au sein du Réseau de la Microfinance Solidaire (RMS) ; un réseau destiné à renforcer les capacités de ses associations membres, par le biais de la mutualisation de leurs systèmes de gestion. Les institutions de microfinance, de leur côté, entamèrent un assainissement de leurs portefeuilles clients. Sur un plus long terme, il a été élaboré une stratégie nationale du secteur à l'horizon 2020 et un livre blanc, qui ont été rendus publics en 2012 à l'occasion du symposium coorganisé par la fédération professionnelle du secteur (FNAM) et le Centre Mohamed VI de soutien à la microfinance solidaire.

S'engageant dans une croissance plus réfléchie, le secteur compte aujourd'hui plus de 900000 clients actifs et un encours global de crédit de plus de 6 milliards de dirhams (environ 640 millions de dollars)[103], ce qui représente respectivement 64 et 90 % de leurs niveaux de 2007.

---

[100] Ce constat a largement été développé par une étude parue en 2014 de l'International Financial Corporation (IFC), organisme affilié à la Banque mondiale. L'étude, qui s'est penchée sur la *Sortie de la crise du secteur de la microfinance au Maroc,* a montré que la crise de la microfinance marocaine a été de bien moindre ampleur que celle vécue dans les autres pays, elle a été celle d'une seule institution.

[101] A l'aide du numéro de la carte d'identité nationale des clients, collecté par toutes les IMF, ces dernières peuvent identifier les emprunteurs ayant déjà souscrits un prêt et déterminer si ces prêts sont en cours ou défaillants. La centrale donne aussi accès à des données détaillées telles que le montant du prêt ou encore la date de déboursement.

[102] Une IMF de taille moyenne, filiale du Crédit Agricole du Maroc.

[103] In *Note d'information sur les tendances du secteur de la microfinance au Maroc*, op.cit.

Tableau 1. ***Récapitulatif des actions de redressement post-crise***

Niveau d'intervention	Nature de l'intervention	Initiateur(s) de l'action	Objectifs
SECTEUR	Mise en place d'une centrale des risques informelle et d'un Crédit bureau	Grandes IMF Banque centrale (Autorité de supervision)	Éviter les prêts croisés
	Supervision et contrôles renforcés	Banque centrale	Contrôler de près la viabilité financière des IMF
	Mise en réseau des petites IMF	Banque centrale et IMF Ardi (adossée à la banque Crédit Agricole du Maroc)	Maîtriser les coûts de gestion des petites IMF en mutualisant leurs fonctions-support
	Cartographie du secteur	Centre Mohamed VI Soutien à la Microfinance Solidaire	Éviter aux IMF de s'implanter dans des territoires saturés
	Création du fonds de financement JAIDA	Pouvoirs publics et bailleurs de fonds	Assurer le refinancement des IMF
	Élaboration d'une nouvelle loi	Pouvoirs publics Banque centrale Lobbying des grandes IMF	Permettre la transformation institutionnelle des grandes IMF en sociétés de financement
IMF	Révision de la politique de gestion des ressources humaines	Grandes IMF	Motiver le personnel notamment celui en relation directe avec les clients (agents de développement et chefs d'agence).
	Renforcement du système de gouvernance	Grandes et quelques petites IMF parmi les plus structurées	Maîtriser les risques
	Modifications de l'offre des produits	Toutes les IMF	Maintenir la rentabilité
	Qualification du processus d'octroi de prêt	Toutes les IMF	Améliorer la performance des prêts et éviter les octrois laxistes
	Accent mis sur le recouvrement	Toutes les IMF	Récupérer les prêts en souffrance et les créances radiées

Source : L'auteur.

Toutes ces initiatives en matière de restructuration et de gestion traduisent une volonté de minimiser les risques financiers que courent les IMF. Tandis que leur gouvernance évolue, avec la présence majoritaire dans les Conseils d'Administration des grandes de membres issus du secteur bancaire, des entreprises publiques ou privées, la professionnalisation des cadres et des employés s'accentue.

Les mesures de redressement de l'après-crise ont ainsi été menées à l'échelle des IMF, mais aussi au niveau du secteur plus globalement. Certaines ont été conduites dans l'urgence, d'autres sur un plus long terme. Dans leur majorité, elles ont été impulsées par les pouvoirs publics ou par les grandes IMF. En termes de contenu, la révision du cadre juridique régissant le secteur demeure l'une des réformes majeures qui ont marqué la période post-crise.

2. Les mutations du cadre réglementaire : pour une microfinance plus commerciale ?

Le Maroc fait partie des pays où la microfinance bénéficie d'un cadre juridique spécifique. Sa mise en place par les pouvoirs publics à la fin des années 90 répondait à l'objectif d'organiser et de contrôler le fonctionnement du secteur. Ce dispositif réglementaire a subi plusieurs amendements et révisions, permettant d'élargir le champ d'intervention des institutions de microfinance et d'améliorer leurs systèmes de gouvernance. Depuis 2014, une nouvelle loi a vu le jour plaçant le secteur sous l'unique supervision de la banque centrale, introduisant des dispositions particulières en matière de transparence, et donnant la possibilité aux IMF de se transformer en sociétés de financement et de diversifier leur offre de produits financiers en l'élargissant à l'épargne, l'assurance et le transfert d'argent. Le schéma 1 ci-dessous revient sur le contenu des principales réformes qui ont jalonné le dispositif réglementant le secteur de la microfinance au Maroc.

Schéma 1. Évolution du cadre légal régissant la microfinance marocaine

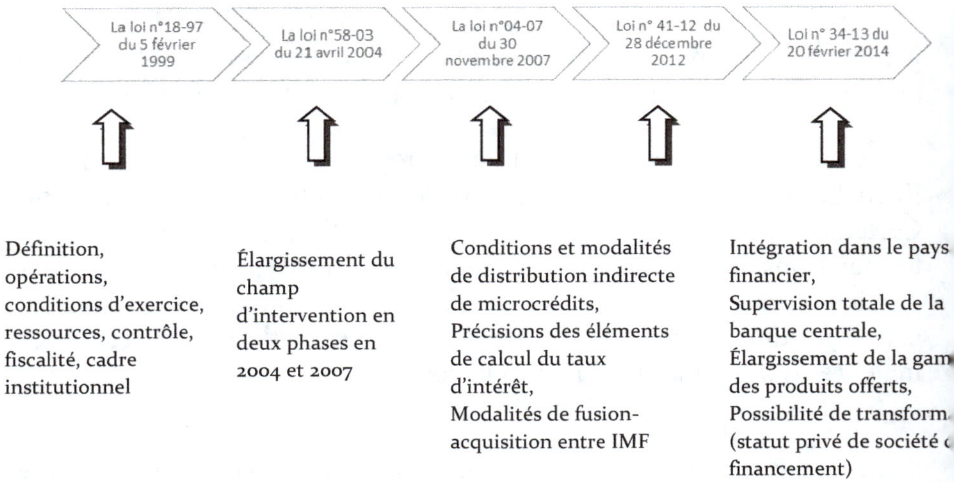

Source : élaboré par nos soins sur la base des différents textes de loi promulgués sur le secteur.

2.1. Un cadre légal initial visant l'inclusion et la sécurisation du secteur

Dès ses débuts au Maroc, la microfinance est régie par la loi 18-97 relative au microcrédit, promulguée par le dahir du 5 février 1999. Cette loi autorise un seul statut juridique pour les IMF, celui des associations et un seul produit, le microcrédit. En effet, selon le 1er article de cette loi : « *est considérée comme association de microcrédit, toute association constituée conformément aux dispositions du dahir n° 1-58-376 du 3 Joumada (15 novembre 1958) réglementant le droit d'association et dont l'objet est de distribuer des microcrédits dans les conditions prévues par la présente loi et les textes pris pour son application* ». En vue de répondre à la variété des besoins des clients, des modifications ont été apportées à cette loi qui, dans sa version originelle, limitait l'octroi de prêts au financement des activités génératrices de revenus, afin d'autoriser les associations de microcrédit à étendre leur champ d'action aux prêts liés à l'investissement dans les conditions de vie de base : à la rénovation et l'amélioration de logements sociaux, l'accès à l'eau potable et à l'électricité. Ainsi, l'article unique de la loi 58-03 du 6 mai 2004 modifiant et complétant la loi 18-97 relative au microcrédit stipule ce qui suit :

« *Est considéré comme microcrédit tout crédit dont l'objet est de permettre à des personnes économiquement faibles de créer ou de développer leur propre activité de production ou de service en vue d'assurer leur insertion économique, d'acquérir, de construire ou d'améliorer leur logement, de se doter d'installations électriques ou d'assurer l'alimentation de leurs foyers en eau potable* (…) ».

La loi n°04-07 du 30 novembre 2007, quant à elle, va permettre d'élargir les motifs d'octroi du microcrédit à la souscription des contrats d'assurance et étendre le champ d'intervention des IMF à l'assistance technique et à l'accompagnement des clients.

La loi de 1999 a également fixé le plafond seuil des prêts à 50 000 dirhams (près de 6 000 USD). Cette restriction a fait que les IMF ne servent que les petites activités génératrices de revenus, très souvent informelles.

Par ailleurs, cette même loi spécifie dans ses articles 10, 11 et 12, la nature des ressources dont peuvent disposer les associations de microcrédit :

« *Outre les cotisations de leurs membres, les ressources des associations de microcrédit peuvent être constituées par les dons ou les subventions publiques ou privées, les emprunts, les intérêts et commissions perçus sur les microcrédits qu'elles octroient, les fonds mis à leur disposition dans le cadre de conventions de partenariat (...), les revenus générés par le placement de leurs fonds et le remboursement du principal des prêts* ».

Au niveau institutionnel, la loi 18-97 a doté le secteur de deux organes importants :

- La Fédération Nationale des Associations de Microcrédit (FNAM) : un organe de concertation, de coordination interne et de représentation externe du secteur. C'est aussi l'organe qui veille au respect des normes déontologiques ;

- Le Conseil Consultatif pour le Microcrédit (CCM) qui est consulté sur toutes les questions liées aux autorisations d'exercer et aux différentes questions liées au développement et à la stratégie du secteur.

Hormis le respect de la loi 18-97, les IMF doivent se conformer aux différentes directives de la banque centrale qui constitue, depuis le 1er janvier 2007, l'autorité de supervision du secteur. Ces directives servent de référentiel permettant d'encadrer le fonctionnement de ces institutions et de veiller à leur viabilité financière. Elles couvrent des domaines aussi variés que la tenue comptable, le contrôle interne, la gestion des risques, l'audit interne ou la gouvernance.

L'existence d'un cadre réglementaire spécifique a souvent été perçue par les organismes internationaux et les investisseurs comme un point fort de la microfinance marocaine. Cette réglementation de base a ainsi permis de structurer le secteur, d'uniformiser les pratiques et de surveiller la viabilité financière des IMF. En contrôlant de près ce que font les associations de microcrédit, les pouvoirs publics sécurisent le secteur et assurent indirectement la protection des clients. En effet :

- La loi exige des IMF qu'elles présentent des projections garantissant leur viabilité financière au terme d'une période de cinq ans, à compter de la date de leur autorisation. Cette obligation a été propice à l'émergence d'institutions pérennes[104] plus attractives à l'égard des différentes sources de financement, et pouvant servir plus durablement la clientèle ;

- Elle restreint le champ d'action des IMF à des activités de microcrédit. Les institutions se sont ainsi centrées sur ce produit et ont développé un savoir-faire non négligeable en la matière ;

---

[104] La loi 18-97 impose aux IMF un délai de 5 ans pour réaliser leur autonomie opérationnelle (couverture des charges administratives par les produits nets) et financière (couverture des charges administratives et des charges liées aux risques (provisions) par les produits nets).

- Elle prévoit l'exonération de la taxe sur la valeur ajoutée (TVA) pour les opérations de microcrédit afin de consolider l'assise financière des IMF sans renchérir leurs prestations (sans augmenter le taux d'intérêt) ;

- Elle exige depuis 2004 des audits externes annuels dont les résultats sont destinés aux différents partenaires, notamment les bailleurs de fonds, pour qui la transparence est une condition nécessaire pour l'octroi de prêts ; l'existence d'un référentiel juridique et la supervision directe de la banque centrale ont permis de renforcer la transparence au sein du secteur.

En plafonnant le montant des octrois, le législateur oriente le ciblage vers la clientèle la plus pauvre, présentant des besoins financiers modestes.

En dépit de ses apports, dont l'orientation majeure est d'assurer durablement une offre financière de base aux populations exclues du système bancaire, cette réglementation a été largement critiquée par les grandes IMF, qui voyaient en elle un cadre restrictif, freinant leur croissance et leur développement. Un virulent plaidoyer a ainsi été entrepris depuis la crise vécue par le secteur, afin de réformer profondément ce cadre juridique.

2.2. Une nouvelle réglementation pour mieux servir l'orientation commerciale du secteur…

La création d'un cadre juridique propre à la microfinance a grandement contribué à la professionnalisation et à la structuration du secteur. Néanmoins, après quinze années de mise à l'épreuve, la loi initiale qui a permis au secteur de se structurer a été sérieusement remise en cause par les professionnels du secteur, notamment les grandes IMF, pour qui la réglementation en vigueur présente de sérieuses limites handicapant leur croissance et restreignant leur horizon stratégique. Ainsi, selon elles :

- Le statut d'association sans but lucratif des institutions de microfinance marocaines entrave l'accès de celles-ci à certaines sources de financement. En effet, plusieurs banques commerciales se montrent encore réticentes pour prêter à des associations. Elles n'ont pas l'habitude de traiter avec une clientèle qui ne relève pas de la législation commerciale ;

- La réglementation de cette période ne permet pas aux IMF de mobiliser l'épargne des ménages pauvres et celle des micro-entrepreneurs. Cela priverait ces institutions de la possibilité de diversifier leurs produits et d'accéder à des ressources financières importantes pour financer leur croissance.

Le plafonnement des montants de prêts empêcherait de toucher une grande partie des micro-entrepreneurs du secteur informel, dont les besoins financiers seraient conséquents.

Sous l'impulsion des grandes IMF et des pouvoirs publics, le secteur s'est doté d'un nouveau cadre réglementaire. D'inspiration commerciale, ce cadre normatif est conçu pour standardiser les pratiques sur un modèle bancaire. Il s'inscrit dans une évolution plus générale du secteur à l'échelle internationale. En effet, les années 1990 ont vu émerger une vision dominante en faveur de la commercialisation de la microfinance, c'est-à-dire l'application des pratiques de marché au secteur (Barlet et Granger, 2000). Selon cette position, pour assurer leur viabilité économique et massifier leur offre, les IMF ont vocation à recouvrer intégralement leurs coûts sans dépendre de subventions, et même à générer des bénéfices. Cette vision a progressivement gagné en cohérence et en influence (Bédécarrats et Marconi, 2009), notamment sous la pression du « *Consultative Group to Assist the Poor* » (CGAP)[105].

Plusieurs indices attestent de cette orientation commerciale de la nouvelle réglementation du secteur :

- Adoption de statuts lucratifs par les IMF. Si aujourd'hui seules les grandes institutions sont candidates à une transformation en

[105] Consortium rassemblant 34 principaux bailleurs du secteur sous l'égide de la Banque mondiale et se définissant comme une plateforme pour générer un consensus mondial sur des standards et des normes en microfinance : "*The Consultative Group to Assist the Poor is a global partnership of 34 leading organizations that seek to advance financial inclusion. CGAP develops innovative solutions through practical research and active engagement with financial service providers, policy makers, and funders to enable approaches at scale*", in http://www.cgap.org/about, consulté le 19 novembre 2013.

société de financement, la forme associative sera progressivement délaissée et qu'à long terme seuls les statuts lucratifs seront possibles[106] ;

- Diversification des services et produits offerts. En effet, les IMF sont autorisées dans le cadre de la nouvelle réglementation à élargir leur offre à la collecte de l'épargne, à l'assurance et au transfert d'argent. Pour augmenter l'échelle de leurs activités, certaines institutions ont même entamé un processus d'internationalisation vers d'autres pays africains.

Si le plafonnement des taux d'intérêt applicables aux opérations de microcrédit a en principe été prévu par la réglementation initiale[107], dans la pratique, ce taux « plafond » n'a jamais été déterminé alors que les taux d'intérêt appliqués (variant de 18 à 30%)[108] sont jugés très élevés par les clients[109]. La nouvelle réglementation n'a pas accordé d'attention particulière à ce point, bien que le risque existe pour que ce taux augmente. D'autant que l'exonération fiscale dont bénéficie le secteur dans la cadre du statut associatif, ne sera plus de mise sous un statut lucratif[110], la tendance à la concentration du secteur peut favoriser une forme d'entente entre IMF, notamment concernant la fixation des taux d'intérêt à l'instar de ce qui se passe dans le secteur bancaire. Une telle situation conduira probablement au renchérissement des prestations et impactera négativement les clients,

---

[106] Le regroupement des petites institutions au sein du Réseau Marocain de Solidarité, ainsi que leur absorption progressive par l'IMF Ardi (institution de taille moyenne affiliée à une banque locale), fédératrice de ce mouvement, montre que le secteur est en train d'évoluer à terme vers une concentration entre les mains de grandes structures lucratives.

[107] Selon l'article 8 de la loi 18-97, le taux d'intérêt maximum est fixé par arrêté du Ministre chargé des Finances après avis du conseil consultatif.

[108] Il s'agit du taux affiché constant du montant du crédit échéance fixe, mais pas du capital restant (en microcrédit le taux est calculé à partir du montant initial, quelque soit le capital restant après remboursement). Le taux effectif global peut aller jusqu'à 48%.

[109] Cette critique a été émise par la majorité des clients que nous avons interviewés dans le cadre des différentes recherches que nous avons menées sur la microfinance marocaine.

[110] Le taux d'intérêt en microfinance est tributaire des coûts de gestion. Ces coûts ont tendance à être élevés en raison du suivi rapproché et fréquent des clients (visites à domicile ou sur leur lieu de travail) et d'une population rurale souvent dispersée et difficile à atteindre.

notamment les plus vulnérables, si la collecte des dépôts n'arrive pas à faire des économies sur les coûts de financement.

2.3. La transformation institutionnelle des IMF : Quel sort pour les plus pauvres ?

Aujourd'hui, nous ne disposons pas de suffisamment de recul pour analyser les effets de la mise en place de la nouvelle loi sur l'inclusion financière des plus pauvres. Nous pouvons, cependant, via l'observation des évolutions de certains indicateurs de gestion des IMF ayant entamé le processus de transformation institutionnelle, observer la « professionnalisation gestionnaire » de ses dirigeants et identifier la stratégie suivie par ces dernières en matière d'octroi de prêts (nature des prêts proposés, type de clientèle ciblée et zones géographiques couvertes).

Suite aux entretiens menés auprès des membres de direction des différentes IMF étudiées, un seul d'entre eux nous a révélé que son institution était sur la voie de la transformation en société de financement sous la forme juridique de société anonyme ainsi que de l'ouverture prochaine de son capital à une importante banque commerciale privée. Il s'agit d'Al Amana, l'IMF leader du secteur de la microfinance au Maroc, détenant à elle seule 40% de l'ensemble des clients du secteur, 37% de l'ensemble de l'encours global et employant 1/3 de l'effectif du secteur. Une analyse de la politique de prêt chez Al Amana depuis 2011 (graphique 1), année où le secteur a entamé le processus de restructuration post-crise, montre une augmentation considérable des prêts individuels comparativement aux prêts solidaires dont le niveau est resté stable sur toute la période observée (de 2011 à octobre 2015). Exigeant des garanties matérielles, à l'instar des prêts bancaires, les prêts individuels ne sont pas destinés aux plus pauvres des pauvres, mais plutôt à des micro-entrepreneurs disposant déjà d'un actif (notamment immobilier) qu'ils mettent en nantissement en vue de bénéficier d'un crédit. Privilégier ce type de prêt au détriment du prêt solidaire (de groupe ; où la solidarité entre membres est la seule garantie exigée) pourrait donc être assimilé à un « ciblage » implicite des moins démunis parmi les pauvres. Alors que le fondement même de la microfinance était basé sur la solidarité et non les garanties matérielles. Ce ciblage répond au fait que, pour assurer leur viabilité financière, les IMF ciblent plus ceux qui sont les moins « risqués » et les plus « solvables ». Une orientation assez explicite dans les propos suivants exprimés par un des membres de la direction :

« *On ne peut pas servir les plus pauvres, ils ont besoin d'un autre genre d'intervention (...). Une IMF se doit d'être viable, et pour se faire, on doit s'adresser à ceux qui ont eux-mêmes une activité viable* ».

Même si l'institution continue à se déployer autant en milieu rural qu'en milieu urbain, même si le nombre de femmes qu'elle sert augmente légèrement, sa ligne de conduite en matière d'octroi de crédit, privilégiant le prêt individuel, fait que les plus vulnérables ne soient pas servis. Cette phrase employée par l'un des agents de terrain : « *Si on cible les plus pauvres, on va s'appauvrir* », montre à quel point l'orientation commerciale semble ancrée dans les pratiques des agents de développement chargés de l'octroi des microcrédits.

Cette stratégie convient fort bien à un segment de la clientèle du microcrédit que nous avons identifiée à l'image de celle des « *serial* » entrepreneurs. En effet, ces clients se plaignaient amèrement à la fois des contraintes que fait peser le prêt solidaire et des montants trop faibles des prêts consentis.

« *La seule chose que je conteste, c'est le fait de devoir passer par le prêt solidaire. Je voudrais pouvoir bénéficier d'un prêt individuel, je le préfère au solidaire, mais je n'ai pas de garantie à présenter…* », « *… Ça pour moi c'est un vrai problème dans le microcrédit de devoir dépendre des autres pour pouvoir emprunter et rembourser* ».

<u>Graphique 1</u>. Évolution des prêts par catégorie de 2011 à octobre 2015 – Al Amana Microfinance

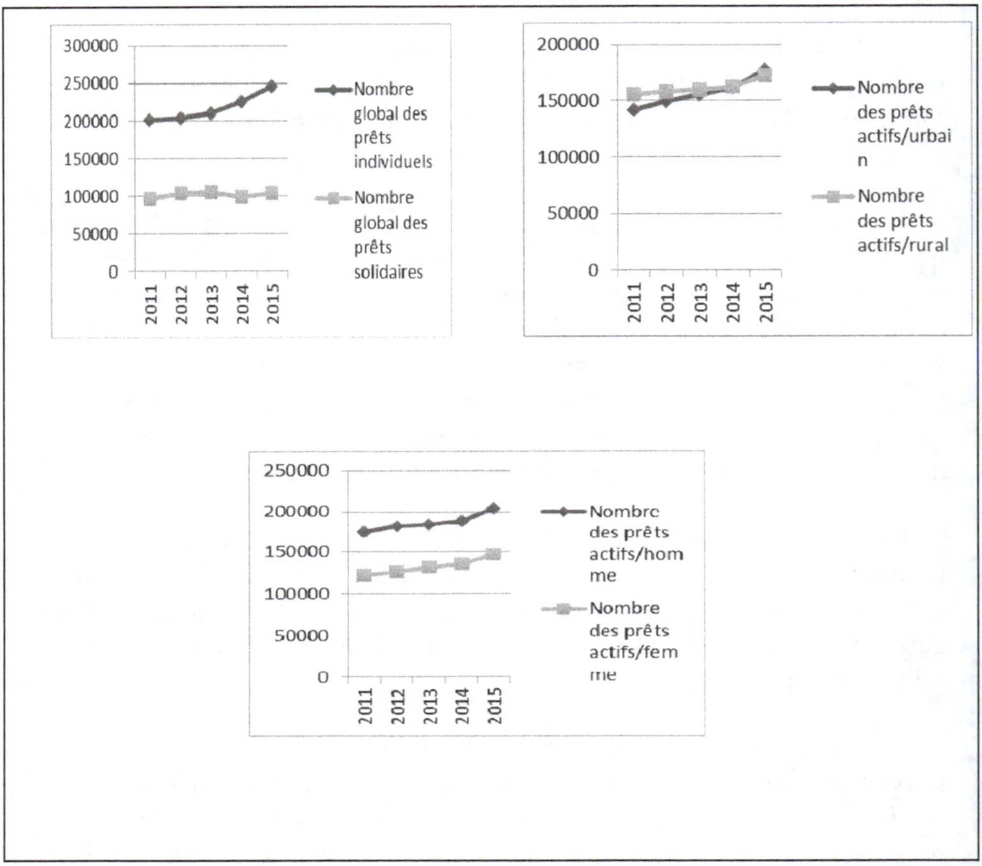

Source : élaboré par nos soins sur la base des données du Tableau de bord d'Al Amana, octobre 2015.

Conclusion

Cette étude de la microfinance au Maroc, a permis de révéler un secteur contrôlé de près par les autorités publiques et fortement concentré. En effet, les barrières à l'entrée sont élevées, l'exercice de l'activité de microfinance étant soumis à l'autorisation préalable de l'autorité de tutelle et du Conseil Consultatif du Microcrédit. Par ailleurs, les regroupements et rapprochements entre IMF semblent répondre plus aux « directives » des autorités de supervision qu'à des orientations stratégiques propres aux IMF elles-mêmes. Le contenu des révisions dont a fait l'objet la réglementation sur la microfinance traduit, *a priori*, un intérêt évident pour la viabilité financière des IMF et la massification des fonds qu'elles peuvent prêter, exprimé à travers des dispositions prévoyant la transformation institutionnelle et encourageant la concentration des IMF via des opérations de fusion-absorption. Cette orientation est largement inspirée des « bonnes pratiques » internationales, reconnues comme telles dans le cadre du modèle dominant dit « *financial systems* », qui subordonne la réalisation de la mission sociale des IMF à leur viabilité financière.

Les institutions de microcrédit marocaines semblent s'éloigner fortement d'un modèle idéal typique inclusif impliquant la mobilisation d'une large part de fonds philanthropiques, des emprunts solidaires, la contribution de bénévoles près du terrain. S'ancreront-elles dans un modèle hybride conjuguant des dimensions commerciales et une aide affirmée, ou s'aligneront-elles sur un modèle quasi bancaire en ciblant les moins pauvres parmi les pauvres. Quel que soit le modèle dominant, quelles en seront les conséquences en matière de développement et de lutte contre la pauvreté ?

Références bibliographiques

Armendariz B., Szafarz A. (2009), « On Mission Drift in Microfinance Institutions », *Working Paper*, CEB, N°09 - 015.

Armendariz de Aghion B., Morduch J. (2005), *The Economics of Microfinance*, Cambridge, The MIT Press.

Bédécarrats F. et Marconi R. (2009). L'influence de la régulation sur la capacité de la microfinance à contribuer au développement. *Tiers Monde*, mars, pp. 71-90.

Bhatt, N., et Tang, S. Y. (2001). Delivering microfinance in developing countries: Controversies and policy perspectives. *Policy Studies Journal*, vol. 29(2), pp. 319-333

Christen R. (2001). *Commercialisation et dérive de la mission des IMF. La transformation de la microfinance en Amérique latine*. Étude spéciale du CGAP n°5, Washington DC.

Christen R., Lyman T. et Rosenberg R. (2003). *Directives concertées pour la microfinance : Principes directeurs en matière de réglementation et de supervision de la microfinance*. CGAP, Washington DC.

Copestake J., (2007). Mainstreaming microfinance: Social performance management or mission drift? *World Development*, n°35, pp. 1721-1738.

Cull R., Demirgüç-kunt A. et Morduch J. (2009). Microfinance Meets the Market. *Journal of Economic Perspectives*, vol. 23 (1), pp. 167-192.

Dichter T. et Harper M. (2007). *What's wrong with microfinance?* Londres, Practical Action, pp. 225 - 240.

Halpern S. (2000). *Microfinance in the New Millennium: Efficiency, Customer Satisfaction, and Commercialization of Microfinance Institutions*. MicroFinance Network, Washington, DC, USA.

Helms B. (2006). *Access for All Building Inclusive Financial Systems*. CGAP, Washington, DC.

Ivatury, G. et Reille, X. (2004). *Foreign Investment in Microfinance: Debt and Equity from Quasi-Commercial Investors.* Focus Note. Washington. CGAP.

Jegourel Y. (2008). La microfinance : entre performance sociale et performance financière. *Regards croisés sur l'économie*, vol. 3, pp. 197-205.

Labie M. et Mees M. (2005). Du bon usage de l'approche commerciale. *Défis Sud*, vol.69, pp. 11-13.

Lamrini R., (2008). *Les chevaliers de l'infortune. Microcrédit au Maroc : la genèse*. Rabat, Editions Marsam.

Ledgerwood J. et White V. (2006), *Transforming Microfinance Institutions: Providing Full Financial services to the Poor*, Microfinance Network, World Bank, Washington DC.

Littlefield E. et Rosenberg R. (2004). La Microfinance et les pauvres, la démarcation entre microfinancement et secteur financier formel s'estompe. *Finance & Development*, vol.41(2), pp. 38 - 40.

Reille, X. (2009). *Essor, crise et redressement du secteur de la microfinance au Maroc*. Brief CGAP, Washington, D.C.

Rozas, D. et al. (2014). *Sortie de la crise du secteur de la microfinance au Maroc : des interventions opportunes et efficaces*. Étude réalisée pour le compte de International Financial Corporation.

Schreiner, M. (2002). Aspects of Outreach: A Framework for Discussion of the Social Benefits of Microfinance. *Journal of International Development*, vol. 14(5), p. 591-603.

Trigo J., Lee P. et Rhyne E. (2004). *Supervisión y Regulación de las Microfinanzasen el Contexto de la Liberalización del Sector Financiero : Las Experiencias de Bolivia, Colombia y México*. Fondation Tinker, New York.

Urgeghe, L., (2009). *Commercialisation et financement de la microfinance : quels enjeux de gouvernance ?* Reflets et perspectives de la vie économique. De Boeck Université, vol.0(3), pp. 39 - 50.

Urgeghe, L. (2010). *Les véhicules d'investissement en microfinance et le défi de la performance sociale.* Mondes en développement, De Boeck Université, vol. 0(4), pp. 69 - 82.

Villafani M. (2003). *Evolución de la carta de los Fondos Financieros Privados y Bancosol : Mirando las cifras desde una nueva perspectiva.* USAID - SEFIR, La Paz.

CHAPITRE 4.

La microfinance entre inclusion et exclusion sociales en Afrique : étude comparée des pratiques discursives et communicationnelles de Caritas au Kenya, de la COOPEC et la banque postale en Côte d'Ivoire

Kouakou KOUAME

Université Alassane Ouattara (Bouaké, Côte d'Ivoire), Département des Sciences du Langage et de la Communication

Cornelia CASEAU

Burgundy School of Business - Université Bourgogne Franche - Comté, Dijon, France, Département Langues et Cultures

« Jamais la violence, l'inégalité, l'exclusion, la famine, et donc l'oppression économique n'ont affecté autant d'êtres humains dans l'histoire de la terre et de l'humanité ».

Jacques DERRIDA (1930 - 2004)

La question du rôle des institutions de microfinance dans le processus d'inclusion sociale se pose aujourd'hui avec acuité dans les milieux politiques, scientifiques et professionnels. Dans cette recherche, nous voulons participer à ce débat à travers l'interrogation du positionnement discursif et communicationnel de trois institutions de microfinance (une kenyane et deux ivoiriennes) par rapport à leur mission originelle. En suivant Lejeune C. et A. Vas (2011), on entend ici par positionnement identitaire, les affirmations et compréhensions identitaires qui participent d'un point de vue sémio-linguistique de la perception de l'entreprise par les parties prenantes.

La microfinance africaine a pour principale mission de participer au processus de la bancarisation dans un contexte où l'inconscience bancaire est aggravée par un gouffre culturel, engendré à son tour par une vision dualiste à la fois moderne et traditionnelle de la création et de l'accumulation de la richesse. Pourtant, celle-ci nous montre chaque jour l'image d'une institution souffrant d'une crise d'identité qui la détourne de cette mission originelle. À une mission devant privilégier la pédagogie financière, se substitue désormais un objectif qui se focalise davantage sur la recherche de profit, révélé à bien des égards par sa politique linguistique ainsi que les discours qu'elle génère.

Pour mener à bien notre argumentation, notre approche socio-sémio-linguistique de l'éthos de la microfinance africaine relativement à la problématique de l'inclusion sociale prend pour appui théorique, l'analyse du discours, la définition trilogique du phénomène social de Le Boulch G. (2001) ainsi que le concept de maturité économique tel que développé par Proulx M.-U. et al. (2012). Ce cadre analytique est sollicité pour sa capacité à décrire aussi bien le discours que la politique de communication des institutions de microfinance africaines face à la problématique de l'inclusion versus exclusion sociale suivant trois niveaux de manifestation, à savoir : le discours sur le service offert, la langue de communication et les conditions liées à l'octroi des prêts.

Dans un premier temps, les ancrages théoriques et littéraires de l'identité comme fait de discours et de communication sont exposés. Cet exercice est suivi par la présentation de la méthode de recueil des données. Cette partie est suivie par deux autres analysant tour à tour l'évolution de la microfinance en contexte kenyan et ivoirien. Enfin nous concluons nos propos par une confrontation des deux cas étudiés pour en dégager les ressemblances et dissemblances.

1. L'identité de l'organisation comme fait de discours et de communication : ancrages théoriques et littéraires

Depuis l'article fondateur de Gioia D. A. et K. Chittipeddi (1991), la construction de sens (*sensemaking*) et la diffusion de sens (*sensegiving*) ont été largement discutées dans la littérature des sciences de gestion pour comprendre en profondeur le concept d'identité. Les affirmations et compréhensions identitaires se révèlent alors comme deux traits définitoires de l'identité d'une organisation. Les affirmations identitaires sont définies comme des affirmations par les leaders de « qui sont les membres de l'organisation en tant qu'organisation ». Quant aux compréhensions identitaires, elles renverraient aux croyances partagées par les membres de l'organisation autour de qui ils sont en tant qu'organisation. Bien qu'ils souscrivent à cette thèse, Ravasi D. et Schultz M. (2006) estiment, quant à eux, que ces deux composantes sont issues de deux courants de pensée qui sont « l'acteur social », pour les affirmations identitaires et le « constructivisme social », pour les compréhensions identitaires. Mobilisées pour décrire l'identité d'une entreprise en perte de crédibilité face à ses concurrentes, les études de Ravasi D. et Schultz M. (2006) révèlent aussi que les affirmations identitaires incluent des éléments comme le logo, le nom de l'organisation et les déclarations identitaires des dirigeants. Ces études suggèrent aussi que les affirmations identitaires sont le résultat d'actions menées par les leaders d'une organisation pour diffuser du sens ; alors que les compréhensions identitaires seraient, quant à elles, le résultat d'actions et processus menés par les membres d'une organisation qui créent du sens. Ainsi, les notions de construction de sens et de diffusion de sens vont désormais apparaitre comme des concepts très intéressants pour appréhender les processus de changement ou de repositionnement identitaire.

Si ces travaux pionniers permettent de comprendre l'importance stratégique de l'identité dans le fonctionnement de l'organisation, relativement à son repositionnement, la question centrale posée par les politiques de communication des IMFs africaines, confrontées plutôt à un problème de légitimité que charrient l'inconscience bancaire et la barrière linguistique, diffère de celle des entreprises qui font face à un changement identitaire. En effet pour les IMFs africaines, il est plus question de positionnement dans un environnement où l'immaturité économique et la barrière linguistique consolident davantage l'inconscience bancaire.

Pratiquant le *social business*, les IMFs se sont positionnées dans le monde économique africain à travers un *business model* qui se veut intégrateur. Pour nombre d'auteurs qui s'intéressent aux IMFs, la métaphore socio-économique du *social business* suppose qu'une entreprise qui se lance dans ce modèle choisisse le type de consommateur ; que l'idée de profit étant alors écartée au départ, l'entreprise se dote de ressources et de moyens pour faire tomber les barrières linguistiques et culturelles. Le rattachement à cet univers de référence qui permet de les différencier des banques classiques et de les identifier en tant que tel, correspond dans la terminologie marketing au concept de positionnement. Grandval S. et S. Ronteau (2011) parlent « d'intention stratégique ». En terme discursif, le positionnement, soutiennent nombre d'auteurs, permet à l'entreprise de répondre à la question : « comment faire en sorte que ce soit ma proposition de valeur qui soit retenue ? ». C'est dire que l'affirmation identitaire par le positionnement obéit à un déterminisme didactique dont la démarche est fonction des objectifs poursuivis et de la préexistence d'un capital-marque. C'est pourquoi on entend par « Cercle d'Or » du positionnement, les trois niveaux de questionnement qu'il faut mobiliser pour réussir un bon positionnement. Ce sont : le *Quoi* (*What*) ou ce que l'entreprise propose en termes de service et/ou de produit ; le *Comment* (*How*) ou comment l'entreprise compte s'y prendre pour offrir le service et/ou le produit ; le *Pourquoi* (*Why*) : cette dimension du positionnement permet à l'entreprise de savoir la raison d'être de son activité, la vision qu'elle défend et quelle projection du futur elle propose à sa clientèle. Cette approche montre que dans une perspective analytique, le positionnement est déconstruction - (re)construction discursive de la valeur du produit, du service et de l'innovation proposée. Discours socialement situé, son déploiement médiatique pose le problème de l'adaptabilité du message et celle du service à la culture cible. Raison pour laquelle son intelligence marketing peut aussi relever, selon nous, de l'analyse du discours.

Pour Baylon C. (2002), l'analyse du discours est une activité banale que tout le monde fait quotidiennement dans la mesure où lorsqu'on est impliqué dans une activité de communication, les paroles reçues, le texte lu contiennent des mots, des phrases qui semblent receler un autre sens, non immédiatement accessible. Pour Sarfati G. - E. (2009, cf. Equoy Hutin S., 2010), l'analyse du discours s'intéresse aux discours, c'est-à-dire à des textes considérés en relation avec leurs conditions historiques (sociales, idéologiques) de production. Elle n'appréhende ni l'organisation textuelle en elle-même ni la situation de communication, elle s'efforce plutôt de les associer intimement, fait remarquer Maingueneau D. (2007). Dans cette perspective, l'analyse du discours apparait comme une discipline « *qui, au lieu de procéder à une analyse linguistique du texte en lui-même ou à une analyse sociologique ou psychologique de son « contexte », vise à articuler son énonciation sur un certain lieu social* » (Maingueneau D., 1996 : 11). Discipline non statique, l'analyse du discours s'est d'abord intéressée aux discours à empreintes idéologiques. Aujourd'hui, sous l'influence de la philosophie analytique anglo-saxonne, elle intègre dans son champ des objets autres que le discours politique pour s'intéresser à des discours de type médiatique, commercial, littéraire, etc. Si depuis Roland Barthes, l'influence entre la sémiotique, la rhétorique et le marketing a été maintes fois démontrée, c'est bien par le biais des travaux qui sollicitent l'analyse du discours. Plus intéressant encore est le fait que des auteurs se réclamant du courant adaptationniste mobilisent de nos jours, d'une manière ou d'une autre, l'analyse du discours pour interroger la communication marketing en contexte interculturel. Phénomène étant lui aussi situé dans un contexte où l'interculturalité est au cœur de la démarche stratégique, le positionnement identitaire des IMFs africaines met bien évidemment à découvert la nécessité de l'analyser en lien avec la question de l'inclusion *vs* exclusion tout en tenant aussi compte de leurs contextes de production. Il est aussi intéressant de constater ; puisque, entre le contexte et le discours managérial, il y a, comme le montre Barth I. (2007), une logique de co-construction permanente, c'est-à-dire que le contexte « façonne le discours qui le façonne en retour ». Fort donc de cette hypothèse, nous pensons que la définition trilogique de l'objet de

Le Boulch G. (2001) et le concept de maturité économique de Proulx M.-U. et al. (2012) font apparaitre un cadre analytique pertinent pour conduire à son terme notre étude.

Dans le sillage de Jean-Louis Le Moigne, Le Boulch G. (2001) a développé une approche triangulaire du concept de proximité qui permet de croiser les stratégies marketing déployées actuellement par les IMFs avec la question de l'inclusion sociale en Afrique. Pour Le Moigne J.-L., la définition d'un objet se fait par triangulation. Elle pondère une définition ontologique (ce que l'objet est), une définition fonctionnelle (ce que l'objet fait) et une définition génétique (ce que l'objet devient). À partir de la triade temps - espace - société, nous chercherons à établir comme Le Boulch G. l'a fait pour la proximité, chaque pôle de cette triangulation pour l'identité des IMFs africaines. Dans une perspective de modélisation, Proulx M.-U. et al. (2012) ont défini le concept de maturité économique avec pour critères déterminants, la formation, le revenu, l'ouverture sur l'extérieur et le niveau d'activité. De son côté, Kouamé K. (2015), explique dans un article portant sur la modélisation sociolinguistique de l'inclusion financière dans la francosphère ouest-africaine, le misonéisme bancaire des Africains à l'aide de facteurs tels que l'inconscience, la barrière linguistique, le niveau de formation. Moins qu'un fait de mode, ces deux cadres analytiques apparaissent pour nous comme un schème universel de compréhension de la spécificité des communautés qui croient en certaines valeurs liées au partage, au collectivisme, à la tradition, etc. Dès lors, nous estimons intéressant de nous en servir comme appui théorique pour l'analyse du rapport des IMFs africaines à la problématique d'inclusion *vs* exclusion sociale en mobilisant la question de spécificités culturelles, linguistiques et économiques des peuples auxquelles leurs œillades sont destinées.

2. Méthodologie

Le corpus de messages publicitaires sur la COOPEC a pu être obtenu grâce à des visites de son site web. Pour la banque de la poste, n'ayant rien trouvé sur son site, nous nous sommes contentés uniquement de son slogan, une annonce que nous nous sommes procurée grâce à une visite dans les locaux de ladite institution à Bouaké.

En ce qui concerne les documents accessibles sur *Caritas*, nous avons étudié et analysé différents sites de *Caritas* (*Caritas Internationalis*, *Caritas* Africa, *Caritas* Nairobi), ainsi que les sites de *Caritas* MFB Nairobi, de l'Archidiocèse de Nairobi et de la Central Bank of Kenya (CBK). Cette étude inclut des documents corporatifs de *Caritas* comme les rapports annuels, les encycliques des papes Benoît XVI (Deus Caritas est, 2005) et de François de 2015. Un document privé sur un projet de microfinance de *Caritas* au Congo a été mis à la disposition des auteurs.

Cette recherche, pour laquelle il a été difficile de trouver des interlocuteurs, est précédée et accompagnée par des entretiens semi-directifs avec des responsables de projet de Caritas Autriche au Congo et au Nicaragua, ainsi que par un entretien avec le responsable *Caritas* de la paroisse de Vienne en Autriche. Les entretiens ont été réalisés en face à face ou par téléphone entre 2012 et 2016. Ils ont duré entre 30 minutes et une heure, et ont tous été enregistrés et transcrits. Ainsi, nous avons eu un entretien avec le responsable de la paroisse de Caritas Vienne/Autriche, 13 décembre 2012, celui de chargé des projets en microfinance de Caritas Autriche au Congo, 2 décembre 2016 et enfin un entretien avec le responsable de projets en microfinance de Caritas Autriche au Nicaragua et au Pérou, le 2 décembre 2016.

Nous avons procédé à une analyse thématique de ces entretiens, permettant de mieux comprendre le fonctionnement du système de microfinance, mis en place par *Caritas*. Ces entretiens ont révélé pour le Congo, par exemple, une collaboration étroite avec les représentants locaux, les évêques (Kenya) ou, dans une proportion plus importante, avec les ordres religieux (responsable de la paroisse de *Caritas* Vienne, responsable de projet Congo).

Des questions d'ordre général se posent néanmoins, comme celle d'une organisation caritative qui se considère comme service social de l'église, dans le rôle de banque et créancier (ibid., et responsable de projet Nicaragua). L'organisme est d'ailleurs divisé en interne entre les collaborateurs qui souhaitent faire de la Mission, et les autres, engagés au niveau de l'aide sociale (ibid.). *Caritas* ou d'autres organismes caritatifs se heurtent aussi à des problèmes au niveau de leur communication, par exemple leur logo. La croix dans le logo, ou le mot 'catholique' dans leur nom ne sont pas bien acceptés dans certains pays.

3. Caritas et son discours sur les services offerts

3.1. L'identité bancaire de Caritas MFB

Caritas MFB (microfinance bank) Nairobi existe depuis juin 2015. Avec l'ouverture de cet établissement, l'église catholique du Kenya a créé une banque des pauvres, destinée aux groupes vulnérables, à qui elle offre un crédit abordable (Cissé I., 2015). Cette nouvelle banque prévoit d'atteindre entre autres « *les habitants des bidonvilles, les mères célibataires et les personnes vivant avec le sida parmi les autres groupes vulnérables* » (ibid.). Lors de la cérémonie d'inauguration, l'archevêque de Nairobi, le cardinal John Njue, a déclaré comme principaux clients de *Caritas* MFB, les groupes de jeunes et de femmes, ainsi que les organisations confessionnelles, les micro et petites entreprises. *Caritas* MFB devient la douzième banque de microfinance autorisée par la Banque Centrale du pays. Pour le moment, elle ne dispose que d'une succursale à Nairobi.

Pour mieux comprendre le rôle d'une banque appartenant à *Caritas,* il est indispensable de connaître quelques éléments de base de ce réseau international. *Caritas Internationalis* est une confédération globale de plus de 165 organisations nationales, avec une mission humanitaire et de développement de l'Église catholique[111]. *Caritas,* fondée en 1897 en Allemagne, est financée par les contributions des organisations membres et à travers des dons privés. Sa mission est d'aller vers une « civilisation d'amour », en trouvant son inspiration « dans l'Évangile, les enseignements de l'Église catholique et les espérances de gens vivant dans la pauvreté ». Elle « répond à des crises humanitaires comme les événements de force majeure, des conflits et des changements de climat ». *Caritas* représente les vulnérables, dépossédés et marginalisés, pour leur droit à la nourriture et à la santé. Elle partage la mission de l'Église catholique de servir les pauvres et d'encourager la charité et la justice dans le monde en travaillant avec des gens de toutes les croyances et ceux qui n'en ont pas.

[111] *Caritas Internationalis* website : http://www.caritas.org/who-we-are/finance/

Les objectifs de *Caritas* s'inscrivent dans les orientations de l'encyclique du pape François « *Laudato Si'* » en charge de « notre maison commune » (2015) qui défend « la vision d'un monde meilleur » avec la volonté de discuter de l'avenir de notre planète, et d'être solidaire avec les pauvres. Il souligne le lien entre dignité, développement et écologie. Depuis l'encyclique du Pape Benoît XVI, « *Caritas in Veritate* », publiée en 2009, la microfinance fait clairement partie des objectifs humanitaires de l'Église catholique. Benoît XVI fait appel à des initiatives financières à dimension humanitaire comme les monts-de-piété ou les coopératives, et incite à une utilisation étendue du microcrédit (Lelart, 2010). Cette activité des microcrédits, même si elle n'est pas à la lumière des projecteurs, est soutenue par *Caritas* depuis plusieurs années dans le monde entier.

Caritas Kenya, lancé en novembre 2012, est un organisme de la conférence des évêques du Kenya, KCCB, créé en 1973. À travers ses 25 diocèses catholiques dans le pays entier, elle coopère avec les plus pauvres et la population la plus vulnérable dans les zones urbaines, périurbaines, rurales et marginalisées. *Caritas* Nairobi collabore étroitement avec l'archidiocèse catholique de la capitale. Il y a plus de 30 ans, un programme de microfinance a été mis sur pied par cet archidiocèse pour faciliter l'accès des ménages aux crédits et assurer une formation financière adaptée, en inculquant notamment la notion et l'importance de l'épargne. *Caritas* MFB prend donc la suite de ces initiatives. Le programme de la banque permet aux familles de s'engager dans des activités plus lucratives visant à augmenter leurs revenus, et ainsi payer les frais de scolarité de leurs enfants, construire des maisons et avoir accès aux soins de santé. Elle poursuit ainsi, avec les services proposés, une mission humanitaire visant l'inclusion sociale des pauvres.

3.2. Les valeurs communiquées par Caritas MFB

Caritas ne communique que de façon très limitée sur ses activités en microfinance. Même dans les documents d'entreprise officiels nationaux et internationaux, ce thème n'apparait que rarement. Le site web de *Caritas Internationalis* ne thématise pratiquement pas la microfinance. Dans le rapport annuel de *Caritas Internationalis de* 2016, le sujet n'est pas mentionné, ainsi que dans le « Strategic Framework 2015 - 2019 » et les « Sustainable Development Goals »

(Action Towards, 2030). Les derniers rapports annuels de *Caritas* Africa ne font pas non plus référence à ce domaine. La littérature de recherche académique sur *Caritas* et la microfinance est pratiquement inexistante.

Dans ce contexte, il est d'autant plus étonnant de tomber sur plusieurs liens Internet annonçant la création de *Caritas* MFB en 2015, et sur un certain nombre de postes vacants. La recherche sur Internet pour trouver d'autres exemples comparables dans le monde s'est révélée négative. Il semble donc que la communication sur ce projet présente quelque chose d'unique dans le domaine des activités de microfinance de *Caritas.*

En ce qui concerne les valeurs communiquées par la banque *Caritas* MFB, il sera utile d'analyser dans un premier temps la signification et l'origine du nom *Caritas*, et d'étudier par la suite son logo.

Le mot caritas vient du latin « amour pour tous les êtres humains »[112]. Au milieu du 12e siècle, la signification est devenue la "bienfaisance pour les pauvres", trouvant sa source dans le vieux mot français charité "pitié, compassion, aumône, organisation caritative". Ailleurs, le terme est défini comme : « 1) L'acte de donner de l'argent, de la nourriture, ou d'autres types d'aide aux êtres humains qui sont pauvres, malades, etc. ; 2) Un organisme qui aide les personnes pauvres, malades, etc. ; 3) Des organisations qui aident les personnes dans le besoin »[113]. Anheier H. K. (2014) définit le mot charité dans le contexte de la religion. Charité est la bienveillance individuelle et la compassion, une valeur et une pratique trouvées dans toutes les cultures et religions majeures.

C'est sur le site web de *Caritas* Allemagne que nous découvrons l'explication du logo, conçu par le graphiste Bert Hunter en 1962. La

[112] Webster's *New World College Dictionary* Copyright © 2010 by Wiley Publishing, Inc., Cleveland, Ohio. Used by arrangement with John Wiley & Sons, Inc. http://www.yourdictionary.com/caritas« love for all people »
[113] http://www.merriam-webster.com/dictionary/charity

croix flamboyante rappelle la vie, la mort et la résurrection de Jésus Christ, et est le signe distinctif des églises chrétiennes. La croix est aussi un symbole de toutes les souffrances que les gens doivent supporter, comme il ressort du proverbe « porter sa croix ». Les flammes qui sortent de la croix symbolisent le feu, l'eau et l'amour, donc l'esprit de charité. L'amour rayonne, inspire et transforme. Grâce à la charité, l'amour de Dieu pour tous les êtres humains devient tangible, ce qui est souligné par la couleur rouge[114]. Parfois, ce logo est combiné avec un signet ou un logo supplémentaire de la ville, de la région, etc.

Quelles sont, dans ce contexte, les valeurs de *Caritas* MFB ? La vision de la banque pour ses clients se résume en une phrase : « *La banque des ménages qui ajoute de la valeur à tout le monde* »[115]. La mission est proclamée ainsi : « *Nous sommes une banque à vocation éthique qui cherche à dépasser les attentes des clients, en fournissant des solutions financières pratiques et innovantes, alors que les valeurs des actionnaires grandissent* »[116]. Les valeurs fondamentales sont indiquées comme suit : 1) Focus client ; 2) Gouvernance responsable ; 3) Fiabilité ; 4) Innovation ; 5) Travail en équipe ; 6) Accessibilité ; 7) Intendance et professionnalisme[117]. *Caritas* MFB explique qu'elle met l'homme/le client au centre des valeurs, et prône le 'travail en équipe'. 'Innovation' et 'professionnalisme' figurent également parmi les atouts de cette banque. 'Responsabilité' et 'fiabilité' semblent vouloir souligner le côté sérieux financier. En revanche, nous ne trouvons aucune allusion à des valeurs religieuses de l'organisation. *Caritas* MFB ne se positionne pas dans la niche chrétienne, mais se présente comme banque « à vocation éthique » qui ajoute de la valeur (plutôt financière) à tous les acteurs. Nous allons voir, de quelle façon cette banque « à vocation éthique » avec son « focus client » pourra lutter contre l'exclusion financière.

3.3. Les conditions matérielles de Caritas MFB

Les produits proposés par *Caritas* MFB sont des comptes épargne, des comptes courants, des crédits, l'ouverture de comptes et la

---

[114] Traduction libre du texte allemand.
[115] https://www.caritas-mfb.co.ke/index.php/about-us/about-caritas-mfb.
[116] Idem.
[117] Ibid.

bancassurance. Les canaux mis à disposition des clients sont : mobile banking, Internet banking, mobile banking app, agency banking (avec des agents *Caritas* de l'archidiocèse de Nairobi) ; et ATMs (*Caritas* MFB Visa carte de débit). Selon le nombre de consultations sur le site web, Internet banking (1447 fois) et mobile banking (1344 fois), semblent susciter le plus l'intérêt des clients, alors que les informations sur les cartes de crédit n'ont été lues que 705 fois. Le fonctionnement de la banque ressemble au fonctionnement d'autres banques modernes dans le monde, mais ce sont justement les services à distance comme 'Internet banking' et 'mobile banking', qui peuvent contribuer à une inclusion financière de populations vivant en zones rurales et marginalisées, et sans accès aux succursales bancaires. Un fort équipement en systèmes de téléphonie mobile dans certains pays pauvres vient ainsi au secours des populations exclues financièrement et socialement.

Cet article va se limiter à l'analyse des crédits offerts par la banque. Ces derniers s'étendent des avances sur salaire (consulté 2291 fois), au crédit de développement pour les semences de moutarde (consulté 1285 fois), au financement des commandes (1371 fois) et au prêt par téléphone mobile (1050 fois) pour n'en citer que quelques-unes des plus recherchées. Le prêt d'études (900 fois), les factures d'escompte (649 fois), le prêt solidaire aux groupes (687 fois) et les crédits aux institutions (églises, écoles, hôpitaux, etc.) intéressent également de nombreux clients potentiels.

Les différents types de crédits sont présentés sur le site de *Caritas* MFB plus ou moins de la même façon : la plupart du temps avec une image/photo (souvent de personnes ou produits à prédominance des couleurs rouge et blanc), une courte description du produit, des caractéristiques et avantages, et des conditions de prêt. Le discours de la banque ressemble sensiblement au discours de n'importe quelle autre banque et de sa stratégie de promotion. *Caritas* MFB utilise des termes techniques du domaine financier et vante sa compétitivité par rapport à d'autres établissements financiers. Les 'fonds' pour les semences de moutarde peuvent être utilisés comme « fonds de roulement, pour l'acquisition d'actifs ou l'expansion commerciale ». Les prestations de la banque sont souvent à « des taux d'intérêt compétitifs, les accords de remboursement et les exigences de sécurité sont flexibles, et il n'y a pas de pénalités pour les remboursements anticipés ». Le « processus de demande est facile et rapide ».

Les conditions sur les exigences liées aux prêts sont pareilles pour tous les types. En effet, un demandeur de crédit doit disposer d'un compte courant ou de Caisse d'épargne, remplir une demande de prêt, présenter des sécurités (dans certains cas), posséder une source de revenus pour le remboursement des prêts, habiter au Kenya, présenter l'original et la photocopie de sa carte d'identité ou de son passeport, avoir une preuve d'une activité commerciale pendant les dix derniers mois, ou (pour les salariés) d'un paiement de salaire pour les trois derniers mois.

À aucun endroit, *Caritas* MFB ne fait allusion au réseau humanitaire auquel elle appartient, ni à des valeurs religieuses de l'archidiocèse dont elle dépend. Ainsi, la communication relève uniquement du domaine technique et concurrentiel, sans aucune référence, paradoxalement, au projet humanitaire de *Caritas*, alors qu'elle affirme son statut institutionnel vis-à-vis de la banque centrale du Kenya.

3.4. La langue de communication de Caritas MFB

Le Guide du Routard donne la carte d'identité suivante pour le Kenya : En 2016, il compte 47,2 millions d'habitants pour une superficie de 591 958 km². Les langues officielles sont le kiswahili et l'anglais. Le taux d'alphabétisation s'élève à 78 %. Le PIB par habitant est très faible, et plus d'un tiers de la population vit sous le seuil de pauvreté. Le chômage est massif, le salaire minimum est d'à peine 5000 Ksh (environ 46 €), et il y a un médecin pour 17.000. Il est donc facilement compréhensible qu'une banque comme *Caritas* MFB ait un rôle à jouer pour l'inclusion financière des pauvres.

On peut observer que toutes les informations données sur les sites web des 13 MFB du Kenya travaillant avec une licence octroyée par la Central Bank of Kenya, sont exprimées en anglais, et que, sur le site de *Caritas* MFB, aucune mention n'est faite par rapport à la deuxième langue officielle, le kiswahili. Avec un fort taux d'alphabétisation, cela ne devrait pas poser de problème pour la compréhension de la population. L'anglais est à la fois la langue officielle et la langue des affaires. L'utilisation de cette langue est encore l'illustration de la volonté d'ancrage de *Caritas* MFB dans le paysage bancaire du pays.

4. La microfinance ivoirienne, la banque des exclus de la société ? ce que dit l'analyse du discours sur le service offert

Selon le Centre Walras, repris par Gloukoviezoff G., une personne se trouve en situation d'exclusion bancaire et financière lorsqu'elle subit un degré d'entrave dans ses pratiques bancaires et financières, qui ne lui permet plus de mener une vie sociale normale dans la société qui est la sienne (Goukoviezoff G., 2004). L'exclusion bancaire et financière est donc une forme d'exclusion sociale dans la mesure où elle se définit comme un phénomène qui ne permet pas à certaines personnes d'avoir accès à une institution sociale comme la banque.

Les valeurs prônées par les IMFs ivoiriennes sont édictées dans un texte fondateur qui peut être interprété comme un *corpus separatum* de la politique des banques classiques puisqu'il rétablit ces institutions dans une spécificité managériale mettant beaucoup plus l'accent sur la proximité géographique[118] et la prise en compte d'une certaine frange de la société, considérée comme étant en marge de la finance formelle. On le sait tous aussi, l'ADN de l'économie sociale et solidaire est l'innovation. Qualifiées de « banque de monsieur tout le monde », le choix porté sur les IMFs ivoiriennes dans ce travail procède d'une part, de la spécificité de la philosophie qui les caractérise : du point de vue ontologique, fonctionnel et génétique, la microfinance ivoirienne dont la mission principale est inscrite dans cette perspective, s'est engagée à lutter contre l'exclusion financière. D'autre part, il procède surtout de la spécificité de l'environnement dans lequel elles opèrent : nous sommes dans un environnement miné par la thésaurisation, les pratiques tontinières, les prêts à usure, l'analphabétisme dont l'une des conséquences est le déni du droit à l'embauche, etc. Pour toutes ces raisons, nous estimons que la politique de proximité géographique qui semble constituer le levier managérial de la microfinance ivoirienne,

[118]Le réseau CREP (Caisse Rurale d'Épargne et de Crédit), géniteur de la COOPEC-CI, est né à Kouto, localité située dans le département de Boudiali (une ville située à plus de 600 Km d'Abidjan), dans le but de rapprocher la banque des populations rurales.

devrait être conjuguée avec une autre une politique qui, elle, contribuerait à anéantir ces facteurs qui accentuent le misonéisme bancaire en Côte d'Ivoire. Il s'agit de la pédagogie financière. En est-il ainsi sur le terrain avec la COOPEC et la banque de la poste de Côte d'Ivoire ? Pour le savoir, un regard analytique sur le discours, sur le service offert, la langue de communication et les conditions d'octroi des prêts, semble s'imposer.

4.1. Le discours sur le service, lieu de mise en transparence des valeurs de la COOPEC et de la banque de la poste ?

La notion de valeur pose la problématique du rapport du client/consommateur avec l'entreprise, le produit ou le service offert. Lambert S., G. Abdul-Nour et M.-F. Lortie (2010) la définissent comme étant le service ou le produit fourni au client au juste prix, au bon moment, et tel que défini par le client. Pour le site L-Expert-comptable.com, les valeurs traduisent les principes de types moraux (loyauté envers les clients et les collaborateurs, qualité supérieure en toute circonstance…), sociétaux (respecter l'environnement, développer un modèle économique plus éthique…), marketing (proximité avec sa clientèle, adaptabilité…) ou reflètent une stratégie (innover, être toujours à la pointe…) sur lesquels l'entreprise se fonde pour évoluer dans son secteur et prendre des décisions stratégiques[119]. Lieu par excellence d'apprentissage du savoir-être et savoir-faire de l'entreprise, le discours sur l'offre peut aussi être défini comme le lieu de la mise en transparence des valeurs véhiculées par une entreprise. S'agissant donc de COOPEC et la banque de la poste de Côte d'Ivoire, une analyse thématique des prédicats de quelques régimes publicitaires permet de savoir que les valeurs que ces deux institutions véhiculent se regroupent autour des thèmes comme le bonheur, la rapidité du service, l'assistance, la proximité, l'intérêt, la réussite sociale, le conseil, comme le montre le tableau ci-dessous.

[119] https://www.l-expert-comptable.com/a/532220-les-valeurs-au-sein-d-une-entreprise-un-levier-de-performances.html.

***TABLEAU 1*. Valeurs prônées par la COOPEC**

Valeurs	Annonces publicitaires correspondantes
Assistance	COOPEC Solidarité
Proximité	« Partout où existe une COOPEC vous êtes chez vous ! » ; « La Caisse d'Épargne. Banque de proximité »
Bonheur	« Livret d'épargne projet. Grâce à mon livret d'épargne projet, j'ai enfin les clés de ma maison ».
Rapidité du service	« Gagner du temps avec la carte magnétique COOPC » ; « COOPEC Money. Dès que j'envoie, dès qu'elle soigne notre enfant ! »
Intérêt	« Livret d'épargne jeune. Pour un avenir plus rassuré » ; « Livret d'épargne projet. Grâce à mon livret d'épargne projet, j'ai enfin les clés de ma maison ».
Réussite	« Grâce à *Djeela* j'ai pu équiper mon salon de coiffure » ; « Livret d'épargne projet. Grâce à mon livret d'épargne projet, j'ai enfin les clés de ma maison ».
Conseil	« Part Social Privilégiée. Savoir placer son argent ».

Source : élaboré par les auteurs.

Un commentaire sur les publicités diffusées par ces deux institutions fait apparaitre les observations suivantes : La banque de la poste prétend à travers son slogan, être une « banque de proximité ». Pourtant, la réalité sur le terrain nous donne l'image d'une banque loin de ce qu'elle prétend être véritablement. S'engager pour une politique de proximité suppose en effet d'être partout dans le pays. Pourtant, rien que pour la ville de Bouaké, ville sinistrée du fait de la guerre de 2002 à 2010 et qui comptait avant 2002 quatre agences, à l'heure actuelle, la ville de Bouaké ne compte que deux agences. Même dans les petites villes environnantes, il n'existe pas de bureaux de poste ayant en leur sein des services bancaires. Quant à la COOPEC, on remarque que dans sa politique publicitaire, des thèmes tels que le conseil, l'accueil humain, l'accompagnement, l'éducation, censés marquer sa singularité d'avec le secteur classique n'y apparaissent pas.

4.2. La langue de communication de la COOPEC et de la banque de la poste, un facteur concourant au rejet des plus linguistiquement vulnérables

Le recours au français populaire (« À la COOPEC, on prête oooh, on prête ! ! ! »), ou à des termes empruntés aux langues locales (comme par exemple, « *djeela* », terme emprunté à la langue gouro, une langue autochtone située au centre ouest de la Côte d'Ivoire, traduisant la notion de porte-monnaie), montre que du point de vue linguistique, la COOPEC mène à travers ce langage, une politique de communication lui permettant de se rapprocher davantage de la majorité de sa clientèle potentielle qui n'a pour moyen linguistique de communication que le français populaire et/ou les langues ethniques que compte le pays. Mais le recours à une telle politique permet-il d'affirmer que la COOPEC et la banque de la poste ont une politique inclusive sur le plan linguistique ? Il semble que la réalité sur le terrain conduit à affirmer le contraire. Plusieurs raisons permettent de soutenir cette thèse. Institution à l'origine étatique ayant pour mission de servir tous les Ivoiriens, la poste de Côte d'Ivoire s'est positionnée depuis lors avec le français comme langue de travail. En ce qui concerne la COOPEC, nous pouvons citer entre autres raisons, l'alignement de sa politique marketing sur celle des banques classiques. Cette politique confère donc à l'opération bancaire une nature scripturale et linguistique qui exige de l'emprunteur la maîtrise de la langue française. Elle exige aussi de celui-ci la maîtrise de l'écriture. Pourtant, les clients, auxquels la microfinance fait des œillades à travers ses publicités, sont pour la plupart issus du monde de l'informel, un monde qui rime avec analphabétisme et non maîtrise du français. Par conséquent, cette double nature sémiologique de l'opération bancaire ne donne pas à ces clients une proximité d'accès aux services offerts. Et cet alignement sur le marketing des banques classiques est d'autant plus préjudiciable à ceux-ci que nous avons montré dans un article portant sur la négociation bancaire dans le secteur microfinancier ivoirien[120] que pour pouvoir contourner cet obstacle, les clients illettrés et analphabètes recourent à une négociation indirecte. Cette pratique qui, très souvent, les expose à de l'escroquerie consiste à solliciter les services d'une tierce personne ayant une connaissance du français et de l'écriture pour faciliter la communication.

---

[120] Kouamé K., De la négociation au remboursement du microcrédit en contexte exo-monoglossique. Les limites du modèle universaliste du management bancaire face au multilinguisme en Côte d'Ivoire, à paraître dans *De la microfinance à la finance participative : Quelles perspectives pour l'entrepreneuriat et le développement territorial ?* Les Editions JFD, Montréal.

4.3. Les conditions d'octroi de prêts, un autre facteur entraînant le rejet des clients économiquement vulnérables

Le recours à une communication de masse s'appuyant sur des codes comme le français populaire et les langues locales fait référer à un type de client auquel le discours de la COOPEC s'adresse : la classe populaire ou les exclus de la société ivoirienne. Ceci laisse aussi à penser que la COOPEC aurait une politique marketing liée à l'octroi des prêts qui serait beaucoup plus ouverte à cette classe sociale. En réalité, il n'en est rien. Pour mieux rendre compte de cet état de fait, nous nous appuyons sur le concept d'immaturité économique, concept qui se décline en termes de niveau de formation, capital linguistique, revenu, etc., vus ici comme un attribut permettant d'avoir un rapport convivial avec la banque (Lewis, 1954, cf. Brasseul, J., 1993).

Les études de Galbraith J. K. (1977) ont montré les conditions historiques d'émergence de l'argent, de la banque ainsi que leurs rôles dans les économies modernes. Rôles que selon nous, tout individu, quel que soit son niveau d'étude, quel que soit le lieu où il vit, quelle que soit sa condition de vie, sa culture, etc. est de nos jours censé connaître. Celles de Sloterdijk P. (2000) insistent sur un monde caractérisé par une européanisation des pratiques mondiales où l'incertitude est le lot quotidien des acteurs sociaux ; l'épargne devenant alors le moyen qui permet de s'assurer d'un lendemain meilleur. En dépit de leur importance dans les sociétés modernes, on remarque que le niveau actuel de la bancarisation en Côte d'Ivoire est encore très faible. Si dans la francosphère ouest-africaine et singulièrement en Côte d'Ivoire, le taux actuel de la bancarisation s'explique par des pratiques culturelles traditionnelles telles que la thésaurisation, les tontines, etc., il semble aussi évident que le misonéisme bancaire peut s'expliquer avec le niveau de formation. L'hypothèse du niveau de formation comme facteur permettant de rendre compte de cette indifférence à la banque est d'autant plus plausible qu'il influence le capital linguistique des potentiels clients de la COOPEC. Source d'un déni du droit à l'embauche, le capital linguistique se perçoit alors comme un attribut économique permettant d'avoir un rapport convivial avec la banque, si nous nous référons à la théorie de Lewis (cf. Brasseul J., 1993) sur l'accumulation de la richesse. Selon cette théorie, « l'épargne vient de ceux qui reçoivent des profits ». Pour autant que la productivité marginale de ceux qui sont handicapés par la maîtrise de la langue française s'avère très faible, voire nulle, nous en déduisons que ceux-ci ne peuvent participer à l'épargne. En Côte d'Ivoire comme au Kenya, les conditions sur les exigences liées aux prêts sont les mêmes : celui qui sollicite un crédit doit disposer d'un compte, remplir une demande de prêt, posséder une source de revenus ou présenter des garanties de sécurité (par exemple avoir un aval, avoir une preuve d'une activité commerciale pendant les dix derniers mois, ou pour les salariés, disposer d'un paiement de salaire pour les trois derniers mois) pour le remboursement du prêt, présenter l'original et la photocopie de sa carte d'identité ou de son passeport. Ces mesures qui discriminent le rapport à la banque entre les Ivoiriens constituent une entrave à l'accès à la banque pour ceux que nous convenons d'appeler ici les exclus de la société ivoirienne.

5. DISCUSSION

Dans cet article, nous n'avons pas seulement confronté trois exemples de banques de microfinance, mais aussi deux pays avec deux cultures et des langues officielles différentes : d'un côté la Côte d'Ivoire à dominante francophone, de l'autre, le Kenya, colonisé par les Anglais, et qui garde toujours, comme ses deux langues officielles, l'anglais et le kiswahili. Ceci explique pourquoi notre travail compare des exemples de communication et linguistiques appartenant à différentes langues nationales et régionales. La deuxième caractéristique porte sur le fait que nous sommes confrontés à deux types de banques et leurs idéologies : deux commerciales classiques (Côte d'Ivoire), et une à connotation religieuse (Kenya). Selon le site Économies Africaines[121], la religion chrétienne est la confession majoritaire au Kenya, avec environ 70% de la population. Cela explique notre choix d'une IMF catholique que nous considérons comme représentative du Kenya. Un dernier point s'intéresse à l'orientation locale/nationale ou internationale. Alors que les exemples ivoiriens représentent des cas locaux et nationaux, la MFB Nairobi est intégrée dans un réseau non lucratif international, supposé respecter les valeurs proclamées par l'Église catholique fondées sur la Bible et

121 http://www.economiesafricaines.com/les-territoires/kenya/les-ressources-humaines/les-langues-et-communautes

ses enseignements. Elles sont propagées aujourd'hui par *Caritas Internationalis*.

Concernant *Caritas* MFB Nairobi, sa stratégie de communication laisse supposer que la religion (catholique) n'a pas de place dominante. Dans le discours apparaissent plutôt des termes de *business models* classiques comme « gouvernance », « innovation », et « professionnalisme », dotés, certes d'un adjectif 'responsable', mais loin de ce qu'on imagine correspondre à un *social business* appartenant à une organisation religieuse. Les termes financiers couvrent les fonctions bancaires classiques, comme les dettes, les crédits, etc. pour lesquelles Ashta A. et de R. Selva (2011) se posent la question de leur signification religieuse. Peut-être que l'absence de vocabulaire religieux veut exprimer la distanciation de la banque par rapport au risque d'être considéré comme véhicule d'évangélisation (Harriman, 2008, cité par Ashta A. et de R. Selva, 2011. 8). Peu d'études empiriques existent sur ce sujet et sur la question de la religion et du développement (Ellis S. et G. Ter Haar, 2004), ainsi que sur les nombreuses organisations chrétiennes et la microfinance (Mersland R. et al. 2013). Le rôle et l'influence de l'identité des organisations religieuses sont toujours presque inexplorés (Mersland R. et al. 2013).

La construction et la diffusion de sens (Gioia D. A. et K. Chittipeddi, 1991) par les affirmations identitaires des leaders sont effectuées pour *Caritas* MFB Nairobi à un niveau supérieur par *Caritas Internationalis*. Les expressions identitaires, comme le logo et son sens (selon Ravasi D. et M. Shultz, 2006) sont le résultat de créations historiques de l'organisation internationale, remontant aux années soixante du siècle dernier. La stratégie du Cercle d'Or (Grandval S. et S. Ronteau, 2011) avec les trois niveaux de questionnement « Quoi ? », « Comment ? » ou « Pourquoi ? » peut aussi être créditée à *Caritas Internationalis*. Mais, en Côte d'Ivoire où l'environnement est encore miné par l'illettrisme à l'argent, la thésaurisation et les pratiques tontinières, on ne saurait dès lors parler (Le Boulch G., 2001) d'une institution qui fait sa mue en favorisant une stratégie marketing adaptative qui place au cœur de ses préoccupations la question de l'éducation financière.

Conclusion

Nous pouvons donc conclure que, selon la théorie de Sarfati G.-E. (2009), reprise par Equoy Hutin S. en 2011, les discours des IMFs sont en relation avec leurs origines historiques et conditions sociales ; ce qui est particulièrement vrai pour *Caritas*. La MFB de Nairobi semble profiter de l'excellente réputation de l'organisation internationale et de l'étroite collaboration locale avec l'archidiocèse. Les organisations confessionnelles, qui défendent le caractère sacré de la vie, jouissent dans l'ensemble d'une image très positive auprès de la population[122], et le capital social d'origine religieuse bénéficie d'une valeur particulière (Harper M. et al, 2008). Cela permet ainsi à *Caritas* MFB Nairobi, dans son engagement pour une inclusion financière des pauvres, de construire son discours autour des prestations bancaires. En ce qui concerne les deux organismes ivoiriens de microfinance, l'inadéquation de leur stratégie managériale avec l'environnement conduit de plus en plus la population à leur tourner le dos au profit d'autres institutions qui intègrent la question linguistique dans leur service d'accueil. Pour le cas particulier de la COOPEC, qui se tourne vers de nouvelles catégories de sociétaires, en particulier les salariés du privé, les fonctionnaires et les retraités, ses dirigeants se réfèrent dans son repositionnement actuel aux difficultés du portefeuille de crédit causées par la crise de 2002 à 2010. Mais, il semble que ce phénomène d'attrition relève, en définitive, d'une mauvaise appréciation de la question spécifique de l'inclusion financière en contexte ivoirien.

[122] Discours de Peter Horward, prononcé en 2015 lors du G20 interconfessionnel à Istanbul, cité par Heist D. et R. A. Cnaan, 2016: 3.

Références bibliographiques

Anheier, H. K. (2014). *Nonprofit organizations. Theory, management, policy*. Routledge, London and New York (second edition).

Arbulu, P. et É. Lamarque (2011). Les restructurations et la reconstruction de la confiance envers les banques : une nécessité de l'après - crise. In Lamarque É., 2011, (Coord.). *Management de la banque. Risque, relation client, organisation*. Pearson, Paris.

Ashta, A. et de Selva, R. (2011). Religious Practice and Microcredit: Literature Review and Research Directions. *Postmodern Openings*, year 2, 8 : 45-61.

Barth, I. (2007). La face cachée du management de la diversité. In Barth, I. et Falcoz C. (sous la dir.) (2007). *Le management de la diversité. Enjeux, fondements et pratiques*. L'Harmattan, Paris, pp. 273-298.

Baylon, C. (2002). *Sociolinguistique. Société, langue et discours*. Nathan, Paris.

Beaujouan, J. (2006). Argent et prévention de l'exclusion sociale. *https: //www.jean-beaujouan.fr/.../Argent_et_prevention_de_l_exclusion_bancaire*

Beaujouan, J. (2007). L'éducation à l'argent, une urgence sociale. https: //www.jean-beaujouan.fr/.../L_education_a_l_argent_une_urgence_sociale.

Bourdieu, P. (1979). Les trois états du capital culturel. *Actes de la recherche en sciences sociales*, vol. 30, pp. 3-6.

Brasseul, J. (1993). *Introduction à l'économie du développement*. Paris, Armand Colin.

Caritas Afrique, Rapport annuel 2016.

Caritas en Afrique. Où nous trouver en Afrique ? https : //www.caritas.org/ou - nous - trouver/afrique/ ? lang=fr.

Caritas Internationalis. Annual Report 2016.

Caritas Internationalis. Strategic Framework 2015 - 2019. https: //www.caritas.org/wordpress/wpcontent/uploads/2017/06/StrategicFramework2015.pdf.

Caritas Internationalis. Sustainable Development Goals. Action Towards 2030.

Caritas Nairobi, vidéo, You Tube : https : //www.youtube.com/watch ? v=mFDo6bOxfH.

Cissé, I. (2015). Kenya : L'Eglise catholique ouvre une banque pour les pauvres. Portail Catholique Suisse. https://www.cath.ch/newsf/kenya-leglise-catholique-ouvre-une-banque-pour-les-pauvres

De Robien, M. (1997). *Banques, votre pub m'intéresse !* Banque Editeur, Paris.

Document privé sur un projet de microfinance de *Caritas* au Congo : Projektbericht Alphabetisierung von Frauen in der Diözese Kolwezi, Provinz Katanga, Demokratische Republik Kongo. (Berichtszeitraum : Juli 2010 bis Juni 2011).

Économies Africaines. http://www.economiesafricaines.com/les-territoires/kenya/les-ressources-humaines/les-langues-et-communautes

Ellis, S. et G. Ter Haar (2004). *Worlds of Power: Religious thought and Political Practice in Africa*. London and New York: C. Hurst & Co, and Oxford University Press.

Encyclique du Pape Benoît XVI, *Caritas in Veritate* (2009), http://w2.vatican.va/content/benedict-xvi/fr/encyclicals/documents/hf_ben-xvi_enc_20090629_caritas-in-veritate.html.

Encyclique du Pape Benoît XVI, *Deus Caritas est* (2005),

Encyclique du Pape François *Laudato Si'* (2015), http://w2.vatican.va/content/francesco/fr/encyclicals/documents/papa-francesco_20150524_enciclica - laudato - si.html.

Equoy Hutin, S. (2010). La Relation Client : Quand l'Analyse du Discours rencontre le Marketing. https://halshs.archives-ouvertes.fr/halshs-00585718.

Galbraith, J. K. (1977). *Le temps des incertitudes*. Gallimard, Paris.

Gifford, P. (2015). *Christianity, Development and Modernity in Africa.* London, Hurst.

Gioia, D. A. et K. Chittipeddi (1991). Sense making and sense giving in strategic change initiation ». *Strategic Management Journal*, vol. 12, 6: 433-448.

Gloukoviezoff, G. (2004). La médiation de proximité, une réponse à l'exclusion bancaire ? *Recherche Sociale*, Paris : FORS - Recherche Sociale, 169 : 62-77.

Grandval, S. et S. Ronteau (2011). *Business model. Configuration et renouvellement*. Hachette, Paris.

Guide du Routard, http://www.routard.com/guide/kenya/435/ carte_d_identite.htm #ixzz53Vy6WMQ1

Harper, M., D.S.K. Rao et A. K. Sahu (2008). *Development, Divinity and Dharna. The role of religion in development and microfinance institutions*. Practical Action Publishing; New edition.

Heist, D. et R. A. Cnaan (2016). Faith-Based International Development Work: A Review. *Religions,* 7, 19.

http://w2.vatican.va/content/benedict-xvi/fr/encyclicals/documents/ hf_ben-xvi_enc_20051225_deus-caritas-est.html.

Kouamé, K. (2015). Argent, Capital linguistique et Relation bancaire en Côte d'Ivoire : vers une modélisation (socio)linguistique de l'inclusion financière. *DEZAN,* Numéro spécial, pp.117-133.

Lambert, S., G. Abdul-Nour et M.-F. Lortie (2010). Cartographie de la chaîne de valeur : Cerner la valeur pour obtenir un avantage concurrentiel. https://oraprdnt.uqtr.uquebec.ca/pls/public/docs/.../F27840949_Cartographie _1_.pdf.

Le Boulch, G. (2001). Approche systémique de la proximité : définitions et discussion, *Ministère de la Recherche*. 3e Journées de la Proximité, France, Déc. 2001, <hal - 00156152>.

Lejeune, C. et A.Vas (2011). Identité, changement et proximité organisationnelle. Une étude comparée d'écoles de gestion européennes. *Revue française de gestion*, 213 : 171-188.

Lelart, M. (2010). Pourquoi Benoît XVI parle-t-il de la microfinance dans son encyclique Caritas in Veritate ? *Mondes en* développement, 2010/4, 152: 97-110.

Louche, C., Arenas, D. et Van Cranenburgh, K. T. (2012). « From Preaching to Investing: Attitudes of Religious Organisations Towards Responsible Investment ». *Journal of Business Ethics*, 110: 301-320.

Lugrin, G. et N. Schurter (2001). L'anglais dans la publicité francophone II. Les stratégies publicitaires dans le secteur de la téléphonie mobile helvétique. *Le magazine d'information des professionnels de la communication*, n° 19, FRP. 06-07/01. Juin-Juillet.

Maingueneau, D. (1996). *Les termes clés de l'Analyse du discours*. Seuil, Paris.

Maingueneau, D. (2007). *Analyser les textes de communication*. Armand Colin, Paris.

Malinovskyte, M., C. Mothe, et C.-C. Rüling (2006). « Aspirations identitaires, complexité institutionnelle et légitimité : vers l'intermédiation pour l'innovation. *Revue française de Gestion*, Lavoisier, 42 (255) : 169-183.

Mersland, R., B. D'Espallier, et M. Supphellen (2013). The Effects of Religion on Development Efforts: Evidence from the Microfinance Industry and a Research Agenda. *World Development,* Vol. 41, pp. 145-156.

Perrin, G. (1985). *La langue française en Côte d'Ivoire*. Institut de recherche sur l'avenir du français, Commissariat Général de la Langue française.

Proulx, M.-U. et al. (2012). *Regard sur l'économie des collectivités autochtones du Québec*, Presse de l'Université du Québec.

Rapport de Monsieur F. Soulage, Président du groupe de travail. Inclusion bancaire et lutte contre le surendettement, 25 novembre 2012, www.cnle.gouv.fr/.../Rapport_de_Monsieur_Francois_Soulage_ - _groupe_ de_ travail_....

Ravasi, D. et Schultz, M. (2006). Responding to organizational identity threats: exploring the role of organizational culture. *Academy of Management Journal*, vol. 49, 3 : 433-458.

Sloterdijk, P. (2000). *La mobilisation infinie*, Christian Bourgeois Editeur, Paris.

CHAPITRE 5.

La typologie attitudinale des non-bancarisés envers la téléphonie mobile comme moyen d'accès aux services financiers

Djamchid ASSADI

Burgundy School of Business de Dijon, Université Bourgogne Franche - Comté, France

Germain LANKOANDE

Centre Africain d'Études Supérieures en Gestion de Dakar, Sénégal

« *Les services financiers par téléphonie mobile présentent des avantages considérables du point de vue de l'intégration financière. Avant tout, ils sont moins discriminatoires à l'égard des femmes et plus accessibles aux jeunes* ».

CNUCED (2014)

« *Le succès d'une marque [technologie] à long terme ne se base pas sur le comportement d'un client qui l'achète une seule fois, mais plutôt sur le nombre de consommateurs qui sont devenus des acheteurs [usagers] réguliers de cette marque* ».

Jacoby (1940- ..) et Chustnut (1923-2013)

L'objectif de l'accès universel aux services financiers de la Banque mondiale à l'horizon de 2020 est loin d'être atteint. Plus de la moitié de la population mondiale n'est pas bancarisée et n'utilise pas les services financiers formels pour épargner et emprunter (Chala et al, 2009). En Afrique subsaharienne seulement 29% des adultes y possèdent un compte bancaire (Global Findex de la Banque mondiale, 2014).

La non-bancarisation africaine peut toutefois être réduite par l'innovation technologique qui a déjà montré son potentiel d'inclure financièrement. La téléphonie mobile est un exemple probant par le fait de diminuer considérablement les coûts d'accès aux produits financiers même dans les zones rurales (Grimes, 2010). S'il existe aujourd'hui une quasi-unanimité quant à l'impact positif de la téléphonie mobile sur l'inclusion financière, force est de constater que les motivations et les freins de l'adoption des non-bancarisés censés adopter la téléphonie mobile sont moins étudiés. Or, cette question est importante, car l'outil technologique (« techné ») sans la compétence de l'utiliser (« logos ») demeure inutile.

Dans cette perspective, la problématique de recherche que nous nous assignons est la suivante : les modèles actuels de l'adoption de la technologie représentent-ils bien l'attitude des non-bancarisés envers l'adoption du téléphone mobile en vue de l'accès aux services financiers ? L'intérêt principal de ce travail réside dans la découverte des motivations d'une technologie qui faciliteraient ultérieurement l'inclusion financière.

La suite de ce travail s'organise comme suit : premièrement, nous examinerons la littérature pour expliquer la non-bancarisation, les modèles de l'adoption de la technologie et le marché des technologies mobiles en Afrique. Dans un deuxième temps, nous abordons la méthodologie de la recherche. Nous expliquerons d'une part le modèle théorique et la méthodologie de collecte de données et d'autre part nous analyserons et discuterons les résultats de l'étude. La troisième partie sera consacrée à la présentation des résultats de nos entretiens semi-directifs avec les utilisateurs des SFM (services financiers mobiles) et les professionnels de la téléphonie mobile. La quatrième partie donnera lieu à la discussion de nos résultats et à la présentation de nos découvertes.

1. La revue de littérature : motivations d'adoption des services financiers mobiles

En conformité avec la problématique de notre projet de recherche, nous étudions dans cette section les trois éléments de ladite problématique : la non-bancarisation, les modèles de l'adoption de la technologie et le développement de la technologie mobile en Afrique.

1.1. Qu'est-ce que l'exclusion bancaire ?

Assadi et Cudi (2011) distinguent entre les facteurs d'exclusion liés à l'offre et ceux liés à la demande. À ceux-ci, nous y ajouterons le contexte institutionnel.

L'offre des services bancaires est souvent entravée par des risques encourus et notamment le coût élevé des transactions financières, les frais d'ouverture de compte, l'inaccessibilité et l'inadaptation des produits financiers (Kempson et al. 1999 ; Akula, 2010 ; Caskey 1997, 2002 ; Anderson, 2006 ; Beshouri et al. 2010 ; De Sousa, 2010 ; Lyons et al. 2004 ; Beshouri et al., 2010 ; Lyons et al., 2004 ; Chaia et al., 2010).

Quant à ceux liés à la demande, ils sont principalement le bas niveau de revenu, le bas niveau d'éducation, l'illettrisme financier et l'incapacité à fournir des garanties (Moran, 2006 ; Beshouri et al., 2010 ; Guérineau, Jacolin, 2014 ; Armendariz et Morduch, 2005). À ceux-ci, s'ajoutent les facteurs institutionnels, tels que l'état de droit, le cadre réglementaire bancaire, la qualité de la gouvernance politique et le coût d'enregistrement des titres de propriété.

1.2. Les modèles d'adoption de la technologie

La deuxième partie de notre revue de littérature s'intéresse aux modèles d'adoption. D'une part, nous distinguons entre les travaux sur l'adoption des technologies avant et après Internet et d'autre part nous nous intéressons SFM.

Les travaux psychologiques sur la relation entre l'attitude et le comportement (Fishbein et Ajzen, 1975 ; Ajzen et Fishbein, 1977 ; Ajzen, 1985 ; Ajzen, 1991) ont considérablement inspiré les chercheurs qui ont étudié les facteurs de l'attitude et du comportement de l'adoption de la technologie. L'attitude de l'individu est prééminente dans les différentes théories qui étudient le comportement de l'adoption de la technologie.

Le modèle pionnier de Rogers (1983) propose un processus quintuple de la diffusion de l'innovation : la connaissance, la persuasion, la décision, l'action et l'adoption. Le « Technology Acceptance Model » que proposent Davis (1986) et Davis at al. (1989) met en relief l'utilité perçue et la facilité d'utilisation sans laquelle l'utilité technologique n'existerait pas.

Hartwick et Barki (1994) ont confirmé que la conformité aux normes subjectives et aux groupes de référence de l'individu joue un rôle important dans l'adoption des technologies de l'information au sein des organisations. Malhotra et Galletta (1999) ajoutent au modèle de Davis l'influence que l'entourage social joue sur l'acceptation de la technologie par l'effet de la conformité ou de l'identification de l'individu à un groupe.

La théorie unifiée d'acceptation et d'utilisation de la technologie s'appuie sur l'attitude de l'individu envers l'espérance de la performance, la facilité de l'utilisation, l'influence sociale sur l'utilisation de la technologie et les conditions facilitant l'utilisation de l'innovation technologique (Venkatesh et al., 2003 ; Brown et Venkatesh, 2005). Le développement de ce modèle ajoute d'autres déterminants tels que la motivation hédonique, la valeur du prix et l'habitude, et trois variables modératrices : le sexe, l'âge, l'expérience (Venkatesh et al., 2012). D'autres facteurs sont également suggérés tels que la motivation hédonique et le rapport avantages perçus-coûts (Dodds et al. 1991) pour expliquer l'adoption de la technologie. Des Garets et al. (2009) font part d'un type d'utilisation de la technologie en dehors de toutes attentes de performance. Truong et al. (2014) ont évalué l'impact du design de l'innovation sur la formation de l'attitude du consommateur.

L'adoption de l'innovation est un processus long (Le Nagard et Manceau, 2011) qui englobe plusieurs facteurs cognitifs et affectifs, agencés différemment selon les chercheurs. Moore (2006) qualifie de gouffre l'écart qui sépare les individus qui adoptent les innovations très facilement en amont, et, en aval, ceux qui attendent pour s'assurer de l'utilité de l'innovation. Roger (1983) segmente les individus selon leur comportement de l'adoption en cinq groupes qui sont les innovateurs, les récepteurs précoces, la majorité précoce, la majorité tardive et les retardataires.

Avec l'émergence de la téléphonie mobile, plusieurs chercheurs ont adressé l'acceptation des technologies et applications numériques par les utilisateurs. Taylor et Todd (1995) ont vérifié l'impact des trois principales variables que propose la théorie de l'action raisonnée (TAR) de Fishbein et Ajzen (1975), à savoir la perception du contrôle, la norme subjective et l'attitude de l'individu dans l'adoption de l'innovation.

Hu et Chau (1999) ont trouvé que l'attitude générale et la perception du contrôle influencent directement l'intention des médecins à adopter la télémédecine. Limayem et al. (2007) rappellent le rôle de l'habitude et l'automatisme du comportement dans le processus d'adoption de la technologie.

Kim et al. (2016) ont identifié quatre facteurs qui forment l'attitude d'acceptation des applications mobiles en vue de télécharger, utiliser et acheter via des applications. Ils correspondent aux utilités que l'utilisateur perçoit de l'information, du divertissement, de la facilité d'emploi que procure l'application, de même que de l'alignement de ces services aux normes subjectives de l'utilisateur.

Hsu et Lin (2015) ont étudié l'impact de huit facteurs sur l'adoption des applications mobiles payantes. Ils ont trouvé que l'impact des facteurs tels que la performance, la valeur émotionnelle, la satisfaction et les habitudes routines des utilisateurs ne sont pas significatives, alors que d'autres facteurs comme le rapport qualité prix, l'alternative gratuite à l'application payante, la note allouée à l'application sur les portails de téléchargement et le social influencent significativement l'intention d'achat.

TABLEAU 1. Récapitulatif des déterminants de l'attitude envers la technologie

Facteur d'adoption de la technologie	**Références**
Attitude	Fishbein, 1967 ; Fishbein & Ajzen, 1975 ; Ajzen, 1991, Hu & Chau (1999), Venkatesh et al. 2003, Brown et Venkatesh 2005,
La perception du contrôle	Fishbein et Ajzen (1975)
La norme subjective	Hu & Chau (1999)
Avantage (utilité) perçu,	Rogers 1983, Davis 1986, Venkatesh et al., 2003,
Facilité de l'utilisation,	Rogers 1983, Davis 1986, Venkatesh et al. 2003, Brown et Venkatesh 2005, Davis (1986) ; Davis et al (1989) Dodds et al. (1991)
Influence sociale	Rogers 1983, Venkatesh et al. 2003, Brown et Venkatesh 2005, Dodds et al. (1991)
La connaissance	Rogers (1983)
La persuasion	
La décision	
L'action	
L'adoption	
Testabilité avant l'adoption	
L'utilité perçue	Davis (1986) ; Davis et al (1989)
La conformité	Hartwick et Barki (1994)
La motivation hédonique	Dodds et al. (1991)
Le rapport avantages perçus-coûts	
Les conditions facilitants l'utilisation	
Rapport qualité/prix	Dodds et al. 1991, Venkatesh et al. 2003, Brown et Venkatesh 2005
Habitude	Venkatesh et al. 2003, Brown et Venkatesh 2005, Limayem et al. 2007
Hédonisme,	Dodds et al. 1991
Âge	Venkatesh et al. 2012
Expérience	
Sexe	
L'approbation du risque	Gao, et al. (2010)
L'attachement personnel	
Le penchant du partage de contenu via le mobile	
La provision de l'information	
L'éclat ou le trait distinctif	Kim et al. (2013)
La nouveauté	
L'acquisition des compétences	
Le contrôle ou la facilité d'emploi	
La personnalisation	
Le feedback pour l'interaction	
La cohérence de l'application	
Le design	Truong et al. (2014)

***Source* : Les auteurs.**

Comme les perceptions positives de l'individu favorisent l'adoption de l'innovation (Brangier et al., 2010), nous avons constitué à l'aide de la revue de littérature qui précède une liste de facteurs déterminants dans la formation de l'attitude d'adoption d'une technologie, comme en témoigne le tableau 1.

1.3. Le développement des services financiers mobiles en Afrique

La téléphonie mobile a considérablement atténué l'impact des problèmes liés à l'offre des produits financiers. Elle a diminué les coûts opérationnels que les fournisseurs de services mobiles offrent souvent l'ouverture gratuite du compte, le dépôt, l'achat du crédit et la gestion du compte afin d'attirer de nouveaux clients. Une étude du collège de Citi révèle qu'une augmentation de 10% de la population numérique peut permettre à 220 millions de personnes à enter dans le secteur financier formel (Survey Report, 2014).

En Afrique subsaharienne 12% de la population ont des comptes mobiles et la moitié de ces 12% n'ont que le compte mobile comme moyen service financier formel (GSMA, 2015). 12% des adultes (64 millions) en Afrique subsaharienne utilisent un compte de téléphonie mobile contre seulement 2% dans le reste du monde (Global Findex de la Banque mondiale, 2014).

Dans l'UEMOA, l'offre des SFM a démarré en 2009 au Sénégal et en Côte d'Ivoire avant de s'étendre dans les autres pays de l'Union. Selon le rapport de la BCEAO sur les SFM, le nombre de comptes de monnaie électronique ouverts est en forte progression dans l'UEMOA. Le nombre de souscripteurs de compte de monnaie électronique est de 36,5 millions de personnes. Le taux d'utilisation des services financiers est de 65,11% en fin décembre 2015 pour un taux de bancarisation strict de 16, 10%.

2. La méthodologie de recherche

En phase avec la problématique de la recherche, « les modèles actuels de l'adoption de la technologie représentent-ils bien l'attitude des non-bancarisés envers l'adoption du téléphone mobile en vue de l'accès aux services financiers ? », nous avons opté pour la méthode de l'entretien semi-directif sans enfermer les échanges dans un format prédéfini et préétabli (Romelaer, 2005 ; Combessie, 2007 ; Euréval, 2010).

Pour une meilleure compréhension des attitudes d'adoption des services financiers sur la téléphonie mobile, nous avons sélectionné deux types d'interviewés : les utilisateurs des services financiers mobiles (SFM), et les professionnels qui ont essayé à comprendre les attitudes des utilisateurs afin de les vendre leurs services. Par professionnels, nous entendons les agents commerciaux des opérateurs de réseau mobile. Dans le cadre de notre étude, les utilisateurs sont principalement des non-bancarisés.

Le tableau 2 récapitule les caractéristiques des interviewés sélectionnés

TABLEAU 2. Le nombre et les caractéristiques des interviewés

Intitulé	Effectif	Fréquence
Profil		
Agents commerciaux	12	40%
Adoptants /utilisateurs de SFM	18	60%
Commune d'arrondissement		
Mermoz	18	60%
Dieuppeul	6	20%
Golf-Sud	3	10%
Pikine-Nord	3	10%
Genre		
Homme	16	53,33%
Femme	14	46,67%
Catégorie socioprofessionnelle		
Travailleur	20	66,67%
Étudiant	6	20%
Non déterminé	4	13,33%

***Source* : Les auteurs.**

Nous avons redéfini et adapté les facteurs d'adoption de la technologie, repérés dans la revue de littérature, au cas particulier des services financiers mobiles. Le guide de l'interviewer contenait notamment des variables attitudinales envers l'utilisation du téléphone mobile pour accéder aux SFM (tableau 3), et également des facteurs de sous-bancarisation.

<u>TABLEAU 3</u>. Les facteurs d'adoption de la technologie et les catégories des entretiens

Variables	Définition
Conditions facilitatrices	Ensemble des facteurs favorisant l'accès à l'utilisation des SFM
Coût perçu	Coût monétaire et non monétaire d'utilisation
Compatibilité	Accord avec les valeurs et besoins de l'utilisateur
Utilité perçue	Amélioration du rendement personnel
Facilité d'utilisation	Degré d'effort physique et mental de l'utilisation
La rapidité	Capacité du système à améliorer la rapidité de la transaction
La mobiquité	Possibilité d'effectuer une transaction en tout lieu et temps

Source : Les auteurs.

Au cours de l'entretien, nous avons utilisé des « reformulations-résumés » et des « phrases de relance ». Lorsque l'interrogé a semblé avoir fait le tour du sujet et des thèmes associés, nous avons conclu l'entretien par la question : avez-vous quelque chose à ajouter ? Nous avons ensuite remercié la personne et nous avons mis un terme à l'entretien. Le processus d'échantillonnage s'est arrêté sur le terrain à la saturation, c'est-à-dire lorsque les informations recueillies commencent à être redondantes.

Dans un premier temps, nous avons interviewé les agents commerciaux du Groupe Orange. Chacun de ces entretiens a été enregistré et transcrit mot à mot. Tous les entretiens ont été effectués les matins de la première semaine du mois d'août 2016. Ils ont été réalisés auprès des kiosques « Orange Money ». Ce choix se justifie par le fait que l'opérateur de téléphonie mobile Orange dispose d'un réseau de kiosques très développé dans les communes de Dakar et dans les autres centres urbains du Sénégal.

La deuxième vague d'entretien a été réalisée auprès des adoptants des services financiers mobiles. Elle s'est effectuée en début et fin du mois octobre et tous les entretiens ont été faits les matins. Pour mener ces entretiens, nous avons choisi quatre communes d'arrondissements, dont deux du centre-ville de Dakar et deux de la banlieue.

3. Présentation et analyse des principaux résultats

L'examen des transcriptions des entretiens effectués révèle les résultats suivants :

- L'offre des services financiers sur la téléphonie mobile est bien connue par les détenteurs de téléphonie mobile que ces derniers soient bancarisés ou non. Il convient toutefois de distinguer les bancarisés des non-bancarisés. En effet, même si les deux groupes d'individu l'utilisent, cette technologie n'a pas la même utilité selon que l'on soit bancarisé ou non.

- Les répondants soulignent souvent le « gain perçu ». D'autant plus que l'utilisation des services financiers sur téléphone mobile donne droit aux bonus pour un transfert à l'international. L'utilité perçue explique l'adoption de la téléphonie mobile pour plusieurs répondants. Ils affirment utiliser le téléphone mobile pour épargner, payer les factures d'électricité et d'eau, envoyer de l'argent à leurs proches, recevoir un versement de la part de leurs clients et faire des achats aux supermarchés.

- Plusieurs interrogés affirment qu'ils adoptent la téléphonie mobile pour la « rapidité » qu'elle procure. Ils peuvent ainsi payer les factures sans perdre plus du temps. Les opérations financières dans les kiosques Orange se font dans moins de cinq minutes. Le gain de temps qu'offre le téléphone mobile motive les personnes à adopter la technologie. Certains interrogés avancent l'idée de la « sécurité » pour expliquer l'adoption de la téléphonie mobile. Au lieu de détenir l'argent liquide, ils le conservent sur son compte mobile. L'intéressé peut récupérer sa puce téléphonique en toute sécurité avec son argent dans son compte au cas même du vol ou de la perte du téléphone.

Les entretiens que nous avons effectués ont confirmé l'importance de certains facteurs d'adoption de la technologie que la littérature spécialisée évoque. À cet égard, les facteurs tels que l'avantage perçu, les conditions facilitatrices, la rapidité et la facilité d'emploi semblent être particulièrement adaptés à l'adoption des SFM. Des variables plus spécifiques aux SFM se révèlent à l'issue des entretiens. À cet égard, nous pouvons indiquer la proximité avec les opérateurs des services financiers, la sécurité et surtout le gain perçu comme forme évoluée du facteur coût déjà évoqué dans la littérature.

La « proximité » à laquelle certains répondants font allusion signifie notamment les kiosques « Orange Money », installés massivement dans les quartiers et les carrefours des grandes villes du Sénégal. Cette attitude confirme les résultats selon lesquels, les populations des zones rurales sont exclues du système financier formel à cause de l'absence des institutions financières ou de l'éloignement des agences financières.

Dans le même esprit, certains répondants avancent les « conditions facilitatrices » que procure le téléphone mobile pour effectuer toutes sortes d'opérations financières à partir de chez eux, sans être obligés de se rendre à l'agence. Même pour les bancarisés et les personnes à revenu élevé, la commodité d'accès aux services financiers est l'un des éléments fondamentaux d'adoption du téléphone mobile.

La « facilité d'utilisation » est un argument naturel pour les répondants qui ont déjà adopté et utilisé le téléphone mobile pour des raisons communicationnelles. Aussi, l'utiliser pour des services financiers ne demande pas d'efforts d'apprentissage supplémentaires même pour les utilisateurs illettrés. Par ailleurs, il n'existe presque pas de formalités administratives. Le solde minimal de dépôt du compte mobile est de 500 francs CFA et l'ouverture du compte est gratuite. Ce qui est à la portée des non-bancarisés pauvres et moins pauvres.

Ce sont les non-bancarisés qui se sont plus imprégnés de la technologie mobile, notamment pour les besoins de transferts et de paiements quotidiens. Il ressort de l'analyse que l'âge modère l'utilisation des SFM. En effet, les jeunes de 18 ans à 35 ans sont souvent étudiant-célibataires ou non-étudiants, mais n'ayant pas de responsabilité en termes de charge familiale, n'adoptent la technologie que pour des fins purement communicationnelles. Alors que les responsables de ménage ont besoin des comptes mobiles pour les transferts d'argent auprès des familles habitant dans une région autre que celle des responsables de ménage. Ces derniers utilisent aussi la technologie pour les paiements des dépenses familiales telles que les factures d'eau, d'électricité, de téléphone et les achats dans les supermarchés.

4. Discussion sur l'attitude du non-bancarisé envers les SFM

Nos résultats indiquent que l'utilité perçue et la facilité d'utilisation sont les premières motivations des adoptants de la téléphonie mobile en vue d'avoir accès aux services financiers. Plusieurs répondants mentionnent le mot « permet », ce qui signifie « l'utilité » qu'offre le téléphone mobile. Les gens avaient besoin de faire des dépôts à des petits montants, des retraits en fonction de leurs besoins (payer le taxi, payer le bus, acheter du crédit, payer des factures), transférer de l'argent à un parent ou un ami à des montants allant de 2 000 à 1 500 000 F CFA (montant plafond des comptes mobiles), etc.

De plus, les adoptants du mobile réalisent qu'ils fournissent moins d'effort physique et mental pour effectuer certaines opérations financières. Ce résultat confirme la théorie TAM (Davis, 1986) sur l'utilité perçue et la facilité d'utilisation perçue. Ceci corrobore avec les résultats obtenus par Laetitia (2013) sur les facteurs qui influencent l'adoption des paiements mobiles.

Nos résultats indiquent aussi que l'avantage relatif, c'est-à-dire le gain perçu, et la compatibilité sont des variables déterminantes de l'attitude des utilisateurs des SFM. Selon la théorie de la diffusion de l'innovation développée par Rogers (1983), l'avantage relatif, c'est-à-dire le degré auquel une technologie est perçue comme étant meilleure par rapport à la précédente, et la compatibilité, c'est-à-dire le degré dans lequel une technologie est jugée répondre aux besoins des utilisateurs, influencent l'attitude des utilisateurs. Plusieurs répondants ont mentionné le terme « bonus » et « gain » qui représentent les avantages relatifs qu'obtient l'utilisateur en adoptant le téléphone mobile.

La première motivation de beaucoup de nos répondants jeunes a été le bonus. En l'adoptant, pour le bonus, ils l'utilisent plantards pour d'autres besoins à la demande de leurs parents, de leurs connaissances.

La facilité d'utilisation est le deuxième facteur que les répondants citent en importance. Étant donné que le mobile est facilement maniable par la plupart des utilisateurs et même par les illettrés, les adoptants ne trouvent pas de difficulté à accéder les services financiers sur leurs téléphones mobiles. Beaucoup de répondants ont souligné la simplicité avec laquelle ils effectuent leurs opérations financières. Ce résultat corrobore avec la théorie TAM de Davis (1986).

La rapidité et la mobiquité influencent également l'attitude des bancarisés et non-bancarisés à l'égard des SFM. Le gain de temps et la disponibilité indépendants du lieu et du temps sont significatifs. Ces déterminants intrinsèques au téléphone mobile expliquent aussi l'adoption de la technologie même par les bancarisés. Ce résultat corrobore l'importance de la rapidité et la mobiquité comme variables caractéristiques du paiement mobile que Laetitia avait identifié. Cependant, l'interopérabilité semble ne pas avoir d'influence sur l'attitude des adoptants du mobile. Ce fait peut s'expliquer par le monopole qu'a l'opérateur mobile « Orange » qui détient plus de la moitié des abonnés en téléphone mobile au Sénégal et qui nous avons choisi pour nos entretiens.

L'attitude qui n'est pas prise en compte par les théories d'adoption et d'acceptation de la technologie en vue d'avoir accès aux services financiers, mais qui s'avère déterminante dans le cadre de notre étude, est la sécurité. Beaucoup de répondants estiment qu'avec le mobile ils sont plus en sécurité. Cette sécurité a une double signification : sécurité du point de vue du grand banditisme qui se développe dans les centres urbains à cause de la pauvreté et des inégalités ; la deuxième signification est que le mobile les sécurise du côté du fournisseur qui n'a pas accès aux données de leurs comptes grâce aux codes de secret associé. Ces confidentialités et discrétions qu'offre le mobile ont été signalées par les répondants.

Les motivations qui déterminent les attitudes des non-bancarisés se résument dans les facteurs endogènes au téléphone mobile tels que la facilité d'utilisation, les conditions facilitatrices, la rapidité et la sécurité, et les facteurs exogènes comme l'utilité perçue.

Conclusion

Le point de départ de ce travail de recherche est un constat : le nombre de personnes ayant un compte bancaire a augmenté de 700 millions dans le monde entre 2011 et 2014. Toutefois, l'objectif de l'accès universel aux services financiers de la Banque mondiale à l'horizon de 2020 est loin d'être atteint ; car la moitié des adultes est encore sans compte bancaire dans le monde. La situation est pire en Afrique subsaharienne et plus précisément dans la zone UEMOA où la majeure partie de la population est exclue des services financiers formels (63,5% en 2014 selon la BCEAO). L'inclusion financière de la population non-bancarisée par la technologie mobile a motivé notre recherche dans ce papier.

Partant du constat de l'impact positif que la téléphonie mobile peut avoir sur les trois causes de non-bancarisation liées à l'offre, à la demande et à l'environnement institutionnel, nous avons examiné la pertinence des modèles de l'adoption de la technologie pour mieux comprendre l'attitude des non-bancarisés à l'égard des services financiers mobiles.

La pertinence de plusieurs facteurs évoqués dans ces modèles tels que l'utilité perçue, la facilité d'utilisation, les conditions facilitatrices et la rapidité s'est vérifiée dans notre enquête. Toutefois, l'ordre d'importance de ces facteurs que nous avons découvert dans le processus particulier de l'adoption des SFM semble être un résultat phare de cette recherche. Par ailleurs, nous avons trouvé l'importance de la sécurité dans l'attitude de l'adoptant des SFM. L'attitude envers la sécurité est un élément important qui n'existe pas dans les modèles de l'adoption de la technologie étudiés.

Ces résultats montrent que le succès des services financiers mobiles en Afrique offre des perspectives prometteuses en matière de distribution de services financiers aux non-bancarisés. Cette perspective est certainement valable pour d'autres pays en développement. Pour ce, notre principale recommandation est la simplification des formalités administratives qui permettent à tout détenteur du téléphone mobile d'ouvrir un compte aux frais modestes. Du côté des banques commerciales, le développement de partenariat avec les ORM pourrait contribuer également au succès des SFM.

Cette recherche à dominante qualitative peut donner lieu à une recherche quantitative qui mesurerait et vérifierait nos résultats auprès d'une population représentative plus large dans la zone UEMOA, en Afrique ou dans toute région à forte population non-bancarisée. À cet égard, une analyse de l'effet du revenu sur l'adoption de la technologie mobile en vue d'avoir accès aux services financiers pourrait être menée afin d'une part d'identifier les préférences des utilisateurs et d'autre part de développer des produits financiers mobiles spécifiés et adaptés.

Références bibliographiques

Ajzen, I. (1991). The theory of planned behavior. *Organizational Behavior and Human Decision Processes*, *50*(2), 179 - 211. Téléchargement le 4 janvier 2018 : http://citeseerx.ist.psu.edu/viewdoc/download?doi=10.1.1.317.9673&rep=rep1&type=pdf

Ajzen, I., & Fishbein, M. (1977). Attitude-behavior relations: A theoretical analysis and review of empirical research. *Psychological Bulletin*, 84(5), 888. Téléchargement le 4 janvier 2018 : http://citeseerx.ist.psu.edu/viewdoc/download?doi=10.1.1.477.1021&rep=rep1&type=pdf

Assadi D et Cudi A. (2011), « Le potentiel d'inclusion financière du 'Mobile Banking'. Une étude exploratoire ». *Management & Avenir*, n°46, p.227 - 243. DOI : 10.3917/mav.046.0227

Banque Centrale des États d'Afrique de l'Ouest. « Promotion de l'inclusion financière : rôle des Banques Centrales ». *Revue économique et Monétaire*, BCEAO, n°16, pp. 31-43.

Banque Centrale des États de l'Afrique de l'Ouest. « Rapport des services financiers via la téléphonie mobile dans l'UEMOA », [en ligne], [2014], disponible sur, http://www.bceao.int/Rapport-annuel-sur-les-services.html

Brangier, E., Hammes-Adelé, S., et Bastien, J. M. (2010). Analyse critique des approches de l'acceptation des technologies : de l'utilisabilité à la symbiose humaine - technologie - organisation. *Revue européenne de psychologie appliquée/European Review of Applied Psychology*, 60(2) : 129-146.

Brown, S. A., & Venkatesh, V. (2005). Model of adoption of technology in households: A baseline model test and extension incorporating household life cycle. *MIS quarterly*, pp. 399-426.

Chala A, Aparna D, Goland T, Gonzalez MJ, Morduch J, Schiff R (2009). *Half the world is unbanked. Financial Access Initiative* (FAI). Framing Note, October 2009.

Davis, D. D. (1986). *Managing Technological Innovation.* Jossey-Bass Inc Pub.

Davis, F. D. (1989). Perceived usefulness, perceived ease of use, and user acceptance of information technology. *MIS Quarterly*, septembre, p. 319-340.

Davis, F. D., Bagozzi, R. P., et Warshaw, P. R. (1989). User acceptance of computer technology: a comparison of two theoretical models. *Management Science*, *35*(8), pp. 982-1003.

Des Garets, V., Paquerot, M., et Sueur, I. (2009). L'approche relationnelle dans les banques. *Revue française de gestion*, (1), pp. 123-138.

Dodds, W. B., Monroe, K. B., et Grewal, D. (1991). Effects of price, brand, and store information on buyers' product evaluations. *Journal of Marketing Research*, pp. 307-319.

Financial Access Survey, « Fonds monétaire international », (consulté le 03 décembre 2015), http://data.imf.org/?sk=E5DCAB7E-A5CA-4892-A6EA-598B5463A34C&sid=1390030341854&ss=1411651899655

Fishbein, M.A., Ajzen, I. (1975). Belief, Attitude, Intention and Behavior: an introduction to Theory and Research, Reading, MA, Addison Wesley. Téléchargement le 4 janvier 2018, http://people.umass.edu/aizen/f&a1975.html

Global Findex. « Banque Mondiale » (consulté le 15 avril 2015), disponible sur http://data.worldbank.org/data-catalog/financial_inclusion

Hartwick, J., Barki, H. (1994). Explaining the role of user participation in information system use. *Management Science*, *40*(4), pp. 440-465.

Hsu, C. L. & Lin, J. C. C. (2015). What drives purchase intention for paid mobile apps? – An expectation confirmation model with perceived value. *Electronic Commerce Research and Applications*, *14*(1), 46-57.

Hu, P. J., Chau, P. Y. (1999). Physician Acceptance of Telemedicine Technology: an Empirical Investigation. *Topics in Health information management*, *19*(4), 20-35.

Kim, E., Lin, J. S. & Sung, Y. (2013). To app or not to app: Engaging consumers via branded mobile apps. *Journal of Interactive Advertising*, *13*(1), 53-65.

Kim, S. C., Yoon, D. & Han, E. K. (2016). Antecedents of mobile app usage among smartphone users. *Journal of Marketing Communications*, *22*(6), 653-670.

Le Nagard-Assayag, E., & Manceau, D. (2011). *Le marketing de l'innovation : De la création au lancement de nouveaux produits*. 2e éd. Dunod.

Limayem, M., Hirt, S. G., & Cheung, C. M. (2007). How habit limits the predictive power of intention: The case of information systems continuance. *MIS quarterly*, 705-737.

Malhotra, Y. & Galletta, D. F. (1999, January). Extending the technology acceptance model to account for social influence: Theoretical bases and empirical validation. In *Systems sciences, 1999. HICSS - 32. Proceedings of the 32nd annual Hawaii international conference on* IEEE.

Moore G. (2006, revised). *Crossing the Chasm: Marketing and Selling Disruptive Products to Mainstream Customers*. Harper Business.

Rogers, E. M. (2003). *Diffusion of innovations*. Free Press; fifth edition.

Rogers, E. M. & Shoemaker, F. (1983). Diffusion of innovation: A cross-cultural approach. *New York*.

Romelaer P. (2005). « Chapitre 4. L'entretien de recherche », *Management des ressources humaines*, De Boeck Supérieur « Méthodes & Recherches », pp. 101-137.

Taylor, S., & Todd, P. A. (1995). Understanding Information Technology Usage: A test of Competing Models. *Information Systems Research*, *6*(2), 144-176.

Truong, Y., Klink, R. R., Fort-Rioche, L., & Athaide, G. A. (2014). Consumer Response to Product Form in Technology-Based Industries. *Journal of Product Innovation Management*, 31(4), 867-876.

Venkatesh, V., Morris, M. G., Davis, G. B., & Davis, F. D. (2003). User acceptance of information technology: Toward a unified view. *MIS quarterly*, 425-478.

Venkatesh, V., Thong, J. Y. & Xu, X. (2012). Consumer acceptance and use of information technology: extending the unified theory of acceptance and use of technology.

Villasenor, J. D, Darrell M. West, Robin J Lewis (2015). « The 2015 Brookings Financial and Digital Inclusion Project Report » [en ligne], disponible sur : https://www.brookings.edu/press/.

CHAPITRE 6.

Difficultés de faire de la Blockchain un levier d'inclusion financière

Mimoun BENALI

Université Sidi Mohamed Ben Abdellah, ENCG-Fès

Abdelhamid EL BOUHADI

Université Sidi Mohamed Ben Abdellah, ENCG-Fès

Fayçal MESSAOUDI

Université Sidi Mohamed Ben Abdellah, ENCG-Fès

« *Une chose qui manque est un système de paiement sécurisé qui permettra de transférer des fonds d'une personne A à une personne B sans qu'ils se connaissent. De la même façon que je vous tends un billet de 20$* ».

Milton Friedman (1912 - 2006)

« *La Blockchain invalide tout pouvoir économique, politique ou social issu d'une mainmise technique (ou régulation) sans valeur ajoutée perceptible par l'utilisateur* ».

Guillaume Buffet (2016 - ...)

Nous vivons aujourd'hui dans un monde qui avance à une vitesse fulgurante en matière de technologie informatique, cybernétique et logicielle. Nous concevons des systèmes et des processus digitaux collaboratifs actifs, efficaces et rapides, ceux basés notamment sur le « big data » en tant que ressource cumulative, devenant de plus en plus intarissables. Comme le note justement Guillaume Buffet :

« Cette innovation théorique va de pair avec une augmentation exponentielle de la puissance de calcul informatique associée à la disponibilité de ces unités de calcul (Cloud computing). La cryptographie à disposition de tous et virtuellement « incassable » est née »[123].

Historiquement, en 1976, deux chercheurs américains Whitfield Diffie et Martin Hellman inventent le concept qui révolutionnera le monde numérique, celui de double-clef « public privé » qui permet l'échange d'informations de manière cryptée et asymétrique sans faire appel à un quelque codage ou mot de passe que ce soit. Cette innovation constitue la genèse de la technologie Blockchain.

En 1990 sont nés, dans les laboratoires du CERN, le réseau distribué du web et le langage de balisage HTML, utilisés pour la création de pages web, et qui permettent, en sécurité infaillible, de définir des liens hypertextes.

En ce sens, la cryptographie et les architectures distribuées vont jouer rapidement une sorte de « pair » de confiance. C'est cette « pair » de confiance qui va être à l'origine de la constitution d'une couche technologique appelée « Blockchain » et qui va former ensuite le support numérique et logiciel du « Bitcoin ».

Comme le note, à juste titre, Marc Andreessen (2014), figure emblématique du monde digital et gourou financier de la Silicon Valley, « *Software Is Eating The World* ». C'est dans cette optique que depuis cinq dernières années, le grand sujet, celui qui coule et va faire couler beaucoup d'encre, est celui relatif à la technologie « Blockchain » (ou la chaîne de blocs). La « Blockchain » ne concerne

---

[123] Buffet G. (sous-direction), *Comprendre la Blockchain*, Livre blanc édité en Janvier 2016 par U Change. https://www.finyear.com/attachment/648901/ (25/04/2019).

pas seulement les cryptomonnaies, mais aussi les « *smart contracts* », les applications décentralisées et bien plus d'autres domaines économiques, commerciaux, financiers, médicaux, politiques (système de vote), sociologiques (identification numérique des personnes).

Cette technologie de « Blockchain » pourrait éventuellement occasionner des retentissements spectaculaires non seulement médiatiques, mais aussi réels d'un point de vue de l'impact technique, économique, financier, commercial et social (économie et finance collaboratives[124]).

D'un point de vue qui nous intéresse ici, dans cette recherche, la technologie « Blockchain » semble promettre un changement majeur pour les marchés de capitaux et d'autres services financiers. Ses effets pourraient éventuellement être comparables aux effets engendrés par la technologie Internet, ou ceux des systèmes de paiement et de compensation ou ceux encore de l'ordinateur PC.

La « blockchain » résume le processus de stockage de l'information, de préserver cette dernière sans modification, d'y accéder et d'intégrer de nouvelles informations qui deviennent infalsifiables. En une phrase, il s'agit d'une « application notariale » liée à la mise en place et à la tenue d'un registre de stockage et de production transparent, décentralisé, distribué, automatisé, fiable et efficace. Elle permet de transmettre des informations, regroupées en « chaînes de blocs », avec un degré élevé de sécurité, grâce à des méthodes de cryptage et à des protocoles de transmission.

En finance, la chaîne de blocs est vue comme une solution technologique entièrement décentralisée dont la finalité est de transformer les services financiers dans la perspective d'optimiser les activités financières sans intermédiaires ou « tiers de confiance ». Elle permet la transparence, la traçabilité, la certification et la sécurité des transactions, des échanges, d'identification des processus, de stockage, de transmission de données et des valeurs, etc.

[124] « Ouishare » est un cas d'école à consulter et à étudier, voir en plus de détails, https://www.ouishare.net/

La technologie « blockchain » pourra fonctionner sans le recours à des systèmes de garantie (celui en particulier de garantie de bonne fin) des transactions dans le cadre de processus règlement-livraison des actifs monétaires et financiers. C'est ce qu'on pourra résumer dans le pouvoir catalyseur que possède la technologie « blockchain » à faire converger cette approche disruptive de nos organisations sociales.

Il est néanmoins important de noter qu'un certain interfaçage entre le « physique » (le monde réel) et le virtuel (l'électronique ou le monde numérique) n'est pas facile à mettre en application. Des embûches techniques, juridiques, politiques, sociales et économiques sont présentes. Des dérapages éthiques et moraux ne peuvent être dépassés et écartés d'un revers de main.

Il faut aussi noter que les processus et les plateformes informatiques et électroniques des Blockchains sont amplement consommatrices de l'électricité et de l'énergie en général.

La révolution dite « blockchain » est sortie au-devant de la scène par la conception numérique d'une monnaie alternative, d'une célèbre cryptomonnaie, appelée « Bitcoin » qui a été émise et soutenue non pas par une autorité centrale, avec un « pouvoir légal » et un cours plus ou moins « forcé », mais par un consensus automatisé, décentralisé, généré en réseau par le recours parmi les utilisateurs de la « blockchain » à des algorithmes mathématiques et informatiques complexes avec une puissance de calcul énorme.

Deux visions sont en train de se construire autour de la technologie « blockchain » : une vision qui repose sur les atouts de la blockchain comme une technologie numérique fascinante et prometteuse et comme une innovation disruptive ; et une vision la considérant comme une technologie à réputation sulfureuse présentant autant de lacunes que de risques.

La technologie « blockchain » demeure une technologie intéressante et surtout démocratique et transparente et qui pourrait éventuellement être préservée par la mise en place des garde-fous de cryptage décentralisé, avec une autorité du contrôle, elle aussi décentralisée. Elle fonctionnera bien et mieux pour des chaînes locales et restreintes, dans des domaines divers. Lorsque la « blockchain » touche à la création monétaire, qui est du ressort de la banque, cela aboutira forcément à des réticences en matière du pouvoir de décision. Le pouvoir monétaire ou plutôt de création monétaire ne pourrait être privatisé au sens de décentraliser son acte. L'acte de décision privée, décentralisée, volontaire, discrétionnaire, appartenant à l'ordre naturel, assorti d'une liberté de création monétaire perturbera le système socio-économique et politique en place, car il va changer les relations sociales et politiques des individus dans la mesure où la superstructure sociale, idéologique et politique se disloquera petit à petit. Cela donnera visiblement un pouvoir plus abstrait encore et surtout diffus, parcellisé et insaisissable, mais plus démocratique pour la société, car il sera fondé sur des systèmes locaux de création de richesse, avec un meilleur contrôle et une meilleure répartition.

Elle pourra, en revanche, occasionner un manque d'efficacité en matière économique ; car elle est fondée sur une certaine autarcie, insuffisante à suivre le mouvement de création de valeur à l'échelle mondiale.

Les cryptomonnaies ont fait, font et feront l'objet d'une large spéculation, voire même d'attaques spéculatives. C'est leur voie qu'on leur a économiquement et financièrement assignée. Une sorte de fatalisme politique à leur égard. Ces attaques spéculatives se cristallisent davantage sur le bitcoin, considéré comme la monnaie virtuelle la plus intéressante d'entre toutes. Des sommes astronomiques ont été levées sous les appels ICO (*Initial Coin Offering*), effectués avec une efficacité et une rapidité sans précédent dans l'histoire des financements sur Internet, sur la base de documentations (procédures d'émission, note d'information, système du contrôle, syndicat de placement, etc.) très éloignées de celles prévalant dans le monde des actifs financiers ordinaires.

Plus de 1500 cryptomonnaies dénombrées en 2018 (les plus importantes selon la capitalisation sont le Bitcoin, Ethereum, Ripple, Dash, etc.).

Les cryptomonnaies représentent l'équivalent de plus de 330 milliards d'euros, dont 44% pour le Bitcoin et 21% pour Ethereum. Elles représentent 7,5% de la masse monétaire (M1) de l'Euro en circulation. En 2017, les Startups absorbent via les ICO cinq fois plus de fonds que le financement par les IPO. Il faut par contre noter que le marché des cryptomonnaies est très volatil (des fluctuations atteignant parfois plus de 30% dans la journée).

1. Les origines de la « Blockchain »

En 2008, Satoshi Nakamoto, invente la monnaie cryptographique « Bitcoin ». Il publie à cet effet son article « Bitcoin : A Peer-to-Peer Electronic Cash System » dans lequel il expose :

« *Une version d'un système de paiement purement pair-à-pair qui permettrait des paiements en ligne directs d'une partie à l'autre sans passer par une institution financière [ni chambre de compensation]. Les signatures digitales fournissent une partie de la solution, mais les principaux bénéfices sont perdus si un tiers de confiance est encore nécessaire* »[125].

Satoshi Nakamoto expose en effet une solution au problème de la double-dépense ou double-paiement ou encore « Généraux Byzantins » (venant des deux parties de transaction, reliées par un tiers de confiance jouant le rôle de clearing « compensateur » dont l'action dépend d'une autorité centrale de régulation, elle-même guidée par un système de réseau « bancaire, financier et monétaire ») en utilisant un réseau pair-à-pair.

Selon la procédure imaginée par Satoshi Nakamoto,

« *Le réseau horodate les transactions en les hachant en une chaîne continue de preuves de travail, formant un enregistrement de données qui ne peut pas être changé sans avoir à refaire la preuve de travail. La chaîne la plus longue sert non seulement à prouver la séquence d'événements observés, mais également à prouver qu'elle provient du plus grand pool de ressources processeur (puissance CPU)* »[126].

Tant que la majorité de la puissance du processeur est contrôlée par des nœuds qui ne coopèrent pas pour attaquer le réseau, ils engendreront la plus longue chaîne et surpasseront les attaquants. Le réseau lui-même nécessite une structure minimale. Les messages sont

[125] Nakamoto Satoshi, "Bitcoin: A Peer-to-Peer Electronic Cash System", https://bitcoin.org/bitcoin.pdf? (24/04/2019).
[126] Cité in : https://btcdirect.eu/fr-fr/bitcoin-un-systeme-de-paiement-electronique

diffusés au mieux, et les nœuds peuvent quitter et rejoindre le réseau à leur guise, en acceptant la plus longue chaîne de preuves de travail comme preuve de ce qui s'est passé pendant leur absence.

Le Bitcoin, monnaie complètement et uniquement virtuelle, est créé dans le cadre de ce courant crypto-anarchiste, une philosophie libertarienne qui remonte aux anarchistes du 19e siècle (Owen, Proudhon, etc.) qui prône l'autonomie dans la prise de décision, dans un cadre communautaire avec une quasi-exclusivité du pouvoir donné aux marchés. Les libertariens sont contre les impôts et la fonction redistributive (secondaire) de l'État. En quelque sorte, les utilisateurs de Bitcoin sont à l'abri des autorités qui disposent d'une capacité de saisie des actifs en monnaie fiduciaire.

Bitcoin est un système de paiement alternatif qui se passe d'un tiers de confiance, en utilisant un système de confiance et de sécurité basé sur la multilatéralité, la décentralisation de l'information échangée (la transaction effectuée) et l'anonymat des contrepartistes.

Le Bitcoin est une monnaie virtuelle, fondée sur un modèle économique basé sur la finitude de la masse monétaire à l'image de l'or. Le Bitcoin est un bien rare. Le nombre de jetons de Bitcoin à émettre est plafonné à 21 millions, émis par le réseau au fil du temps.

La question qui se pose réside dans le fait de ne pas le considérer comme une monnaie au sens classique. Si nous faisons un rappel sur la monnaie, celle-ci est passée d'un pouvoir libératoire limité (monnaie-marchandise au sens classique, puis monnaie métallique (or) à valeur intrinsèque) vers une monnaie (fiduciaire) à pouvoir libératoire illimité (monnaie électronique).

D'abord, la monnaie au sens classique remplit plusieurs fonctions : unité de compte ou de mesure de valeur, moyen d'échange et moyen de réserve de valeur (la monnaie désirée ou demandée pour elle-même). Elle assure donc trois principaux motifs au sens de J.M. Keynes, à savoir le motif de transaction, le motif de précaution et le motif de spéculation. Elle assure aussi une quatrième fonction, celle relative au motif de finance. Le Bitcoin pourra assurer toutes ces fonctions, à condition de le généraliser et de l'accepter en tant que moyen de substitution à la monnaie classique.

Cette découverte est historique dans la mesure où elle autorise ce qui était auparavant impossible : deux agents qui ne se connaissent pas peuvent échanger des actifs sans que la transaction doive être sécurisée et validée par une autorité centrale. Le besoin d'une chambre de compensation disparait - une nouvelle désintermédiation. Lorsqu'on lit ces phrases, nous croyons à la magie des phénomènes télépathiques, mais nous nous ne pouvons pas cautionner de tels propos, enthousiastes certes, mais vaguement exposés et que nous considérons complètement erronés.

Il ne faut pas confondre l'identité virtuelle (signature électronique) de l'identité physique. L'adhésion virtuelle n'est pas synonyme d'adhésion identitaire physique ou morale d'un participant au système d'échange décentralisé assuré par la cryptomonnaie Bitcoin.

2. Les applications de la Blockchain

De prime à bord, nous notons qu'il existe plusieurs types de blockchains. Ils ne sont pas uniquement liés aux cryptomonnaies. Ils dépassent largement la sphère des systèmes de paiement et de compensation, réservée au Bitcoin par exemple.

D'une manière générale, les applications de la « Blockchain » sont de deux types majeurs :

- En premier lieu, elles sont de type « notarial ». En d'autres termes, il est fait de ces applications « Blockchain » une tenue d'un registre distribué, appelé « *Ledger* », pour certifier l'authenticité de documents … grâce à un identifiant alpha numérique de 64 caractères dénommé « hash » et sous forme d'une clé cryptographique. Nous pouvons citer comme exemples : contrats, titres de propriété, diplômes, objets d'art, diamants, etc.

- En second lieu, elles ont pour application de coupler la dimension transactionnelle au monde physique. Cela rentre dans ce que l'on appelle l'« Internet de valeur », basé sur le transfert de valeur sur Internet de pair-à-pair sans l'intervention d'un tiers de confiance. Nous donnons comme exemple les paiements en monnaie électronique, titres financiers et transferts de valeurs.

Ils concernent aussi l'exécution automatique des contrats sur la blockchain, s'inscrivant dans le cadre de « *smart contracts* » ou « contrats intelligents ». Le contrat intelligent automatise l'exécution d'un engagement contractuel. Nous citons comme exemple l'assurance « Fizzy », développée par Axa Assurance. Cette assurance verse automatiquement une indemnité en cas de retard d'avion supérieur à deux heures.

Le tableau ci-après donne une présentation assez large des typologies des blockchains et les domaines qu'ils couvrent.

<u>Tableau 1.</u> **Types de blockchain et domaines d'application**

Type de blockchain	Nom	Lecture du registre	Réalisation d'une transaction	Validation	Exemple
Ouverte	Blockchain publique sans permission	Ouverte à tous	N'importe qui	N'importe qui, à condition de réaliser un investissement significatif en puissance de calcul (*proof of work*) ou dans la détention de cryptomonnaie (*proof of stake*)	Bitcoin, Ethereum
	Blockchain publique permissionnée	Ouverte à tous	Participants autorisés	Tout ou partie des participants autorisés	Sovrin
Fermée	Consortium	Restreinte aux participants autorisés	Participants autorisés	Tout ou partie des participants autorisés	Banques opérant un registre partagé
	Privée permissionnée (blockchain d'entreprise)	Totalement privée ou limitée à un ensemble de nœuds autorisés	Limitée à l'opérateur du réseau	Limitée à l'opérateur du réseau	Registre interne à une banque partagé entre des filiales

Source : Global Blockchain Benchmarking study, Dr Garrick Hileman et Michel Rauchs, 2017

Nom	Contenu	Accès	Identité	Validation	Incitation
Bitcoin	Transactions monétaires	Ouvert à tous (public)	Pseudonyme	Preuve de travail	Génération de nouveaux bitcoins et ajustement de la difficulté de la preuve de travail;
Ethereum	Transactions, *smart contracts*	Ouvert à tous (public)	Pseudonyme	Preuve de travail – en transition vers un modèle de preuve de participation	rémunération en éther. Consommation de gaz en fonction de la quantité de calcul distribué pour exécuter les *smart contracts*
Ripple	Transactions financières	Restreint au monde financier. Publicité des informations de transaction mais pas des informations de paiement	Identité réelle	Vote sur la correction des transactions entre les validateurs (avec un seuil de 80 %)	Monnaie associée XRP (Ripples)

Source: adapté de Berbain C. (2017), « La Blockchain : concept, technologies, acteurs et usages », in Réalités industrielles, *août.*

Source : Rapport de France Stratégie, *Les enjeux des blockchains*, rapport du groupe de travail présidé par Joëlle TOLEDANO, juin 2018, p. 24.

3. Fonctionnement du système de « Blockchain » : le Bitcoin comme exemple

La création d'une cryptomonnaie rémunère les coûts d'infrastructures. Aujourd'hui, les services en ligne (réseaux sociaux, paiement, hébergement, etc.) sont adossés à des plateformes qui assument les besoins d'infrastructure. Dans le cas de Blockchain, la puissance de calcul (hash/seconde) et l'espace d'hébergement sont fournis par les nœuds du réseau eux-mêmes. L'investissement matériel, la puissance de calcul et l'espace de stockage consommés par le « *mining* » sont compensés par l'émission de bitcoins (ou autres cryptomonnaies).

Le bitcoin est avant tout un système de paiement, par définition décentralisé, basé sur un logiciel open source dont le code est visible et modifiable par tous. Il est aussi une monnaie, mais pas comme les autres. Elle est basée sur le principe de « minage » électronique[127].

Cette monnaie n'a pas de cours légal et elle n'a pas de cours forcé. Elle ne représente pas un pouvoir « légal ». Cette monnaie ne représente pas un appareil politique et idéologique sous une représentation politique, celle issue des élections de démocratie libérale ou une autorité supranationale comme l'autorité de la BCE par exemple.

Selon la définition de son créateur, Satoshi Nakamoto, Bitcoin est « *un système de monnaie électronique entièrement de personne à personne [pair-à-pair] permettant d'effectuer des paiements en ligne, sans passer par une institution financière* ».

---

[127] Le minage est l'action de validation des informations inscrites sur une blockchain selon un mécanisme de consensus distribué. Ce mécanisme fonctionne par la preuve de travail (Proof of Work = PoW) dont fait preuve les « mineurs » ou « miners », qui sont les utilisateurs des nœuds du réseau, lors de leur activité de minage ou « mining ». Plusieurs transactions sont regroupées dans un bloc et les utilisateurs doivent justifier qu'ils possèdent des jetons de Bitcoin ou des cryptomonnaies pour pouvoir valider un bloc supplémentaire de la chaîne. Tous les utilisateurs ont par la suite accès au bloc validé et ajouté à la chaine. Le minage est une opération collective produisant un consensus sur la validité ou non d'une transaction. Cependant, c'est une activité très couteuse, le minage consomme trop d'électricité.
Le minage c'est aussi l'acte de création monétaire. Chaque validation est rémunérée par quelques milli-centimes de cryptomonnaie : c'est le mécanisme de création monétaire des cryptomonnaies sur une blockchain. Puisque la PoW est très consommatrice de l'énergie du fait du processus de vérification un peu long qu'elle impose, une autre méthode de validation des blocs est née. Il s'agit de la preuve d'intérêt ou d'enjeu (Proof-of-Stake = PoS), qui est basée sur les avoirs de l'utilisateur. La PoS est généralement équivalente à un pourcentage de création monétaire.
En contrepartie de leur activité de minage, les mineurs remportent des jetons (ou tokens) qui sont des unités de base d'une blockchain facilement transférables et qui deviennent une preuve de propriété. Un jeton est possédé sur un compte, une adresse au sein du système (par exemple, le jeton de la blockchain bitcoin est le Bitcoin). De plus, il est possible d'adosser des informations à des tokens et de les utiliser au-delà d'application monétaires : un titre de propriété, un bulletin de vote, une preuve d'antériorité, etc. Un moyen d'affecter une valeur spécifique à un token est la coloration de coins : des tokens taggés (colorés) qui seront comme un sous-sytème monétaire au sein d'une blockchain. Cela peut servir à émettre et gérer des actions pour un moindre coût, le site Coinprism permet de tester cette fonction assez facilement. Les tokens sont l'unité transactionnelle et informationnelle sur une blockchain.

C'est aussi un « actif monétaire » ou une « devise de spéculation !» comme pourrait l'être toute devise sur les marchés internationaux. La seule différence avec les devises-clés ou les devises tout court, c'est que le Bitcoin ne représente pas un pouvoir régulateur qui pourrait adapter ou assouplir ou rigidifier l'offre et la demande sur cette monnaie, dans un marché de change (le FOREX par exemple). De plus, le Bitcoin n'est pas ou peu adossé à la sphère réelle. Le système de production ne dépend pas de lui comme le peut l'être ce dernier par rapport à une monnaie classique. L'idée de Bitcoin est géniale, car elle copie, elle imite, à la lettre, le système de création monétaire classique lorsque celui-ci met en œuvre un processus de création (crédit à l'économie) « *ex nihilo* ». Comme le Bitcoin ne pourra fonctionner correctement s'il procédait par seigneuriage ou par planche à billets (car on ne peut créer tant qu'on voudra de Bitcoin), on voulait simplement restreindre sa fabrication. Mais l'essence de cette cryptomonnaie (comme toutes les autres) se cale sur le principe de « ex nihilo », dit « tronqué ». Logiquement, il pourra faire l'objet de la spéculation qui donnera lieu à une volatilité excessive pour deux raisons essentielles : sa rareté, mais aussi parce qu'il n'est pas une monnaie de production et ne pourra l'être techniquement, dans les conditions actuelles. Une monnaie de production ne pourra jamais avoir comme caractéristique sa finitude. Le bitcoin ne pourra, non plus, être une monnaie abondante, car sa création est décentralisée : tout le monde pourra créer des « Bitcoins », et en grande quantité. Cela concourra fatalement à sa disparition. Des milliers de monnaies sont disparues. Entre les deux, c'est-à-dire une monnaie qui répondra dans des proportions définies selon des principes monétaristes du contrôle et surtout de progression de l'agrégat (un seul agrégat : M1) ne pourra, non plus, fonctionner qu'à condition d'avoir un système de régulation décentralisé, s'orientant vers la mutualisation des gains, en faveur de l'ensemble des participants, suivant leur effort à fabriquer les Bitcoins suivant une méthode algorithmique, elle aussi décentralisée. Lorsque le Bitcoin passe d'une monnaie d'échange vers une monnaie épousant la fonction de finance, son existence dépendra de l'intérêt qu'elle produit dans le temps. Le taux d'intérêt, lié à n'importe quelle monnaie, qu'elle soit « classique » ou « cryptographique », est une norme sociale avant toute chose. Comment se déterminera ? C'est la grande question qui se pose et se posera. Nous savons que ce n'est pas l'offre et la demande qui déterminera le prix de Bitcoin, car jamais le taux d'intérêt à long ne dépendait de l'offre et de la demande. Le taux d'intérêt dépend, en réalité, des perspectives de création de richesses économiques, techniques, politiques, sociales et culturelles utiles ou quasi utiles au développement de l'humanité. Donc logiquement la monnaie devait être, dans ce cas, créée à partir de rien. Donc le taux d'intérêt dépendra des cash-flows futurs générés par les projets.

Techniquement, dans le cadre du système « Bitcoin », c'est un réseau de milliers d'ordinateurs qui remplace la banque comme intermédiaire de confiance. Il s'agit donc d'un système décentralisé. Ici, le Bitcoin assure sa fonction en tant que moyen d'échange et la plateforme « Blockchain » en tant que système de compensation décentralisé, multilatéral (logique de consensus) et assurant l'anonymat à ses participants. L'anonymat est complet dans la mesure où le système de paiement identifie, au sein du réseau Bitcoin, les utilisateurs en leur attribuant des pseudonymes. Ce qui donne quelque chose comme ceci : Utilisateur #001 règle ou paie 0,008 bitcoin à Utilisateur #007. Il faut savoir en outre que le réseau est complètement indépendant, gratuit (absence de frais de transaction relatifs à la compensation[128]) ; il dispose d'une liberté totale. Bitcoin dispose d'un système de sécurité réputé infaillible. Le Bitcoin ne connaît pas de frontières physiques ; son usage est mondial.

Techniquement, le fonctionnement du « Bitcoin » est visualisé dans le schéma simple suivant :

[128] En fait, les frais de transaction existent pour entretenir le système, mais c'est le participant au réseau qui décide des frais de transaction, sachant que plus ils sont élevés, plus vite l'opération devrait être traitée.

<u>Schéma 1.</u> Fonctionnement d'une Blockchain

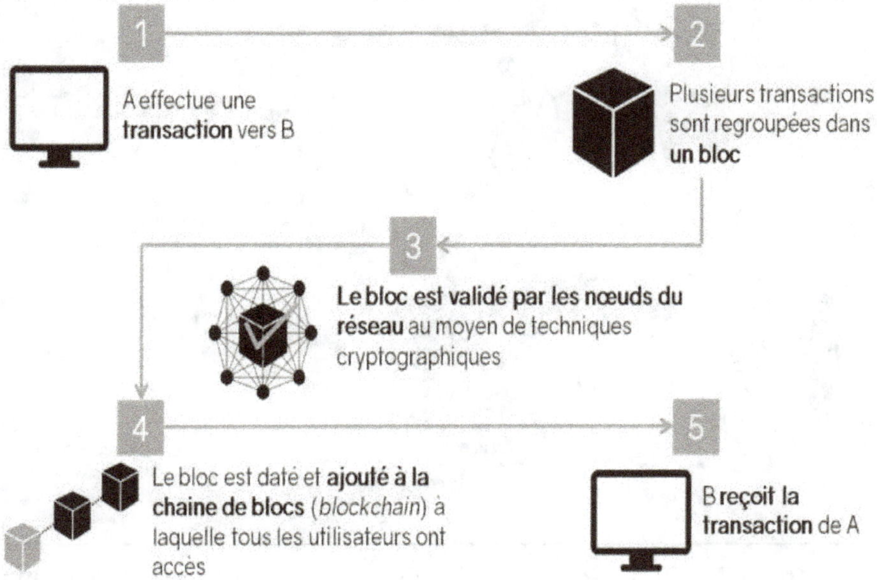

SOURCE : Rapport de France Stratégie, « *enjeux de la blockchain* », juin 2018, p 20.

Plus finement encore, le schéma suivant présente le processus de paiement et son exécution.

<u>Schéma 2.</u> Processus de paiement et de transfert des Bitcoins

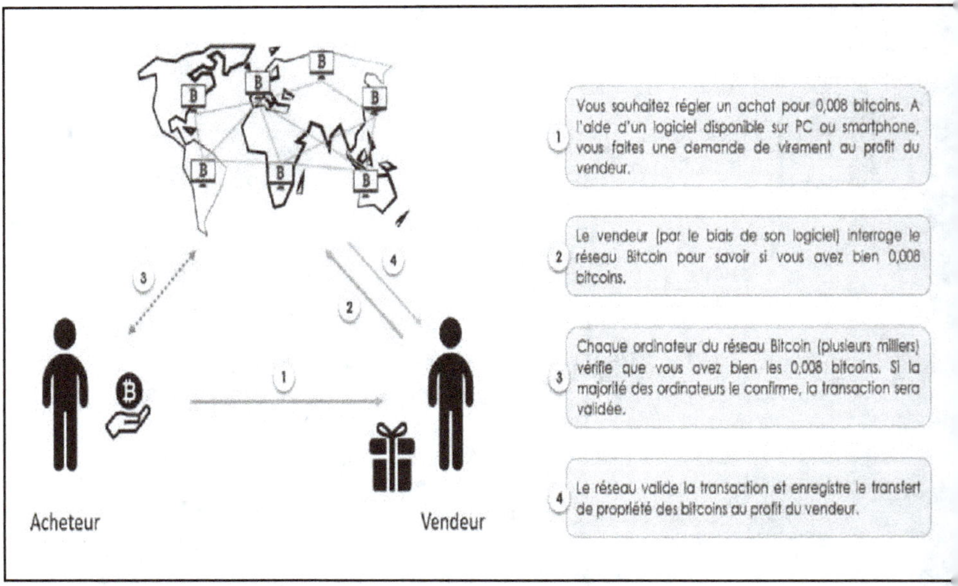

SOURCE **:** Qu'est-ce que le Bitcoin ? GEL, JEpargneEnLigne, https : //www.jepargneenligne.com/crypto - monnaie/quest-ce-que-le-bitcoin/

4. Les enjeux et les limites du système « Blockchain »

Parmi les enjeux du système « Blockchain », celui-ci offre une solution aux fragilités des systèmes centralisés. Il augmente la productivité en limitant les intermédiaires et en automatisant les transactions. Il fluidifie les relations économiques et sociales ; il réduit la défiance dont souffrent les institutions économiques et politiques actuelles. Il assure une transparence intégrale et une efficacité totale[129].

À l'instar de ces enjeux qui défient le monde monétaire et financier aujourd'hui, le système « Blockchain », représenté dans la monnaie cryptographique « Bitcoin », décèle plusieurs limites. Nous les citons dans les points suivants :

[129] Pour plus d'informations les enjeux des blockchains, veuillez consulter le rapport de France stratégie, juin 2018.

- La transaction utilisant la cryptographie (système de Blockchain) se caractérise par son irréversibilité : tout retour en arrière est impossible, une fois que le système d'exécution est enclenché.

- Une transaction (celle utilisant le bitcoin par exemple) prend en général 10 minutes pour être effectuée. Mais avec l'augmentation considérable du nombre d'utilisateurs, le réseau est parfois saturé ce qui allonge le délai de traitement… mais également les frais de transaction : si les frais d'un utilisateur sont trop faibles, il risque de ne pas être traité en priorité !

- D'un point de vue technique, on recense un certain nombre de problèmes liés aux protocoles de vérification, de validation et de cryptographie. De même, un problème de scalabilité[130] est posé. La scalabilité reflète la faculté, la capacité matérielle et logicielle d'un produit informatique (i.e. le système d'exploitation) à s'adapter aux fluctuations de la demande en conservant ses fonctionnalités normales initiales.

« *Pour être efficace, un système doit être capable de s'adapter à une forte augmentation de la demande sans que son niveau de performances n'en soit impacté. Il arrive parfois que le succès entraîne des problèmes d'ordre technique qui seront fortement préjudiciables pour le fournisseur de l'application* »[131].

- L'inconvénient lié au « protocole de consensus[132] distribué ». Il se pourrait que le protocole n'aboutisse pas au consensus, par une impossibilité d'exécution, à un moment donné, du protocole ou par une panne technique, celle de serveur par exemple. Il faut donc

---

[130] La scalabilité est associée à la lenteur du système Blockchain. Comparativement à un opérateur de carte bancaire, Visa par exemple, qui peut effectuer jusqu'à 2000 transactions par seconde, la blockchain bitcoin exécute un nombre limité de transactions (7 Bitcoin seulement par seconde).

[131] En plus de détails, voir Ecommercemag.fr, https://www.ecommercemag.fr/Definitions-Glossaire/Scalabilite-245357.htm#6AsVCgkq8aAmdf6l.97 (Glossaire consulté le 27/04/2019).

[132] Selon Larousse 2018, le Consensus se définit comme « *Procédure qui consiste à dégager un accord sans procéder à un vote formel, ce qui évite de faire apparaitre les objections et les abstentions* ».

s'assurer que chaque acteur de la blockchain ait la garantie d'avoir la même information, en toute transparence, et de façon instantanée à la moindre modification de la blockchain, ou encore que le registre reflétant l'état de la blockchain (plus connu sous le nom de Ledger) soit identique pour tous et à tout moment. Aboutir à une efficience informationnelle du réseau à tout moment et en permanence n'est pas une chose acquise. De même, le temps réel ne peut en fait être assuré. Il existe un décalage qui pourrait s'aggraver avec l'afflux de participants aux transactions. Le bouchage ou la saturation du circuit d'échange est une chose qu'il ne faut pas écarter d'un revers de main.

- Un autre problème plus global, mais plus important est lié à la mise en place d'une bonne gouvernance, avec une gestion transparente, démocratique (démocratie participative), efficace et sans frictions, où le système devra fonctionner, d'une manière éthique et équitable.

- Le caractère libertarien de certaines communautés opérant dans le cadre de ces chaînes de blocs laisse apparaitre un certain prisme anti-États, anti-impôts et anti-redistribution. Cela pourra nuire à la fonction humaniste qui incombe à la société et pourra nuire farouchement au bien-fondé des biens collectifs.

- Nous pouvons soulever aussi le problème de l' « Identité numérique » et de l'interfaçage entre le monde numérique et le monde réel.

- Nous pouvons soulever, par ailleurs, les problèmes de consommation de l'énergie (électrique) et de l'externalité environnementale négative qui en découle. Le minage par preuve de travail (PoW) utilisé par Bitcoin est très consommateur d'énergie. La figure ci-contre présente la consommation énergétique du Bitcoin, entre le 5 mars 2018 et le 5 avril 2018.

<u>Figure 1.</u> Consommation énergétique du Bitcoin entre le 5 mars 2018 et le 5 avril 2018.

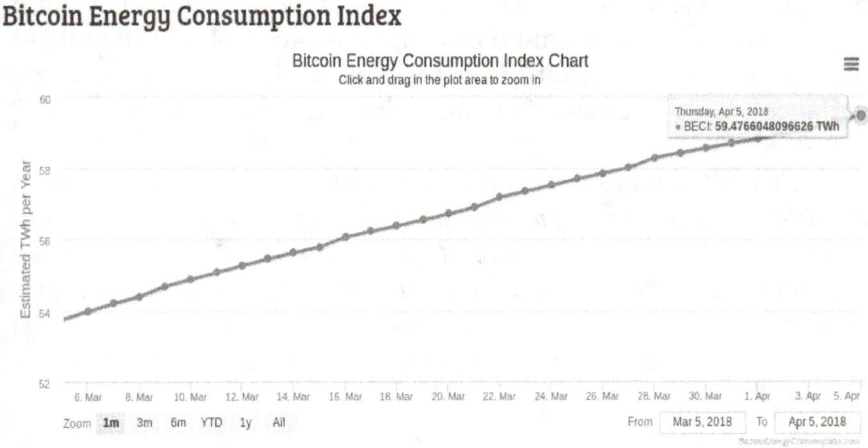

SOURCE : digiconomist.com.

En outre, le site digiconomist.com nous donne accès à des statistiques supplémentaires quant à la consommation énergétique du système Bitcoin au 5 avril 2018 :

- Consommation électrique annuelle actuelle de Bitcoin : 59,48 TWh

- Revenus miniers mondiaux annualisés : 5 315 768 430 $

- Coûts miniers estimés annualisés : 2 973 830 240 $

- Pourcentage de coût actuel : 55,94%

- Pays le plus proche du Bitcoin en matière de consommation d'électricité : Colombie

- Électricité consommée par transaction : 939 KWh

- Consommation d'électricité de Bitcoin en pourcentage de la consommation mondiale d'électricité : 0,27%

- Empreinte carbone totale annuelle : 29,144 kT de CO_2

- Empreinte carbone par transaction : 460,16 kg de CO_2

- De même, il est important de constater que la valeur du Bitcoin est assujettie à une forte spéculation. Le Bitcoin pourrait éventuellement faire l'objet d'attaque spéculative massive, le rendant ce faisant plus volatile et surtout plus fragile. Un autre risque concernant la détention des Bitcoins provient de l'hypothèse du vol. Ce vol pourrait provenir des omissions (manque de vigilance) ou de l'activité de piratage informatique (hacking).

« *En effet, lorsque vous faites un virement, vous devez vous identifier pour prouver au réseau Bitcoin que c'est bien vous qui passez l'ordre de paiement. Cette identification se fait en renseignant un numéro (qu'on appelle une clé privée), qui doit être connue de vous seul. Mais si vous oubliez ce numéro ou si quelqu'un vous le dérobe, vous risquez de perdre vos bitcoins à tout jamais* »[133].

- Dans presque le même ordre d'idées, Kenji Saito et Mitsuru Iwamura (2019) avancent que les bitcoins et les autres cryptomonnaies ne constituent pas un moyen de paiement idéal, car leurs prix tendent à augmenter à long terme (les gens sont donc incités à accumuler ces devises), et fluctuer largement à court terme (ainsi les gens voudraient éviter les risques de perte de valeur). Ils montrent que les cryptomonnaies basées sur la preuve de travail sont instables. Certes les cryptomonnaies et la preuve de travail sont reliées. Toutefois, l'offre de jetons (coins) ne dépend pas nécessairement des chocs de demande, négatifs ou positifs.

- Il faut aussi noter que le mécanisme de consensus qui valide le système du contrôle et adopte la transaction pour qu'elle soit effective, efficace, authentique et surtout rapide, mais aussi majoritaire en matière de crédibilité d'exécution. Tout cela n'est pas acquis à 100%. Des manipulations pourraient éventuellement se matérialiser par des participations falsifiées et guidées par de mauvaises volontés. Lorsqu'il s'agit de transfert d'argent ou de paiement, il n'y a pas de problèmes, mais lorsqu'il s'agit d'échange d'actifs (marché de change de bitcoins contre les devises par exemple), la situation est toute autre.

---

[133] Guillaume, « Qu'est-ce que le Bitcoin ? », GEL, JEpargneEnLigne, https://www.jepargneenligne.com/crypto-monnaie/quest-ce-que-le-bitcoin/

Comme le notent Godefroy Galas et Jihane Harazi :

« *En général, la sécurité d'un mécanisme de consensus est l'aspect le plus important et le plus vital de la conception d'une plateforme blockchain. C'est le bon fonctionnement de ce mécanisme qui garantit à l'ensemble des utilisateurs l'inviolabilité des données enregistrées sur cette blockchain. En outre, ce dernier doit être en mesure de protéger et de maintenir la cohérence de ladite blockchain même en présence de pannes (...) ou de conditions difficiles (...)* »[134].

La mise en place d'un système de consensus non réfléchi et surtout non démocratique peut rendre le système « blockchain » sous-jacent inutilisable et compromettre l'intégralité des données stockées. Comme le précisent Godefroy Galas et Jihane Harazi, la défaillance de consensus « Blockchain » peut notamment induire les cinq effets suivants :

1. **Fork** : Certains nœuds convergent vers une chaîne différente du reste du réseau ;

2. **Absence de consensus (Consensus Failure)** : Le mécanisme n'est pas en mesure de permettre aux membres du réseau de s'accorder sur l'état actuel de l'historique des transactions. Dans ce cas, on peut dire que la blockchain est totalement inopérante ;

3. **Domination** : Le mécanisme de consensus n'empêche pas un attaquant de créer de fausses identités au sein du réseau de nœuds distribués. Ces fausses identités sont alors utilisées pour semer la confusion et manipuler le consensus afin d'injecter de fausses données dans le registre, voire de le réécrire (attaque Sybil). Dans un réseau de type PoW (Proof of Work), la domination peut être réalisée en contrôlant plus de la moitié de la puissance de calcul total du réseau. C'est ce qu'on appelle une "attaque des 51%" ;

---

[134] Galas G. et Harazi J., « Analyse et comparaison des mécanismes de consensus dans la blockchain ». Site Web : https://medium.com/@godefroy.galas/analyse-et-comparaison-des-m%C3%A9canismes-de-consensus-dans-la-blockchain-f91aee511ea3 (consulté le 28/04/2019).

4. **Triche** : Un nœud ou un ensemble de nœuds peuvent volontairement décider de maintenir une chaîne parallèle et donc présenter aux yeux d'une personne extérieure (un vendeur en ligne acceptant le paiement en cryptomonnaies par exemple) une liste falsifiée de transactions. Les mécanismes de consensus et de lecture du registre doivent donc être en mesure de rendre impossible la réalisation de ce genre d'attaque sur une plateforme blockchain ;

5. **Mauvaises performances** : En fonction de l'algorithme implémenté par le mécanisme de consensus, les nœuds peuvent mettre un certain temps avant de converger vers la même chaîne, d'autant plus si la latence du réseau est instable ou si des nœuds malveillants retardent la transmission des messages.

- L'accumulation des blocs à l'infini pose à long terme le problème de stockage des données et de leur conservation dans des serveurs ou serveurs NAS (Network Attached Storage). L'existence en chaîne des données (stockage d'informations sur tous les nœuds du réseau) pourrait éventuellement fragiliser le système dans la mesure où toute attaque virale ou de *hacking* pourrait porter atteinte à toute la construction de la blockchain.

5. L'incapacité actuelle des « Blockchains » et des cryptomonnaies à offrir des services financiers sûrs, efficaces, moins chers et écologiques

Nous nous ne récusons pas la capacité technique et technologique des blockchains à faire avancer les systèmes d'échange, de paiement, l'économie des contrats, des incitations, de l'information, les services financiers, commerciaux et de circulation des données, etc.

La technologie « blockchain » est un instrument bénéfique et utile pour le renforcement de l'inclusion financière et monétaire. Comme le soutiennent les experts de l'IFC, filiale de la Banque Mondiale :

« *Les marchés émergents se caractérisent en général par une faible pénétration bancaire, des acteurs financiers qui sortent de certains marchés, une forte demande pour davantage d'inclusion financière, tant des particuliers que les PME, une forte pénétration du mobile ainsi qu'un moindre développement des infrastructures financières existantes. Combinées, ces conditions peuvent être un puissant catalyseur pour l'adoption de solutions financières adossées à une* blockchain *et un socle pour un saut technologique en avant, susceptible de dynamiser l'inclusion financière et la croissance* ».

Tout projet économique, politique ou social nécessite un compromis, un certain consensus. Et la méthodologie ou la philosophie derrière son succès demeure, et à l'évidence, le « constructivisme ».

L'amélioration du fonctionnement et de la sécurité des « Blockchains » et des cryptomonnaies pour en faire des services financiers et monétaires efficaces est possible, sans conteste de surcroît.

En revanche, à l'heure actuelle, les acteurs financiers, les décideurs politiques et économiques, les dirigeants des entreprises (les PME en particulier, mais aussi les grandes entreprises), la plus grande majorité de la population, etc., sont réticents ou hésitants quant à l'intérêt, l'utilité, l'efficacité, la sécurité, etc., de ces plateformes que représentent les réseaux de chaînes de « blocs ».

Des limites au bon fonctionnement de ces monnaies virtuelles existent bel et bien. Mais, c'est bien la volonté politique et les moyens financiers, techniques et logistiques dont il est question pour améliorer l'usage et l'efficacité de ces nouveaux moyens de paiement.

Nous nous ne croyons pas à une généralisation de ces cryptomonnaies à l'heure actuelle pour les raisons que nous avons énumérées ci-dessus. Pour constituer un outil d'inclusion financière permettant l'accès à la monnaie sous toutes ses formes, nous considérons la tentative de le mettre en œuvre relève du domaine de farfelu à l'heure actuelle.

Néanmoins, il est naturel de constater l'intérêt des systèmes « Blockchain » en faveur de beaucoup de domaines. Ce qui nous intéresse le plus ici, dans ce chapitre, ce sont les cryptomonnaies, mais aussi les applications relatives à l'échange d'actifs et des monnaies (et/ou des devises), surtout au niveau international.

Nous aurons probablement à voir naître des techniques de la technologie « Blockchain » au service de transfert d'argent au niveau international par les migrants par exemple. Une mine, une ressource importante de devises passera probablement par des systèmes « blockchain », dans un avenir proche, si les États ou certains États l'accepteront. Une bonne part de l'argent des migrants ne rentre pas ou ne passe pas par le système bancaire classique.

La crainte à venir aussi est la domination par le recours aux OPA, par des banquiers, sur la technologie « Blockchain ». La technologie Ethereum et celle de Bitcoin semblent être la cible à long terme.

Tout ce qui relève des services monétaires et financiers ne pourra échapper à la domination bancaire. JP Morgan a déjà convaincu 75 banques de rejoindre son réseau Interbank Information Network (IIN) pour accélérer les transactions financières internationales (transfert d'argent, virement, paiements internationaux, etc.) grâce à la blockchain.

Il est clair, d'un point de vue moyens financiers et techniques, un réseau de 75 banques dont JP Morgan, Royal Bank of Canada, ANZ, Santander, AIB, UniCredit, mais aussi la Société Générale et Crédit Agricole SA et bien d'autres, pèseront lourd dans la bataille qui vient de commencer. L'objectif est de dominer d'un point de vue usage des blockchains dans le cadre des services financiers internationaux. Le lobby bancaire mondial ne pourra jamais laisser échapper un créneau, surtout celui basé sur l'invention d'une forme de monnaie (cryptomonnaie). Le mondialisme monétaire et financier ainsi que les services qu'il produit est déterminé à inventer une forme de monnaie mondiale que les grandes banques internationales guideront. Nous croyons que les monnaies cryptographiques constitueront l'étape transitoire nécessaire vers une forme de monnaie (une vraie monnaie) internationale qui se substituera à d'autres moyens de paiement (devises, or, DTS, cryptomonnaies, etc.).

Les métiers bancaires sont nombreux. Les blockchains peuvent techniquement facilement développer et offrir les services de tous les métiers bancaires, des métiers classiques aux métiers modernes, en passant par ce que l'on a appelé les nouveaux métiers (bancassurance, courtage financier, montages financiers, etc.).

C'est une mine pour le développement économique et social. Sauf que les métiers bancaires classiques (dépôts, crédits), si l'on se limite à ce créneau de la banque, sont centralisés, dirigés par des centres de confiance avec des indemnisations et des garanties supportées par des instances publiques et privées. Lorsque l'on se contente uniquement à la sphère privée pour gérer d'une manière décentralisée l'argent et l'usage de l'argent, le risque semble être grand. Il peut y avoir facilement défaillance dans les lignes de crédits (risque de contrepartie, risque de défaut, risque de récupération liée à la baisse de la valeur de la garantie si l'on recourt à la garantie), défaillance de compensation, défaillance en matière d'optimisation de l'épargne liée au manque d'information et son indisponibilité et surtout à son impertinence, etc.

Donc, les différents risques potentiels posent de sérieux problèmes à la pérennisation des systèmes bancaires décentralisés par des chaînes de blocs.

Concernant les services financiers électroniques (comme les envois de fonds internationaux, par exemple), les risques sont beaucoup moindres. Le vrai et sérieux problème reste, à l'heure actuelle, le coût (énergétique et le coût de transaction) qui ne cesse d'augmenter au lieu de diminuer.

Il ne faut pas oublier que le grand problème du secteur bancaire actuel (qui fait de lui le plus grand lobby mondial, un genre d'oligopole mondial, élargi, le plus dominant et pernicieux de tous) demeure la corruption sous toutes ses formes. En raison des liens étroits qu'entretiennent le secteur financier et bancaire, les gouvernements, les autorités supranationales et les instances internationales (y compris les organismes non gouvernementaux), la corruption présente des complications d'ordre systémique (crises financières, bancaires et de change) qui menacent les économies à l'échelle nationale et internationale.

Il ne faut pas aussi perdre de vue le rôle mineur dont jouissent les cryptomonnaies dans les échanges. De plus, le recyclage des revenus dans les systèmes bancaires classiques et puis surtout la dépense de ses revenus qui reste liée aux plateformes de paiement classiques, avec toutes les contraintes relatives aux montants de paiement en liquide, de paiement par virement et en termes de transferts d'argent. Et le système bancaire classique fait tout (par le soutien de l'État-gendarme) pour que l'argent soit utilisé dans le cadre des circuits bancaires et de paiements oligopolistiques. En vérité, il s'agit d'un seul corps auquel seront confrontées toutes les communautés dites « Blockchain », c'est celui du pouvoir bancaire mondialisé qui ne cédera pas face aux vouloirs et aux changements qu'aspirent les individus libres et les masses populaires.

Dans les pays en développement, où l'inclusion financière est assez faible, les transactions via le digital offrent une opportunité intéressante dans la mesure où les smart phones sont plus répandus que les comptes bancaires. Comme le note, à juste titre, le réseau « Financité »,

« *M-Pesa, par exemple, est un système non bancaire de transfert d'argent mobile utilisé par près de 30 millions de personnes en Afrique. M-Pesa prélève aux utilisateurs une commission pour chaque transaction* ».

De même, force est de constater, depuis 2019, les transactions en bitcoin représentent plus d'un milliard de dollars par jour. Les transactions en cryptomonnaies représentent plus de 400 milliards de dollars par an. Ces chiffres illustrent la possibilité de réaliser des transactions numériques à grande échelle sans l'aide des établissements bancaires et de crédit. Dans ces pays en développement, où le niveau de corruption est très élevé, la blockchain se présente donc à la fois comme un système amplement fiable et une alternative au système bancaire classique (conventionnel et non conventionnel) en place puisqu'elle offre une possibilité d'inclusion financière à des personnes pauvres et marginalisées. Par ailleurs, la blockchain permettrait de réduire les coûts d'intermédiation comme ceux de M-Pesa par exemple. Le marché potentiel est énorme : on estime à deux milliards et demi les adultes non bancarisés au niveau mondial en 2017.

Il faut aussi savoir que les pays producteurs d'électricité (énergies renouvelables), tels le Maroc contribueront, dans le futur, à l'installation de plateformes (fermes de blockchains). Une sorte d'offshoring lié aux services informatiques de réseaux blockchains se répandra.

Néanmoins, le flou qui entoure l'avenir et surtout la production (ou le minage) des cryptomonnaies laisse perplexe les chercheurs et les spécialistes, financiers et autres. La Chine, à titre d'exemple, venait de semer le doute sur l'usage des cryptomonnaies, en particulier sur le Bitcoin. Elle venait de se lancer dans une optique d'interdire les fermes de minage de cryptomonnaies sur son territoire. Nous savons déjà que les ICO (*Initial Coin Offering*), l'équivalent de l'IPO (*Initial Public Offering*) en Bourse, qui qualifient des levées de fonds en cryptomonnaies, ont été, depuis 2018, interdites dans le pays. Des plateformes de transactions en Bitcoin et autres cryptomonnaies ont également été fermées. Pourquoi ? Il est curieux ce revirement ! La Chine produit en « minage » de Bitcoin, 70% de la production mondiale. À peu près 80% des fermes de minage de par le monde se localisent en Chine. Les principaux fabricants de machines de minage spécialisées (ASIC) étant chinois (*Bitmain et Canaan)*. Depuis 2017, de plus en plus de fermes et des entreprises en pointe dans le secteur se délocalisent vers d'autres cieux, en particulier au Canada.

Ce qui est curieux encore, c'est que la Chine produit des excédents en énergie propre (hydraulique, mais pas seulement) dans certaines zones comme Sichuan et Yunnan et qui pourrait être exploitée sans coût supplémentaire pour le minage des cryptomonnaies.

Comme le note, à juste titre, Jiang Zhuo'er :

« *Le minage de bitcoins est une grande industrie qui peut transformer l'excédent d'eau au Sichuan et au Yunnan en dollars, sans pollution, et l'exportation de bitcoins peut augmenter les revenus en devises étrangères du pays. De plus, l'exploitation minière des cryptos pourrait créer beaucoup d'emplois (...) ainsi que l'augmentation des revenus dans ces régions de minage, où la pauvreté est très élevée* »[135].

---

[135] Jiang Zhuo'er, *CEO de BTC.top (mining pool du Bitcoin). https://news.8btc.com/btc-top-ceo-jiang-zhuoer-bitcoin-to-bottom-out-at-3000-during-chinese-new-year-2019*

Le lancement pour la concurrence aux systèmes de création monétaire (crédits à l'économie) face aux banques et face aux investisseurs conventionnels (ceux qui passent et qui utilisent les circuits bancaires et financiers classiques) ne peut satisfaire les bienfaits de la Chine, à l'heure actuelle. Les effets de minage cryptographique et les risques de fuites de capitaux qu'ils entraînent peuvent être fatals pour certains secteurs économiques chinois.

Il semble, par ailleurs, quasi évident que le minage en faveur de la création cryptomonétaire ne servira pas à grand-chose puisque la puissance monétaire de création ne peut être acquise et acceptée dans les milieux d'affaires conventionnels, à l'heure actuelle.

Conclusion

L'usage des « blockchains » est un acquis économique et social évident. Mais les blockchains comme solutions technologiques au service des cryptomonnaies ne pourraient prendre le dessus sur les formes monétaires et financières classiques, car le pouvoir bancaire est tellement enraciné que toute tentative est presque vouée à l'échec. L'usage des « blockchains » pour améliorer (en matière de coûts) les services bancaires, financiers et microfinanciers est une chose quasi certaine. L'effet sur l'inclusion financière des pauvres (ou des exclus financièrement) est largement positif, mais l'effet sur la réduction de la pauvreté et de la pauvreté extrême est incertain.

Références bibliographiques

Bollier, D. (2014). *From Bitcoin to Burning Man: the quest for identity and autonomy in the digital society.* Institute for Institutional Innovation by Data-Driven Design.

Bonneau, J., A. Miller, L. Clark, A. Narayanan, J. A. Kroll, and Felten, E. (2015). *SoK: Research Perspectives and Challenges for Bitcoin and Cryptocurrencies.* IEEE Symposium on Security and Privacy, 104-121.

Buffet G. (sous - direction), *Comprendre la Blockchain*, Livre blanc édité en janvier 2016 par U Change. https://www.finyear.com/attachment/ 648901/ (25/04/2019).

Carlsten, M., H. Kalodner, S. M. Weinberg and A. Narayanan (2016). *On the Instability of Bitcoin Without the Block Reward.* In Proceedings of the 2016 ACM SIGSAC Conference on Computer and Communications Security, ACM, 154-167.

Catalini, C. and J. Gans, (2016). *Some Simple Economics of the Blockchain.* NBER Working Paper No. 22952.

Cong, L. W. and Z. He, (2017). *Blockchain Disruption and Smart Contracts.* Working paper.

Ecommercemag.fr, https://www.ecommercemag.fr/Definitions-Glossaire/ Scalabilite-245357.htm#6AsVCgkq8aAmdf6l.97 (consulté le 27/04/2019).

Ethereum (2015). On Public and Private Blockchains. https: //blog.ethereum.org/2015/08/07/on-public-and-private-blockchains/

Evans, D.S., (2014). *Economic Aspects of Bitcoin and Other Decentralized Public-Ledger Currency Platforms.* Coase-Sandor Working Paper Series in Law and Economics, University of Chicago Law School.

Eyal, I. and E. G. Sirer (2014). *Majority Is Not Enough: Bitcoin Mining Is Vulnerable.* In Christin N., Safavi-Naini R. (eds), Financial Cryptography and Data Security, FC 2014, Lecture Notes in Computer Science, 8437, Springer, Berlin, Heidelberg, 436-454.

France Stratégie, *Les enjeux des blockchains*, rapport du groupe de travail présidé par Joëlle Toledano, juin 2018.

Galas G. et Harazi J. « Analyse et comparaison des mécanismes de consensus dans la blockchain ». Site Web : https://medium.com/@godefroy.galas/analyse-et-comparaison-des-m%C3%A9canismes-de-consensus-dans-la-blockchain-f91aee511ea3 (consulté le 28/04/2019).

Garay, J., A. Kiayias, and N. Leonardos, (2015). *The Bitcoin Backbone Protocol: Analysis and Applications*. In Oswald E., Fischlin M. (eds), Advances in Cryptology, EUROCRYPT 2015, Lecture Notes in Computer Science, 9057, Springer, Berlin, Heidelberg, 281-310.

Guillaume, « Qu'est - ce que le Bitcoin ? » , GEL, JEpargneEnLigne, https: //www.jepargneenligne.com/crypto-monnaie/quest-ce-que-le-bitcoin/

Jiang Zhuo'er, *CEO de BTC.top (mining pool du Bitcoin).* https: //news.8btc.com/btc-top-ceo-jiang-zhuoer-bitcoin-to-bottom-out-at-3000-during-chinese-new-year-2019

Kenji Saito et Mitsuru Iwamura (2019). How to make a digital currency on a blockchain stable. *Future Generation Computer Systems*, 100, 58–69. https: //doi.org/10.1016/j.future.2019.05.019

Nakamoto Satoshi (2008). "Bitcoin: A Peer - to - Peer Electronic Cash System". https: //bitcoin.org/bitcoin.pdf? (24/04/2019).

Patrick M. (2015). Property law and the Blockchain. Berkman Center for Internet & Society. https://cyber.law.harvard.edu/events/luncheon/2015/ 10/Murck

Raskin M., and D. Yermack, (2016). *Digital Currencies, Decentralized Ledgers, and the Future of Central Banking*. NBER Working Paper No. 22238.

Saleh, F. (2017). *Blockchain Without Waste: Proof-of-stake*. Working paper.

Swan M. (2015). *Blockchain: Blueprint for a New Economy*. O'Reilly Editions, CLIPPINGER John H.

Vamparys, X. (2018). *La blokchain au service de la Finance : Cadre juridique et applications pratiques*. RB Édition.

Yermack, D. (2017). Corporate Governance and Blockchains. *Review of Finance*, 21(1), 7-31.

CHAPITRE 7.

Financement des petites et moyennes entreprises au Maroc : accès et usage

Zakaria FIRANO

Université Mohammed V de Rabat, Faculté des Sciences juridiques, économiques et sociales, Agdal

Fatine FILALI A.

Université Mohammed V de Rabat, Faculté des Sciences juridiques, économiques et sociales, Souissi

« *Si des individus meurent à cause de la pollution de l'eau, s'ils développent des maladies liées à la contamination par l'arsenic ou si leur état de santé les condamne à rester pauvres, la recherche du profit n'aura plus d'avenir. Si le social-business peut répondre à ces problèmes, cela améliorera les perspectives des entreprises traditionnelles* ».

Mohammad Yunus (1940 - ...)

« *Chaque fois que vous voyez une entreprise qui réussit, dites-vous que c'est parce qu'un jour quelqu'un a pris une décision courageuse* ».

Peter Drucker (1909 - 2005)

L'importance des PME dans les pays en voie de développement n'est plus à vérifier tant sur le plan de l'emploi que sur le plan social et économique. Au Maroc et dans la plupart des pays émergents, le segment des PME est la locomotive de la croissance. Ceci explique largement le fait que les autorités publiques, les décideurs et les donateurs sur le plan international s'intéressent massivement aux conditions d'activités de ces entreprises et précisément les difficultés encourues en ce qui concerne leur financement[136].

Avant d'entamer la question des difficultés de financement, il est opportun de définir la PME. En effet, la définition de telles entreprises varie à travers les pays et souvent même dans les pays au niveau des institutions financières. Larges sont les critères utilisés pour définir et caractériser une PME soit par le nombre d'employés, ou le capital ou le volume des ventes. La problématique de définition des PME ne se limite pas aux critères de classification, mais également aux différences existantes entre les pays. En fait, une PME dans un pays développé n'est pas une PME dans un pays en développement et vice-versa.

Ce n'est pas uniquement la définition de la PME qui complique la mise en place d'une stratégie de financement optimale sur le plan national et international, mais également la différentiation à mettre entre le financement des microentreprises et de la PME. En matière de financement, les PME sont considérées comme des clients standards des institutions financières bancaires ; par contre, les microentreprises ont recours souvent à la microfinance. Cette distinction est de taille, puisque les PME sont assujetties au système bancaire dont les contraintes de financement et de sélection sont bien connues. Tandis que la microfinance est moins contraignante surtout sur le plan des garanties exigées.

Il est bien évident que les PME conditionnent la croissance économique dans un pays. Plusieurs travaux ont souligné la corrélation positive entre la part des PME dans la production et la croissance du PIB par habitant. Cependant, il n'y a aucune évidence empirique que ce rapport soit causal, c'est-à-dire que l'accroissement des PME ne peut donner lieu à une croissance plus rapide ou réduire la pauvreté à des vitesses importantes (Demirgüç-Kunt et Levine,

[136] Le G20 a établi récemment un Comité sur le financement de la PME.

2005). En effet, les économies développées ont ainsi plus de PME, mais leur succès n'est pas expliqué par leur nombre. Toutefois, l'approfondissement financier peut contribuer à la croissance économique via la réduction de la pauvreté et l'assouplissement des contraintes de financement des PME. À titre indicatif, Pagano et Pica (2012) montrent un rapport positif et significatif entre la création d'emplois et le développement financier dans les pays en voie de développement via le canal des PME. Levine et Le Levkov (2010) précisent que la déréglementation de branche et la libéralisation financière conséquente ont mené aux diminutions du chômage et ont augmenté l'emploi, particulièrement parmi les ouvriers peu qualifiés. Gine et Townsend (2004) prouvent pour la Thaïlande que la libéralisation financière ait contribué à la migration des ouvriers agricoles de subsistance dans les travaux salariés urbains.

Il y a également une série d'études montrant l'importance du développement financier pour la croissance des PME. En effet, l'accès au financement semble émerger uniformément en tant qu'un des facteurs fondamentaux des plus importants et des plus robustes qui contraignent la croissance des PME (Ayyagari, Demirgüç-Kunt et Maksimovic, 2008).

L'analyse des prêts accordés à 253 PME indiennes avant et après qu'elles soient devenues habilitées à un programme de prêt subventionné indique que le crédit additionnel a eu comme conséquence une augmentation proportionnelle des ventes (Banerjee et Duflo, 2008). De même, Zia (2008) constate que les petites entreprises au Pakistan réduisent leurs ventes après qu'elles deviennent inéligibles pour le crédit à l'exportation subventionné, indiquant l'existence de contraintes de rationnement de crédit.

Ainsi, l'assouplissement des contraintes de financement des PME est un canal important par lequel l'approfondissement financier peut avoir des impacts directs et indirects sur la croissance. La littérature a identifié les différents canaux par lesquels le développement financier affecte la croissance. D'abord, la disponibilité des financements externes (Aghion, Fally et Scarpetta, 2007). En second lieu, financer permet également aux sociétés existantes d'exploiter des investissements intéressants et de réaliser une plus grande taille (Demirgüç-Kunt et Maksimovic, 2006). Les contraintes de financement sont non seulement plus importantes pour les PME, mais encore plus contraignantes comparativement à la GE, d'où la nécessité d'instaurer des mécanismes de soutien financier pouvant alléger ces contraintes et leur impact sur la croissance des PME.

L'approfondissement financier est le résultat des caractéristiques structurelles des pays et des politiques financières sectorielles. Tandis que le secteur financier en général contribue à alléger les contraintes du financement des PME, il y a également des politiques spécifiques qui peuvent aider les PME à surmonter leurs contraintes de financement. Force est de constater que les effets des coûts de transaction et des asymétries informationnelles ont un impact différent dépendamment de la taille de l'entreprise. En effet, plus la taille de l'entreprise est petite, plus l'évaluation des coûts de transaction et d'agence est exorbitante pour les institutions financières. Sans pour autant évoquer la notion de profil de risque qui est souvent très risqué pour les PME comparativement à de grandes entreprises. Ceci est qualifié théoriquement par la frontière de possibilité d'accès au financement. À travers cette frontière, plusieurs raisons peuvent expliquer ces contraintes d'accessibilité au financement des PME. Dans un premier temps, nous pouvons parler des barrières culturelles et de manque d'éducation financière. Ceci est lié au manque de bancarisation et également à l'ignorance généralisée des mécanismes de financement. Un second problème est le manque de capacité des entrepreneurs à exploiter les meilleures conditions du marché. Cette idée est liée à la disponibilité des informations au niveau des pays en voie de développement. Ensuite, il y a une troisième raison qui explique l'existence des contraintes de financement à savoir l'excès dans la demande qui laisse prévaloir un doute dans la solvabilité des PME dans tout le système économique. La demande adressée par les PME est significative comparativement à leur nombre déjà important dans la structure économique. En effet, la plupart des analyses empiriques affirment que la GE est de moins en moins recours au financement externe, chose qui est totalement différente au niveau des PME dont la majorité exige un recours plus accru et nécessaire aux sources de financement externe. Un dernier élément ou problème est de nature institutionnelle où on remarque que les pays dont les institutions sont affaiblies sont les pays où les PME ont des difficultés énormes en matière de financement.

Plusieurs études ont mis en évidence que les contraintes d'accès au financement constituent un obstacle majeur pour les PME, nous présentons quelques exemples parlants. Sacerdoti (2005) a noté que l'incapacité des PME à avoir un recours aux banques dans leur région limite leur possibilité de croissance. En utilisant des données de plus de 10.000 sociétés de 80 pays, Beck et al. (2003) ont constaté que la taille, l'âge et la propriété des sociétés sont les facteurs qui expliquent et prévoient les obstacles auxquels les PME font face. Silva et Carreira (2010) ont indiqué que la taille d'une société et sa capacité de financement sont fortement significatives et influencent les contraintes financières de l'entreprise, tandis que l'âge de la société n'a eu aucun impact significatif sur l'accès au financement. Une étude transnationale réalisée par Schiffer et Weder (2001) a indiqué que la taille d'une société est négativement liée au profil de risque. Beck et al. (2006) ont également confirmé cette conclusion ; en fait, les sociétés les plus anciennes bénéficient d'un accès privilégié aux financements.

Des perspicacités empiriques importantes sont également présentées dans la littérature théorique dédiée à l'analyse du financement comme barrière à l'entrée. Bertrand et al. (2007) constatent que la réforme bancaire en France pendant les années 80 ait influencé la compétitivité sur le marché de biens par l'entrée et la sortie des sociétés et l'abaissement de la concentration de l'industrie, particulièrement dans des industries liées au système bancaire. Cetorelli et Strahan (2004) prouvent que la concurrence accrue dans le secteur bancaire aux États-Unis ait aidé à la création de nouvelles sociétés, notamment les PME. De même, Strahan et al. (2002) utilisent des données américaines et affirment le même résultat selon lequel l'entrée de nouvelles sociétés en raison de la déréglementation financière a favorisé l'expansion des PME. De façon générale, ces études fournissent une évidence que le développement financier (par plus de concurrence) et la disponibilité du crédit augmentent l'entrée et l'efficacité dans le secteur des PME, et ceci réaffirmant l'importance de l'accès aux financements pour les PME.

1. Faits stylisés

Les données utilisées sont celles relatives aux données comptables et financières des entreprises présentes dans la base de données OMPIC[137]. Nous avons pu obtenir les données allant de 2005 à 2012, soit l'historique de 734 PME. La définition retenue pour leur identification est celle basée sur le chiffre d'affaires selon les conditions des institutions financières, à savoir un chiffre d'affaires inférieur à 50 Millions de MAD.

Afin d'analyser l'accessibilité au financement des PME au Maroc, nous avons réparti notre analyse en deux niveaux : le premier niveau concerne les entreprises dont le financement externe est disponible et le deuxième concerne les entreprises qui utilisent uniquement les ressources internes. Par conséquent, nous avons calculé les statistiques descriptives pour chaque sous-ensemble d'entreprises. Les variables retenues pour ces analyses sont celles qui décrivent l'activité, à savoir : le chiffre d'affaires, la valeur ajoutée et la production de l'exercice.

***TABLEAU 1.* Caractéristiques des entreprises (2012)**

Entreprise	Nbobs	Variable (en MAD)	Moyenne	Écart-type
Non endettée	668	Chiffre d'affaires	30 556 002	15 149 961
		Valeur ajoutée	6 498 344	6 648 740
		Production de l'exercice	24 379 244	17 183 847
Endettée	66	Chiffre d'affaires	34 759 973	17 396 791
		Valeur ajoutée	9 130 112	6 252 106
		Production de l'exercice	28 596 974	15 198 864

Source : les auteurs.

L'examen de ces indicateurs pour les entreprises sans financement externe indique que l'ensemble des indicateurs ont connu une hausse durant la période 2005-2012 (voir annexe 1), ceci est dû en particulier à la capacité productive des entreprises, et ce indépendamment des sources de financement. Toutefois, la différence n'est pas très significative durant la période 2012.

[137] Moroccan Office of Industrial and Commercial Property.

***TABLEAU 2*. BFR des entreprises endettées et non endettées (2012)**

Types	N°	Moyenne	STD	N	Q1	Q3
Non endettée	668	18 573	15 749 613	619	- 2 652 573	15 411 832
Endettée	66	548 668	10 885 577	58	- 4 849 878	18 047 614

Source : les auteurs.

Par ailleurs, l'analyse du besoin en fonds de roulement révèle des éléments importants qu'il faut soulever. L'examen du cycle d'exploitation des entreprises montre clairement que les PME dont le financement se fait en interne ont un recours massif aux dettes du passif circulant ou commercial au détriment du BFR. Chose qui est inversée dans les entreprises endettées qui ont plus de potentiels en ce qui concerne le financement de leur actif circulant. Le recours au fonds de roulement par le biais des dettes de financement est une solution largement utilisée dans ce type d'entreprises.

D'autre part, le pourcentage des dettes fournisseurs par rapport au total actif montre que les entreprises dont les sources de financement sont internes ont un recours plus important aux crédits commerciaux au détriment des entreprises avec accès de financement dont la part est largement inférieure.

***TABLEAU 3*. Part des dettes fournisseurs sur Total actif (en moyenne entre 2005 et 2012)**

Entreprises	N°	Moyenne
Non endettée	668	51%
Endettée	66	40%

Source : les auteurs.

Le choix de recourir à l'endettement ne détermine pas de façon significative les résultats d'activité de l'entreprise (Modigliani et Miller, 1957). Bien que ce travail d'analyse soit destiné à identifier les contraintes d'accessibilité au financement des PME, cela n'empêche pas de souligner une idée importante selon laquelle le financement ne permet guère de favoriser la productivité d'une entreprise ou de modifier sa performance économique.

TABLEAU 4. **Productivité et source de financement (en moyenne entre 2005 et 2012)**

Variable d'analyse : Productivité				
Entreprise	**Moyenne**	**STD**	**Minimum**	**Maximum**
Non endettée	0,61	0,46	0,01	13,77
Endettée	0,58	0,23	0,02	2,58

Source : les auteurs.

Cependant, notre analyse se focalise sur l'identification des variables qui peuvent expliquer le recours ou non des entreprises au financement externe. La détection de ces variables ou caractéristiques permet avant tout de déterminer les raisons de rétention des financements externes au profit des PME au Maroc. L'accessibilité au financement des PME peut être expliquée via leurs caractéristiques intrinsèques.

Sur la base de la littérature citée dans la section première, les variables qui peuvent expliquer le recours au financement externe ont été utilisées dans le tableau ci-dessous :

TABLEAU 5. **Caractéristiques des PME au Maroc (en moyenne entre 2005 et 2012)**

Entreprises	Variable	Moyenne	STD	Q1	Q3
Non endettées	**Productivité**	0,67	0,59	0,44	1,18
	Taux de marge	0,09	0,09	0,04	0,25
	BFR	18573	15749613	- 2652573	15411832
	LNEBE	14,35	0,95	13,74	15,94
	Liquidité	0,05	0,08	0,00	0,18
	BFRCA	0,01	0,42	- 0,09	0,52
	Coût du travail	3,55	23,86	0,12	8,65
	Taille	16,63	0,81	16,13	17,88
	ROA	0,07	0,07	0,02	0,21
Endettées	**Productivité**	0,61	0,29	0,43	1,06
	Taux de marge	0,10	0,07	0,06	0,21
	BFR	548668	10885577	- 4849878	18047614
	LNEBE	14,80	0,88	14,51	16,05
	Liquidité	0,03	0,04	0,00	0,13
	BFRCA	0,01	0,50	- 0,14	0,74
	Coût du travail	1,30	5,87	0,10	0,66
	Taille	17,11	0,57	16,75	17,93
	ROA	0,04	0,04	0,01	0,15

Source : les auteurs.

La première remarque à souligner est que le niveau de productivité est similaire approximativement pour les deux types d'entreprises. Par ailleurs, il existe quelques différences en matière de rentabilité. Ainsi, les entreprises non endettées génèrent des ROA plus importants comparativement aux entreprises endettées. De même, les entreprises endettées ont une taille plus importante que les entreprises non endettées. Outre ces deux éléments, nous avons constaté que le coût du travail est largement important pour les entreprises non endettées, soit 3,55 comparativement à 1,3 pour les autres entreprises.

Nous avons rajouté une dernière variable dans l'analyse des caractéristiques des PME ; il s'agit de l'âge de l'entreprise, et ce afin de décrire l'effet de la durée d'existence de l'entreprise et la stabilité de son activité sur l'accessibilité au financement externe.

Globalement, l'analyse de cette variable indique qu'en moyenne l'âge des entreprises endettées n'est pas significativement différent de celui des entreprises à ressources financières internes.

***TABLEAU 6.* Âge moyen des entreprises de type PME à fin 2012**

Entreprises	Moyenne (année)	Minimum	Maximum
Non endettées	26	6	91
Endettées	24	11	71

Source : Les auteurs.

2. Méthodologie et résultats

Pour déceler les contraintes d'accessibilité au financement des PME au Maroc, l'utilisation des données issues des états de synthèse s'impose. Cependant, il est à noter que la disponibilité des données au niveau des pays en voie de développement en ce qui concerne les PME demeure une problématique de taille. Ainsi, nous avons opté pour les données issues de la centrale des bilans au Maroc à savoir OMPIC. Cette instance regroupe tous les états de synthèse des entreprises, entre autres les PME. Nous avons collecté les données des entreprises de 2005 à 2012 en fréquence annuelle, soit les données bilancielles, de produits et charges et les états des soldes de gestion. En plus des données brutes issues de ces états de synthèse, nous avons élaboré quelques ratios d'analyse.

À travers ces données, nous avons opté pour un modèle qualitatif, où nous avons essayé de comprendre et de déterminer les caractéristiques des firmes qui ont la possibilité d'accéder au financement contrairement aux entreprises qui n'arrivent toujours pas à avoir une accessibilité au financement via le système financier.

$$Accès\ credit_{i,t} = \alpha_0 + \sum_{i=1}^{n} \beta X_{i,t} + \varepsilon_{i,t}$$

La formulation de l'équation précédente montre un rapport fonctionnel entre l'accès de l'entreprise au crédit et les caractéristiques des entreprises. Dans cette équation, les caractéristiques sont représentées sous une forme de vecteur comportant des attributs de l'entreprise. La variable endogène a été calibrée selon la possession ou non d'une ligne de crédit, toutes formes confondues.

Le modèle qui est adopté dans ce travail est basé sur une estimation de la probabilité d'être une entreprise endettée ou non endettée. La variable binaire qui a été retenue est relative à l'existence des différentes formes de dettes que ça soit les dettes de court ou de long terme.

$$\begin{cases} P = 1 \text{ en cas de financement externe} \\ P = 0 \text{ en cas de financement interne} \end{cases}$$

L'existence d'une forme binaire comme variable endogène exige le recours à une estimation en adoptant une modélisation à variables qualitatives. En effet, le recours à une estimation linéaire du modèle entraîne une estimation fallacieuse dans laquelle la valeur de la probabilité de stress peut admettre des valeurs supérieures à 1 et inférieures à 0, d'où le recours à une spécification non linéaire.

Généralement dans l'économétrie des variables qualitatives, les modèles « logit » et « probit » sont souvent utilisés afin d'approximer la fonction de densité à utiliser. Bien que ces fonctions soient presque identiques, plusieurs auteurs préfèrent utiliser une spécification logistique en raison de sa simplicité (Stock and Watson, 2006) et la possibilité de l'utiliser en présence de données de panel.

Le recours à la modélisation en données de panel pour le cas où la variable endogène est qualitative laisse présager plusieurs difficultés. D'abord, l'estimation des données de panel pour des modèles discrets ne peut se faire d'une manière usuelle à l'aide du maximum de vraisemblance (méthode souvent utilisée pour les modèles probit et logit) en raison de l'existence des effets spécifiques qui impactent la valeur des estimateurs. Ensuite, la spécification des effets spécifiques détermine en grande partie le modèle à utiliser. En effet, en cas d'effets fixes, seul le modèle logistique est à appliquer, tandis que le modèle probit est indisponible en raison de la complexité du calcul et la non-consistance de l'estimateur obtenu. Cependant, le recours à un effet aléatoire donne plus d'avantages au modèle probit en raison notamment de la flexibilité de la distribution normale. Ainsi, le choix de la nature des effets spécifiques (aléatoire ou fixe) est déterminant dans la spécification du modèle à estimer (Maddala, 1987).

Afin de choisir entre les effets spécifiques individuels fixes et aléatoires, le test de Hausman a été utilisé afin de comparer l'estimation à effet fixe et celle à effet aléatoire. Il est à noter que l'estimation à l'aide de l'effet fixe se fait par le recours au maximum de vraisemblance conditionnel tandis que celle à effet aléatoire exige l'utilisation de maximum de vraisemblance usuel. Sur ce registre, le test de Hausman compare les deux estimateurs afin de parvenir à vérifier la nature des effets spécifiques. Les résultats obtenus à l'aide de ce test affirment qu'on est en présence d'effets spécifiques corrélés avec les variables exogènes. En présence d'un effet fixe, l'estimation des coefficients à l'aide de la méthode usuelle est biaisée en raison de la corrélation qui peut exister entre les effets spécifiques et les régresseurs ($p \lim_{N \to \infty} \beta = 2\beta$). Dans ce sens et afin d'éliminer l'effet spécifique, nous utilisons souvent le maximum de vraisemblance conditionnelle (par rapport aux effets spécifiques). Le test de Hausman permet de comparer entre les deux types d'estimateurs et valider par la suite le problème d'exogénéité faible qui peut surgir en raison de la présence des effets spécifiques. En effet, l'estimation à l'aide du maximum de vraisemblance conditionnelle est plus efficace que celle relative à la méthode de vraisemblance classique en raison de l'élimination des effets spécifiques individuels. Dans cette perspective, ces effets impactent l'estimation des paramètres d'intérêt d'où la nécessité de recourir à une approche en effets fixes.

L'utilisation de l'effet fixe dans la modélisation logistique en données de panel nécessite le recours au maximum de vraisemblance conditionnelle afin d'éliminer les effets spécifiques. L'approche de vraisemblance conditionnelle a été suggérée initialement par Chamberlain (1980) en raison de l'impossibilité d'appliquer une différence par rapport à la moyenne individuelle telle qu'utilisée dans les modèles linéaires[138]. Le recours aux effets fixes impose l'utilisation de la fonction logistique au détriment de la distribution normale dont les estimations sont non constantes (Hsiao, 2003 ; Maddala, 1987).

---

[138] Les modèles logit et probit sont non linéaires, donc il est impossible d'éliminer l'effet spécifique à l'aide uniquement d'une simple différence.

En général, la spécification logistique en données de panel s'écrit de la forme suivante :

$$P_{(i,t)}\left(y_{(i,t)} = \mathbf{1} \middle| x_{(i,t)}\right) = F\left(y_{(i,t)}\right) = \frac{e^{y(i,t)}}{1 + e^{y(i,t)}}$$

avec y la variable binaire prenant les valeurs 0 et 1.

Les variables exogènes intégrées dans le modèle sont celles décrites dans la section précédente. À ce titre, nous pouvons écrire :

$$P(i,t) = \frac{e^{\sum_{i=1}^{n}\sum_{t=1}^{T}\beta x_{(i,t)} + \mu_i + \varepsilon_{(i,t)}}}{1 + e^{\sum_{i=1}^{n}\sum_{t=1}^{T}\beta x_{(i,t)} + \mu_i + \varepsilon_{(i,t)}}}$$

Le recours à un modèle non linéaire exige l'utilisation d'une méthode d'estimation spécifique autre que la méthode des moindres carrées ordinaires, en l'occurrence la méthode de maximum de vraisemblance. Cependant, l'utilisation d'une spécification en données de panel rend cette dernière inconsistante en présence d'effet spécifique, d'où le recours à la méthode de vraisemblance conditionnelle qui permet d'éliminer ces effets afin d'aboutir à des estimations des paramètres d'intérêt sans aboutir à des estimations biaisées (Maddala, 1987).

$$L_c(\beta) = \prod_{i=1}^{N} \Pr\left[y_{i,1}, \ldots, y_{i,T} \mid \sum_{t=1}^{T} y_{i,t}, X \right]$$

Nous avons opté dans l'exercice de modélisation pour plusieurs modèles alternatifs afin d'approcher l'accessibilité au financement externe des PME. Dans un premier temps, nous avons opté pour un modèle incluant l'ensemble des variables potentiellement explicatives de l'endettement ; il s'agit de : la productivité, la taille de la PME, l'âge, le degré de liquidité, le niveau de résultat d'exploitation, la rentabilité de l'outil productif et le taux de marge. Pour une seconde spécification, nous avons voulu croiser quelques variables pour une analyse plus fine des effets des caractéristiques sur le degré d'accessibilité au financement externe. Les variables qui ont été croisées sont : la productivité avec la taille et la rentabilité économique avec la taille. L'idée de ce croisement est de mesurer l'effet d'avoir une productivité élevée et une taille assez importante sur l'accessibilité et aussi évaluer l'impact d'une rentabilité économique et d'une taille importante sur le financement externe.

TABLEAU 7. **Résultats des estimations en données longitudinales**

	Modèle 1		Modèle 2	
Paramètre	**Estimation**	**Prob.**	**Estimation**	**Prob.**
Intercept	17.1362	<.0001	37.5672	<.0001
Productivité	- 1.4692	0.0012	- 31.0100	0.0015
Taux marge	- 3.5919	0.0006	- 6.1607	<.0001
Log (EBE)	- 0.3850	0.0042	- 0.2868	0.0436
Liquidité	2.8392	0.0027	3.4389	0.0005
Rentabilité Eco	0.1473	<.0001	- 2.6428	<.0001
Taille	- 0.6521	<.0001	- 1.9239	<.0001
Âge	0.0533	<.0001	0.0512	0.0027
Productivité*Taille	-	-	1.7369	<.0001
Rentabilité Eco *Taille	-	-	0.1668	<.0001
AIC	1391.957	-	1401.296	-
SC	1397.190	-	1406.528	-
- 2 Log L	1389.957	-	1399.296	-
La probabilité modélisée est de ne pas avoir accès au financement externe.				

Source : les auteurs.

L'analyse du degré de contribution de chaque variable est réalisée à travers les effets marginaux en raison de la non-linéarité de la spécification adoptée. L'examen des effets marginaux indique le recours à l'endettement ou avoir un accès plus important à la dette qui est influencé par la liquidité de l'entreprise. En effet, plus l'entreprise est liquide, plus elle a le pouvoir de s'endetter. En second lieu, le degré de rentabilité est aussi un facteur explicatif de cette accessibilité au financement. Par ailleurs, la taille et la productivité restent faiblement explicatives. L'âge est aussi un déterminant, mais moins important que la liquidité et la rentabilité.

***Graphique 1*. Effets marginaux**

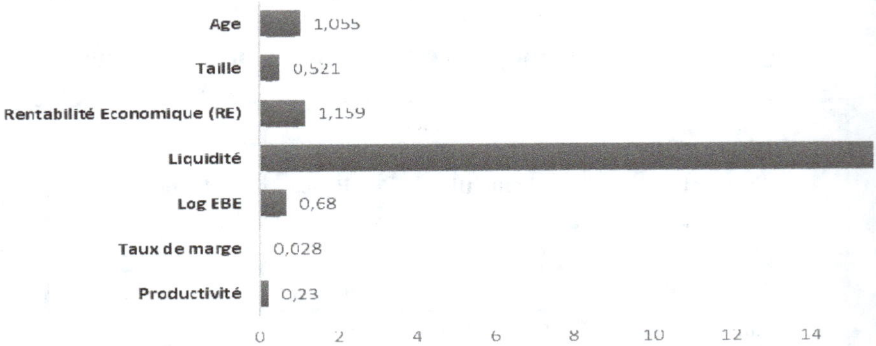

Source : les auteurs.

En fait, les banques ou les autres bailleurs de fonds au Maroc accordent plus d'importance au degré de liquidité de l'entreprise, et ce pour des raisons de risque. Ainsi, une entreprise à faible degré de liquidité est une entreprise à risque de liquidité élevé, ce qui peut contrecarrer la capacité de remboursement à court des PME. Aussi, le degré de rentabilité économique indique la capacité des banques à rembourser le taux d'intérêt exigé par les bailleurs de fonds. À taux de rentabilité économique élevé, les banques sont rassurées que la prise de risque liée à l'effet de levier ait moins effective et par conséquent la rémunération de la charge financière est assurée.

La question importante à soulever d'après les résultats obtenus est le fait que la taille, l'âge et la productivité ont un impact marginal comparativement à la liquidité et à la rentabilité économique. Ceci peut être expliqué par la nature de l'analyse faite par les établissements de crédit. En fait, le déterminant de l'accès au crédit est le profil de risque et puisque ce dernier est évalué par les banques par le degré de liquidité, il peut expliquer en grande partie cette controverse où même les entreprises à haut degré de productivité peuvent être discriminées négativement par le secteur bancaire ou les autres institutions financières.

Figure 1. **Effets marginaux**

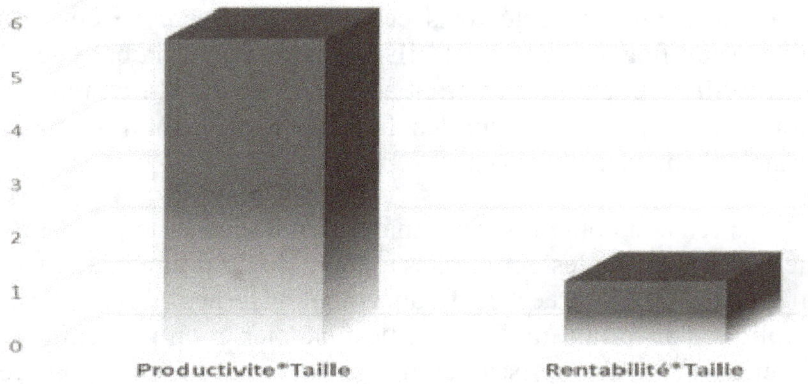

Source : Les auteurs.

Qu'en est-il des entreprises qui ont un niveau de productivité élevé et une taille importante ? Les résultats affirment que les entreprises avec une productivité élevée et une taille importante ont la chance d'avoir un accès plus important aux sources de financement externe. Sur le plan économique, ces entreprises sont généralement à économie d'échelle plus élevée et arrivent à convaincre les bailleurs de fonds contrairement aux entreprises dont la taille et la productivité sont faibles. De même, le croisement de la rentabilité et la taille améliore l'accessibilité au financement externe des entreprises qui remplissent les deux exigences.

Conclusion

Nous avons présenté dans ce travail une analyse des conditions d'accès au financement des PME marocaines. Sur la base des données de l'OMPIC et en nous référant à un nombre de 744 entreprises PME, nous avons pu déterminer les facteurs expliquant l'accessibilité au financement externe de ces entreprises.

Les résultats obtenus via l'analyse en données de panel ont permis de confirmer que les entreprises à degré de liquidité excessive arrivent à accéder aux sources de financement externes. Ceci, nous l'avons expliqué par le fait que le système financier et en particulier bancaire discrimine les entreprises selon leur risque de liquidité. Force est de constater que la rentabilité des entreprises n'est pas un facteur déterminant dans l'accès au financement externe. De même, le degré de productivité ne constitue en aucun cas un critère favorisant la probabilité d'accès à cette forme de financement. Quoique les entreprises dont le degré de productivité et la taille sont importants conjointement arrivent à avoir une probabilité accrue d'accès au financement. Bien que les données utilisées s'arrêtent à fin 2012, ces résultats demeurent robustes dans la perspective où ils mettent en évidence la dynamique des différentes grandes réformes touchant les PME entre 2005 et 2012.

Dans cette perspective, puisque le financement est conditionné par l'existence de liquidité qui détermine le profil de risque des PME alors quelques mesures sont nécessaires. On peut citer, à titre d'exemples : la mise en place d'un système de garantie et de soutien aux PME dont la productivité est vérifiée, l'instauration d'un observatoire des PME pour détecter celles à potentiel pour bénéficier du soutien financier et la réduction des exigences quant aux conditions d'accès au financement basé sur le profil du risque et transiter vers une approche de continuité et de fonctionnalité.

Références bibliographiques

Ayyagari, M., Beck, T., Demirgüç-Kunt, A., in press. *Small and medium enterprises across the globe: A new database*. Small Business Economics.

Ayyagari, M., Demirgüç-Kunt, A., Maksimovic, V. (2005). *How important are financing constraints? The role of finance in the business environment*. World Bank Mimeo.

Beck, T., Demirgüç-Kunt, A., Laeven, L., Maksimovic, V., in press. The determinants of financing obstacles. *Journal of International Money and Finance*.

Beck, T., Demirgüç-Kunt, A., Demirgüç-Kunt, A., Maksimovic, V. (2004b). *Financing patterns around the world: Are small firms different?* World Bank Mimeo.

Beck, T., Demirgüç-Kunt, A., Maksimovic, V. (2005c). Financial and legal constraints to firm growth: Does firm size matter? *Journal of Finance* 60, pp. 137-177.

Beck, T., Demirgüç-Kunt, A., L., Levine, R. (2004a). Finance, firm size, and growth. World Bank Mimeo.

Beck, T., Demirgüc-Kunt, A., Levine, R. (2005a). SMEs, growth, and poverty: Cross-country evidence. *Journal of Economic Growth*: 10, 197-227.

Beck, T., Demirgüç-Kunt, A., Levine, R. (2005b). Law and firms' access to finance. *American Law and Economics Review*, 7: 211-252.

Berger, A., Demirgüç-Kunt, A., Haubrich, J., Levine, R., (2004). Bank concentration and competition: An evolution in the making. *Journal of Money, Banking and Credit*, 36: 433-453.

Berger, A.N., Udell, G.F., (1998). The economics of small business finance: The roles of private equity and debt markets in the financial growth cycle. *Journal of Banking and Finance*, 22, pp. 613-673.

Biggs, T. (2002). *Is small beautiful and worthy of subsidy? Literature review*. IFC Mimeo.

Biggs, T., Shah, M. (2006). African SMEs, networks, and manufacturing performance. Journal of Banking and Finance, this issue, DOI: 10.1016/j. jbankfin.2006.05.004.

Clarke, G., Cull, R., Soledad, M., Peria, M., Sanchez, S. (2003). Foreign bank entry: Experience, implications for developing economies and agenda for further research. *World Bank Research Observer*, 18 (1): pp. 25-59.

Cull, R., Davis, L.E., Lamoreaux, N.R., Rosenthal, J.-L. (2006). Historical financing of small - and medium - size enterprises. *Journal of Banking and Finance*, this issue, DOI: 10.1016/j. jbankfin.2006.05.005.

Cull, R., Xu, L.C. (2005). Institutions, ownership, and finance: The determinants of profit reinvestment among Chinese firms. *Journal of Financial Economics*, 77: 117-146.

De Haas, R., Naaborg, I., (2005). Does foreign bank entry reduce small firms' access to credit? Evidence from European Transition Economies. *De Nederlandsche Bank Working Paper*, 50.

Demirgüc-Kunt, A., Love, I., Maksimovic, V. (2006). Business environment and the incorporation decision. *Journal of Banking and Finance*, this issue, doi: 10.1016/j. jbankfin.2006.05.007.

Djankov, S., Miguel, E., Qian, Y., Roland, G., Zhuravskaya, E., (2004). *Who are Russia's entrepreneurs?* World Bank Mimeo.

Frame, S.P.M., Wollsey, L. (2001). The effect of credit scoring on small business lending. *Financial Review*, 39: 34-54.

Galindo, A., Schiantarelli, F. (2003). *Credit constraints and investment in Latin America*. Inter-American Development Bank, Washington, DC.

Heffernan, S., (2006). UK bank services for small business: How competitive is the market? *Journal of Banking and Finance*, this issue, DOI: 10.1016/j. jbankfin.2006.05.002.

International Finance Corporation (1996). *Leasing in emerging markets. Lessons of Experience Series*. Washington, DC.

Johnson, S., McMillan, J., Woodruff, C. (2002). Property rights and finance. *American Economic Review*, 92 (5): 1335-1356.

Klapper, L., Laeven, L., Rajan, R., in press. Barriers to entrepreneurship. *Journal of Financial Economics*.

Kumar, K., Rajan, R., Zingales, L. (1999). *What determines firm size*? *NBER Working Paper* #7208.

Laeven, L., Woodruff, C. (2003). *The quality of the legal system and firm size*. World Bank Mimeo.

Love, I., Mylenko, N. (2003). *Credit reporting and financing constraints*. World Bank Mimeo.

Miller, M. (2003). *Credit reporting systems and the international economy*. MIT Press, Cambridge.

Pagano, M., Jappelli, T. (1993). Information sharing in credit markets. *Journal of Finance*, 48: 1693-1718.

Schiffer, M., Weder, B. (2001). Firm size and the business environment: Worldwide survey results. Discussion Paper No. 43, *International Finance Corporation*, Washington, DC.

Sleuwaegen, L., Goedhuys, M. (2002). Growth of firms in developing countries, evidence from Côte d'Ivoire. *Journal of Development Economics*, 68, 117-135.

Snodgrass, D., Biggs, T. (1996). *Industrialization and the small firm*. International Center for Economic Growth, San Francisco.

Voordecker, W. (2006). Business collateral and personal commitments in SME lending. *Journal of Banking and Finance*, this issue. DOI: 10.1016/j.jbankfin.2006.05.003.

Chapitre 8.

La qualité des relations de rapprochement des IMF marocaines favorise-t-elle leur apprentissage ?

Abdellatif TAGHZOUTI
Université Sidi Mohamed Ben Abdellah, ENCG, Fès

Abdelouahed EL QOURI
Université Moulay Ismail, EST, Meknès

« *Les idées audacieuses sont comme les pièces qu'on déplace sur un échiquier : on risque de les perdre, mais elles peuvent aussi être l'amorce d'une stratégie gagnante* ».

Goethe (1749 - 1832)

« C'est l'événement imprévisible qui provoque le renversement des attitudes et le rapprochement des camps ennemis face au danger commun ».

Michel Winock (1937 - …)

Dans un environnement global dominé par l'accélération des changements et l'hyperconcurrence, les organisations ont évolué dans leurs comportements stratégiques. Elles ne peuvent plus faire cavalier seul et adopter purement et uniquement des stratégies individuelles pour évoluer dans leur environnement. C'est pourquoi, depuis le début des années 80 du siècle précédent, des rapprochements d'organisations constituent des choix stratégiques incontournables pour nombre d'entre elles, quels que soient leur localisation géographique, leur taille ou leurs secteurs d'activité (Myrhofer, 2001). En effet, ces formes de rapprochements ont été justifiées par un ensemble de motivations, parmi lesquelles : la recherche de synergies, la diminution de l'incertitude, le partage des risques et l'apprentissage organisationnel. Cette dernière motivation nous a interpellé dans cet article pour l'étudier en profondeur sur un terrain particulier, celui de la microfinance au Maroc. Dans cette perspective, le rapprochement entre les organisations est perçu comme un moyen d'accéder des connaissances et des compétences, difficiles à acquérir en dehors de ce comportement stratégique. Ainsi, nous avons analysé la relation entre ces deux phénomènes dans un secteur en (r)évolution au Maroc : il s'agit de la microfinance, secteur qui n'atteint pas encore sa maturité malgré les performances singulières enregistrées depuis son émergence.

La crise qu'a connue ce secteur, en 2008, explique suffisamment la fragilité du fonctionnement interne de ses principaux acteurs qui sont les institutions de microfinance (IMF). Dans cette situation, ces institutions se sont convaincues que la crise est une autre opportunité pour repenser leur comportement stratégique en entrant dans une vague d'accords de partenariat et de coopération afin d'apprendre de nouvelles connaissances nécessaires au redressement de la défaillance de leur fonctionnement interne. Ce comportement stratégique est plus recommandé, dans la littérature, comme un moyen efficace d'acquisition, un canal de transfert et d'échange de connaissances et de compétences entre les partenaires (Hamel et al, 1989 ; Hamel, 1991 ; Harrigan, 1985 ; Inkpen, 1998 ; Kogut, 1988 ; Richter et Vettel, 1995). Il permet d'avoir un accès à des connaissances et des compétences qui ne peuvent pas être acquises par le marché et que les entreprises mettent beaucoup de temps à construire seules en interne.

Cependant, il ne suffit pas qu'une organisation se rapproche d'autres pour en acquérir des connaissances et que son apprentissage soit effectif. Il est nécessaire d'avoir certaines conditions favorables à ce processus ; nous en citons, entre autres, la qualité des relations de rapprochement.

Relativement à notre terrain d'étude, nous pouvons avancer notre question principale de recherche : la qualité des relations de rapprochement des IMF marocaines favorise-t-elle leur apprentissage ?

Cette recherche vise à éclairer dans quelle mesure la qualité des relations de rapprochement des IMF marocaines peut favoriser leur apprentissage en termes d'acquisition et de création de nouvelles connaissances.

Après une revue de la littérature sur l'importance de l'apprentissage en contexte de rapprochement inter-organisations, une attention particulière sera portée à la qualité des relations de rapprochement dans le succès de ce processus. À la lumière de cette littérature, nous formulerons des hypothèses de recherche qui seront testées sur un échantillon de 44 accords de rapprochement contractés par les IMF marocaines pour la période de référence 2010-2016.

1. Cadre théorique

Dans cette section, nous allons évoquer le phénomène de l'apprentissage des organisations en situation de rapprochement en éclairant ses deux modes et la place de la qualité des relations entre les partenaires dans la réussite de ce processus.

1.1. L'apprentissage des organisations en situation de rapprochement

L'apprentissage organisationnel en tant que champ de recherche a suscité l'intérêt de nombreux chercheurs. Il est abordé dans la littérature selon deux modes (Pires, M.V. et G. Garel, 2009). Un mode intra-organisationnel s'intéressant à l'apprentissage individuel qui se manifeste dans le contexte de l'organisation, et un autre, inter-organisationnel, se développant à l'interface entre plusieurs organisations. Si la plupart des recherches portent sur le premier mode, peu de travaux tentent d'étendre le concept d'apprentissage organisationnel à l'échelle inter-organisationnelle et ils soulignent qu'une forme d'apprentissage peut également se développer entre organisations à travers certaines formes de relations inter-organisationnelles. Dans le cadre de cette recherche, nous nous intéressons à ce dernier mode en considérant qu'une organisation peut apprendre à travers l'interaction avec des partenaires dans des accords de rapprochement.

Actuellement, ce mode d'apprentissage est devenu une voie courante dans la stratégie des organisations, du fait de leur incapacité à développer en interne des connaissances et des savoir-faire nécessaires à la réalisation de leurs activités. Il est également le processus le plus recommandé dans la littérature pour l'amélioration de la compétitivité des entreprises (Kogut, 1988 ; Hamel, 1991 ; Inkpen, 2000). Il leur permet d'accéder à des sources de connaissances qui seront plus rapides, moins coûteuses et plus flexibles que le développement des connaissances à l'interne (Powell, 1998). Dans le même ordre d'idées, Dyer et Singh (1998) considèrent que l'apprentissage, selon la perspective relationnelle, peut mener à la création d'une rente relationnelle[139] en constituant pour chaque partenaire la source d'un avantage concurrentiel puisqu'elle lui permet l'accès à des ressources uniques. À cet égard, la rente relationnelle permettrait d'expliquer le succès durable de certaines organisations qui appuient largement leur développement sur des stratégies partenariales. Par conséquent, pour assurer leur compétitivité sur le marché, les organisations seront obligées d'adopter une stratégie d'apprentissage, notamment inter-organisationnelle, pour renouveler leur patrimoine de connaissances et dynamiser leur structure interne afin qu'elle soit flexible vis-à-vis de certains changements externes.

Cette mise en valeur de l'apprentissage en contexte de rapprochement pour la compétitivité des partenaires nous incite à approfondir la compréhension de ce phénomène. L'examen de la

---

[139] Dyer, J.H. et H. Singh (1998) définissent la rente relationnelle comme « le profit supra normal (additionnel) qui est généré conjointement dans une relation d'échange, qui ne peut pas être développée par une entreprise isolée, sinon qui peut seulement être créé à travers les contributions idiosyncratiques communes d'un partenaire spécifique ».

littérature montre que les chercheurs, dans ce cadre, l'abordent à travers des dimensions différentes : l'interaction entre partenaires (Hamel, 1991 ; Ingham, 1994), l'internalisation de connaissances (Hamel, 1991), la création de connaissances (Dodgson, 1993), le partage d'expériences (Inkpen, 1996), le transfert ou encore la transformation de connaissances (Lyles et Schwenk, 1992). En vue de les synthétiser, Chrysostome et Su (2001) proposent de les intégrer dans deux modes. Il s'agit de l'acquisition et de la création de nouvelles connaissances. Ces deux modes sont également soulignés par Tran et Kalika (2006) dans l'étude de l'apprentissage organisationnel et la performance dans les joint-ventures internationales au Vietnam.

1.1.1. L'acquisition des connaissances

Dans la littérature, l'acquisition des connaissances constitue un élément central de l'apprentissage dans les coopérations de telle sorte que ces dernières permettent l'accès à des connaissances externes pour combler le fossé existant entre la base actuelle des connaissances et le niveau de connaissances désiré par la firme (Hall, 2000).

D'autres auteurs reconnaissent son importance dans le processus d'apprentissage en utilisant d'autres terminologies. Ainsi, Lyles et Schwenk (1992) parlent de transfert de connaissances tandis qu'Inkpen (1996) parle de partage de connaissances. Toutefois, quelle que soit la terminologie utilisée, un apprentissage effectif de l'organisation ne se limite pas à une simple action d'accès à de nouvelles connaissances, mais il nécessite l'internalisation de ses connaissances dans sa mémoire organisationnelle pour mieux répondre aux exigences de son environnement (Chrysostome et Su., 2001).

1.1.2. La création de nouvelles connaissances

Outre l'acquisition des connaissances, le rapprochement peut être aussi un moyen de créer de nouvelles connaissances. Cette opération constitue le deuxième mode fondamental d'apprentissage des organisations en situation de rapprochement. Elle revêt une grande importance pour la vie des partenaires puisque les connaissances développées constituent un actif fondamental qui influence leur performance, et sert aussi de base au maintien de leurs avantages compétitifs (Inkpen, 1996). Pour Nonaka (1994) et Inkpen (1996), ce sont les interactions sociales entre les membres de l'organisation qui servent à créer de nouvelles connaissances. Elles permettent un transfert des expériences entre les partenaires, ce qui génère une action de développement de nouvelles connaissances.

En somme, si l'apprentissage en situation de rapprochement conduit à l'acquisition et à la création de nouvelles connaissances à travers un processus d'interaction avec les organisations rapprochées, il sera primordial de s'interroger sur l'impact de la qualité de la relation de rapprochement sur l'apprentissage dans ce contexte.

1.2. La qualité de la relation de rapprochement et l'apprentissage

Dans la littérature, une attention particulière est accordée à la qualité de la relation entre les organisations dans le succès de l'apprentissage inter-organisationnel sous des appellations différentes (Maâlaoui, 2009 ; Kahia, 2013 ; Tran et Kalika, 2006 ; Rebolledo et al., 2008). Néanmoins, ces chercheurs s'accordent tous à associer à la qualité de la relation de rapprochement d'une manière générale, un ensemble de caractéristiques facilitant le partage des informations et réduisant le comportement opportuniste entre les partenaires. Ainsi, une relation de rapprochement basée sur la confiance, la communication et l'engagement mutuels, et qui utilise de meilleurs outils d'échange est à même d'améliorer la coopération entre les contractants et de réduire le risque de conflit et de comportements opportunistes. Ce qui peut faciliter l'apprentissage inter-organisations et le transfert des connaissances entre les partenaires.

1.2.1. La confiance mutuelle entre les partenaires

La confiance est un concept qui a été largement exploré dans la littérature, notamment dans le cadre des alliances et des coopérations. Elle est définie par Van-Wijk (1985) comme étant « un mode de contrôle informel qui gouverne les acteurs mutuellement identifiés ». Sa présence dans les relations inter-organisationnelles est considérée, dans de nombreux travaux, comme un élément central de l'émergence de l'apprentissage inter-organisationnel. Une étude, dans ce sens, a été menée par Larsson et al., (1998). Elle se situe au centre de la perspective des facteurs impactant la réussite ou l'échec de l'apprentissage organisationnel dans une alliance ; elle se focalise sur le rôle de la confiance dans les relations inter-organisationnelles et met l'accent sur deux dimensions sous-tendant dans ce concept :

- La première dimension est dite « structurelle » et renvoie à la confiance calculatoire. Elle est basée sur la reconnaissance mutuelle, l'assistance entre partenaires, la réputation en jeu et la motivation pour établir la coopération ;

- La seconde dimension est « comportementale » ; elle est basée sur la conviction que les organisations rapprochées doivent respecter les principes suivants : éviter les comportements opportunistes, avoir des interactions positives et être animé des meilleures intentions.

Ces deux formes de confiance sont complémentaires ; la première est présente dans la phase en amont de la signature de l'alliance et constitue la base de la deuxième qui intervient une fois que l'alliance est opérationnelle.

Quelle que soit sa dimension, la confiance joue un rôle central dans la réussite de l'apprentissage dans certaines configurations de rapprochements organisationnels telle que l'alliance ; elle permet de créer un environnement de transfert et d'acquisition des informations. Sans confiance, l'information échangée peut être faible, car les partenaires ne sont pas volontaires pour prendre le risque associé au partage des informations importantes (Hedlund, 1994) et ils peuvent adopter un comportement opportuniste. Pour Kale et al. (2000), la confiance mutuelle entre les partenaires permet de réduire le risque de comportements opportunistes et d'instaurer une plus grande transparence dans les échanges d'informations et de savoir-faire entre les acteurs engagés dans la relation.

Compte tenu de ce développement théorique, nous soutenons la première hypothèse relative à notre problématique de recherche :

H1 : La qualité des relations de rapprochement des IMF marocaines, en termes de confiance mutuelle entre les partenaires, favorise leur apprentissage.

1.2.2. La communication mutuelle entre les partenaires

Elle est jugée dans la littérature comme un facteur déterminant pour le succès de l'apprentissage inter-organisationnel (Suzlanski, 1996 ; Modi et Mabert, 2007 ; Paulraj et al., 2008). Par le jeu de la communication, les partenaires émetteurs peuvent transférer facilement les connaissances et les savoir-faire communiqués au partenaire récepteur qui, à son tour, peut les absorber afin de les intégrer dans son stock de connaissances (mémoire organisationnelle), puis les utiliser dans d'autres situations et les développer ultérieurement. De même, ce facteur de communication peut aussi contribuer à réduire les risques de dysfonctionnement et de conflits, et à augmenter la confiance mutuelle entre les partenaires (Anderson et Narus, 1990 ; Anderson et Weitz, 1992).

Afin de mesurer l'impact du facteur de la communication sur le succès de l'apprentissage inter-organisationnel, plusieurs auteurs adoptent comme indicateurs de mesure, la fréquence, la richesse et la qualité de l'information échangée entre les partenaires (Burkink, 2002 ; Wagner et Buko, 2005 ; Spekman et al., 2002).

En nous fondant sur cette littérature, nous anticipons, à titre de deuxième hypothèse de notre recherche relative à l'apprentissage des IMF marocaines.

H2 : La qualité des relations de rapprochement des IMF marocaines, en termes de communication mutuelle, favorise leur apprentissage.

1.2.3. L'engagement mutuel des partenaires dans les accords de rapprochement

Ce facteur est considéré dans la littérature comme un support essentiel de l'apprentissage inter-organisationnel et le manque d'engagement de l'un des contractants peut bloquer le transfert des connaissances. Plusieurs chercheurs affirment que les ressources, tant sur le plan humain que technologique, sont des préalables au développement de connaissances (Ritter et al., 2004 ; Bessant et al., 1999). Pour concrétiser ce facteur, certains auteurs proposent comme indicateur le degré d'investissement des partenaires dans l'établissement, la coordination et la gestion de la relation (Wagner et Buko, 2005). Dyer et Nobeoka (2000) ajoutent que la réalisation d'investissement conjoint en technologie, la mise en place de procédures, l'échange ou le prêt de personnel constituent de vrais catalyseurs pour le partage des connaissances entre les partenaires.

Si nous admettons que l'engagement mutuel des organisations en situation de rapprochement constitue un facteur déterminant de leurs apprentissages organisationnels, nous pouvons anticiper une troisième hypothèse liée à notre problématique :

H3 : La qualité des relations de rapprochement des IMF marocaines, en termes d'engagement mutuel, favorise leur apprentissage.

1.2.4. Mécanismes d'échange des connaissances entre les partenaires

Ces mécanismes se traduisent dans l'ensemble des modalités de connexion entre les personnels des partenaires tels les contacts de leurs personnes, les équipes multifonctionnelles, les réunions de groupe, la qualité de la technologie de l'information utilisée dans la liaison, etc. Dans la littérature, plusieurs auteurs soulignent le rôle fondamental des liens entre les différents membres des organisations partenaires dans le processus d'apprentissage inter-organisationnel (Von Hippel, 1988 ; Wagner et Buko, 2005 ; Spekman et al., 2002). Ces liens contribuent à créer un contexte favorable au transfert des connaissances et des savoir-faire (Kale et al., 2000). De même, ils conduisent à établir un climat de confiance et à réduire les risques de comportements opportunistes (Gulati, 1995) par le dialogue, la discussion, l'échange d'expériences et l'observation (Arrow, 1974).

De notre part, nous nous basons sur cette littérature pour tester notre quatrième hypothèse liée à la problématique de recherche :

H4 : La qualité des relations de rapprochement des IMF marocaines, en termes de mécanismes d'échanges, favorise leur apprentissage.

En nous basant sur les différents liens exprimés dans les hypothèses post-avancées, nous pouvons schématiser notre modèle conceptuel de la façon suivante :

SCHÉMA 1. Modèle conceptuel de la recherche

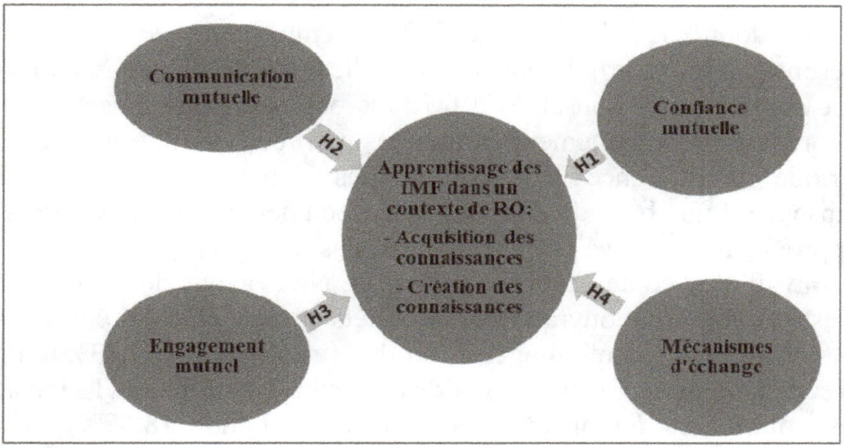

SOURCE **: Les auteurs.**

Le modèle ainsi élaboré comporte deux types de variables dégagées à partir des travaux antérieurs. Pour le premier type, il s'agit des variables explicatives représentant la qualité des relations de rapprochement des IMF marocaines (confiance mutuelle, communication mutuelle, engagement mutuel et mécanismes d'échanges des informations). Pour le second, il concerne l'apprentissage de ces institutions en contexte de rapprochement à travers ses deux modes : acquisition des connaissances et création de nouvelles connaissances.

Pour mesurer l'intensité de ces variables, nous avons adopté l'approche par perception en utilisant certaines échelles déjà validées dans des recherches antérieures. Elles sont de la forme de l'échelle de Likert de 1 à 5 : 1, 2, 3, 4, 5, correspondent aux valeurs successives : faible, assez faible, moyen, élevé, très élevé.

2. Cadre empirique

Après avoir dégagé notre modèle conceptuel, nous allons essayer de le confronter à la réalité de notre terrain d'investigation empirique qui reste une étape nécessaire pour répondre à notre question principale posée initialement.

2.1. Recueil des données

Les données utilisées pour l'étude empirique que nous allons présenter dans cet article ont été recueillies par questionnaire en face à face auprès des responsables d'IMF marocaines. Elles concernent des accords de rapprochement contractés par ces institutions pour la période de référence 2010-2016. Nous signalons, dans ce cadre, l'absence d'une base de données bien documentée sur ces accords de rapprochement et que, de plus, nous étions intéressés par la possibilité de travailler avec des données primaires. Nous avons donc envoyé un questionnaire, qui couvrait d'autres sujets en plus de celui étudié dans cet article, à des chefs d'agence ou des superviseurs (39,13%), à des directeurs généraux (30,43%), à des directeurs régionaux (13,04%), à des contrôleurs régionaux et responsables d'audit (8,69%), à des chargés de mission au niveau régional (4,34%) et à des responsables d'animation commerciale de crédit (4,34%). À noter que le rôle des relations personnelles dans notre recherche était déterminant pour obtenir des rendez-vous avec les répondants ciblés.

À travers l'outil du questionnaire, nous avons enquêté 44 accords de rapprochement des 48 ciblés. Nous avons ciblé particulièrement ceux qui dépassent la simple transaction commerciale entre les partenaires et ayant une durée de plus d'un an.

2.2. Traitement des données et résultats de la recherche

Une fois les données sont reçues, nous sommes passés à une phase de traitement à l'aide de deux tests statistiques multivariés (utilisant le logiciel SPSS 24).

Le premier concerne l'analyse factorielle de type analyse en composantes principales (ACP) et l'alpha de Cronbach pour purifier les échelles de mesure de la variable dépendante du modèle conceptuel (apprentissage des IMF en contexte de rapprochement). À ce stade, nous avons enregistré une structure factorielle claire pour les deux modes de cette variable, dépassant les seuils recommandés par Hair et al., (2006) en matière de la fiabilité et de la validité des échelles de mesure.

Le second type de tests s'attache à l'analyse de la régression linéaire multiple. Il sert à tester, d'une part, le modèle conceptuel dans sa globalité et, d'autre part, la significativité individuelle de ses variables explicatives.

S'agissant du résultat du test du modèle conceptuel (Tableau1), la probabilité associée au test de Fisher, dans le modèle ANOVA, affiche une valeur inférieure au seuil d'erreur de 5% (Sig = 0,000 < 0.05), donc l'hypothèse nulle est rejetée et le modèle est globalement significatif. D'autant plus que la partie expliquée par le modèle (régression = 25,135) dépasse largement la partie non expliquée (les résidus =17,865).

Ce résultat est conforme à la valeur de la statistique R-deux ajustée (0,542) qui renseigne aussi sur la qualité du modèle économétrique (tableau 2). Il indique donc que les variables exprimant la qualité des relations de rapprochement des IMF marocaines expliquent 54.2% de la variance de leur apprentissage organisationnel.

***TABLEAU 1*. Indices de régression du modèle ANOVA**

ANOVA[a]						
Modèle		**Somme des carrés**	**Ddl**	**Carré moyen**	**F**	**Sig.**
1	**Régression**	25,135	4	6,284	13,718	,000[b]
	Résidu	17,865	39	,458		
	Total	43,000	43			
a. Variable dépendante : Apprentissage						
b. Prédicteurs : (Constante), les mécanismes d'échange des connaissances entre votre IMF et ses partenaires, la communication entre votre IMF et ses partenaires, l'engagement mutuel entre votre IMF et ses partenaires, la confiance mutuelle entre votre IMF et ses partenaires						

Source : les auteurs.

__TABLEAU 2__. **Coefficients de la significativité du modèle**

Récapitulatif des modèles[b]										
					Modifier les statistiques					
Modèle	R	R - carré	R - carré ajusté	Erreur standard de l'estimation	Variation de R – carré	Variation de F	ddl1	ddl2	Sig. Variation de F	Durbin Watson
1	,765[a]	,585	**,542**	,67681523	,585	13,718	4	39	**,000**	1,292

a. **Prédicteurs** : (Constante), les mécanismes d'échange des connaissances entre votre IMF et ses partenaires, la communication entre votre IMF et ses partenaires, l'engagement mutuel entre votre IMF et ses partenaires, la confiance mutuelle entre votre IMF et ses partenaires

b. **Variable dépendante** : Apprentissage

Source : les auteurs.

Quant aux résultats de l'appréciation de la significativité des variables (tableau 3), les valeurs et les probabilités associées au test de Student montrent qu'il y a statistiquement deux variables significatives **(t > 2 et sig < 5%).** Il s'agit de la confiance et de l'engagement mutuels dans les accords contractés par les IMF marocaines avec leurs partenaires en vue d'améliorer leur apprentissage. Ce résultat vient en conformité avec la première et la troisième hypothèse de notre recherche. Nous pouvons enregistrer également que les variables : « la communication mutuelle » et « l'utilisation des mécanismes d'échanges des connaissances » n'ont aucune influence significative sur l'apprentissage des IMF dans leurs accords de rapprochement avec d'autres organisations, du fait que les indices de test de Student ne respectent pas les normes recommandées par les spécialistes en analyses des données. Cela nous permet d'infirmer les hypothèses qui correspondent à ces variables *(***H2 et H4**).

***TABLEAU 3*. Coefficients de la significativité individuelle des variables du modèle**

Coefficients[a]								
Modèle		**Coefficients non standardisés**		**Coeff.standardisés**			**Statistiques de colinéarité**	
		B	**Erreur standard**	**Bêta**	**t**	**Sig.**	**Tolérance**	**VIF**
1	(Constante)	- 2,364	,407		- 5,810	,000		
	La communication entre votre IMF et ses partenaires	- ,221	,195	- ,239	- 1,132	,264	,239	4,184
	La confiance mutuelle entre votre IMF et ses partenaires	,658	,205	,745	**3,208**	**,003**	,198	5,058
	L'engagement mutuel entre votre IMF et ses partenaires	,489	,184	,596	**2,663**	**,011**	,212	4,711
	Les mécanismes d'échange des connaissances entre votre IMF et ses partenaires	- ,347	,192	- ,392	- 1,802	,079	,226	4,431
a. Variable dépendante : Apprentissage								

Source : les auteurs.

En effet, avec ces résultats statistiques, nous pouvons résumer la relation existante entre les variables significatives et la variable expliquée de notre modèle conceptuel sous la forme de l'équation suivante :

Apprentissage des IMF en contexte de rapprochement = 0,745*(Confiance mutuelle) + 0,596* (Engagement mutuel) - 2,364

En nous basant sur ces résultats, nous pouvons répondre, par l'affirmative, à notre question principale de recherche concernant l'impact de la qualité des relations de rapprochement des IMF marocaines sur leur apprentissage en combinant deux caractéristiques significatives. Il s'agit, dans un premier temps, de la confiance mutuelle entre les partenaires. C'est la caractéristique qui contribue le plus à l'explication de l'apprentissage des IMF en contexte de rapprochement ***(β = 0,745 ; p = 0,00 < 0.01).*** Elle agit positivement sur l'apprentissage de ces institutions. Ainsi, plus les IMF ont contracté d'accords basés sur la confiance mutuelle avec leurs partenaires, plus leur apprentissage s'améliore. Ce résultat est en conformité avec les travaux de recherche antérieurs. Pour Gulati (1995) et Zaheer et al. (1998), la présence d'une confiance mutuelle entre les partenaires permet de réduire le risque de comportements opportunistes et d'instaurer une plus grande transparence dans les échanges. Ce qui peut créer un environnement propice à leur apprentissage. Harrigan (1986) a également mentionné le rôle primordial de la confiance dans les relations à long terme entre des filiales communes. Pour lui, la présence d'une ambiance de confiance peut favoriser un échange libre d'information entre partenaires et contribue à la prise de décisions communes. L'absence de cet élément central engendre de la rétention de l'information ou un échange faible, car les partenaires adoptent des comportements opportunistes et ne prennent pas le risque de partager les informations importantes. Un climat dépourvu de confiance est négatif et ne permet pas la création d'un bon environnement d'apprentissage (Hamel, 1991). Il favorisera l'apparition de conflits entre les partenaires.

En second lieu, nous enregistrons la contribution importante de l'engagement mutuel des IMF et de leurs partenaires à leur apprentissage **(β = 0,596 ; p = 0,011 < 0,05).** Ainsi, plus les IMF et leurs partenaires s'engagement mutuellement, plus leur apprentissage s'améliore. Ce résultat rejoint certains travaux de recherche antérieurs, à savoir l'étude d'Inkpen (1996) sur les relations de coopération entre les entreprises américaines et nippones. Cet auteur montre que l'engagement des parties joue un rôle de facilitateur de partage des connaissances. Ainsi, la réalisation d'investissement conjoint en technologie, la mise en place de procédures, l'échange ou le prêt de personnel constituent des catalyseurs pour le partage des connaissances entre partenaires (Dyer, J.H. et K. Nobeoka, 2000).

Conclusion

Il a été question, tout au long de ce travail, de chercher l'impact de la qualité des relations de rapprochement des organisations sur leur apprentissage en prenant comme terrain d'étude le secteur de la microfinance marocain. En nous appuyant sur une revue de la littérature, quatre variables clés de la qualité relationnelle sont susceptibles d'avoir un impact sur l'apprentissage des organisations en contexte de rapprochement : la confiance mutuelle, l'engagement mutuel, la communication mutuelle et l'utilisation des mécanismes d'échange des connaissances. Les effets de ces variables en termes d'apprentissage sont vérifiés à travers un échantillon de 44 accords de rapprochement contractés par les IMF marocaines pour la période de référence 2010-2016. En effet, l'analyse de régression a montré la significativité uniquement de deux premières caractéristiques. De ce fait, les dirigeants des IMF ont intérêt à mettre en œuvre des mesures incitatives en faveur de la confiance et de l'engagement dans leurs relations avec les partenaires.

À l'issue des résultats dégagés, nous pouvons avancer que cette étude fournit des contributions enrichissant la recherche au niveau de l'apprentissage inter-organisations, mais elle souffre aussi de certaines limites qui peuvent être des pistes futures de recherche.

S'agissant de ses contributions, cette étude a consolidé l'idée approuvée par certains chercheurs (Gulati, 1995 ; Zaheer et al., 1998 ; Kale et al., 2000 ; Dyer et Nobeoka, 2000) selon laquelle le potentiel d'apprentissage des organisations en contexte de rapprochement est tributaire de certains facteurs caractérisant la qualité de leurs relations avec les partenaires. Au-delà de ces contributions théoriques, les résultats de cette recherche peuvent être utiles pour les directeurs et managers des IMF marocaines en leur proposant des leviers managériaux, basés sur la qualité relationnelle, sur lesquels ils peuvent agir pour réussir l'apprentissage inter-organisationnel de ces institutions. De même, ce travail peut constituer une référence pour les pouvoirs publics marocains et les bailleurs de fonds afin de motiver les IMF à établir des accords de coopération et à constituer des réseaux et des groupements fondés sur les deux qualités relationnelles précédentes.

Quant aux limites de ces résultats, elles sont, d'abord, attachées à l'étroitesse de la taille de notre échantillon. Nous considérons que le nombre des accords de rapprochement constituant notre échantillon est relativement faible même s'il correspond à un taux de réponse très élevé de 91,66%, soit 44 retours exploitables. Cela est justifié par l'absence d'une base de données des accords de rapprochement et l'originalité de cette étude. Ensuite, la généralisation des conclusions de ce travail peut être critiquée à cause de la limitation de l'étude à un seul secteur d'activité, celui de la microfinance au Maroc. Et enfin, nous sommes conscients de ne pas avoir inclue dans notre recherche certaines qualités relationnelles jugées pertinentes et peuvent favoriser l'échange d'informations et de savoir-faire entre les acteurs engagés dans la relation de rapprochement.

À la lumière de ces limites et de ces apports, de nouvelles pistes pourraient être envisagées. Ainsi, il serait pertinent d'élargir notre échantillon à d'autres accords de rapprochement conclus par les IMF marocaines avec des organisations nationales et internationales. En outre, il conviendrait d'orienter la recherche vers l'inclusion d'autres qualités relationnelles, telle la proximité des partenaires impliqués dans la relation de rapprochement. Pour Mowery et al. (1996), Hansen et Lovas (2004) et Esper et al. (2007), le potentiel d'apprentissage est plus influencé par le degré de similarité ou de proximité entre les organisations engagées dans des relations de collaboration. Dans ce cadre, la littérature a distingué entre trois aspects distincts de la proximité ou de la similarité des partenaires : la proximité organisationnelle, la proximité culturelle et la proximité géographique.

Références bibliographiques

Anderson, E. et B.A. Weitz (1992). The Use of Pledges to Build and Sustain Commitment in Distribution Channels. *Journal of Marketing Research*, 29: 18-34.

Anderson, J. C. & J.A. Narus (1990). A Model of Distributor Firm and Manufacturing Firm Working Relationships. *Journal of Marketing*, 54 (1): 42-58.

Arrow, K. J. (1974). *The Limits of Organization*. Norton, New York.

Bessant, J., R. Kaplinsky, A. Ross, R. Vaughan et R. Lamming (1999). *Using Supply Chains to Transfer Learning About Best Practices*. A Report to the Department of Trade and Industry, Brighton: Centre for Research in Innovation Management, University of Brighton.

Burkink, T. (2002). Cooperative and voluntary wholesale groups: Channel coordination and interfirm knowledge transfer. *Supply Chain Management*, 7 (2): 60-71.

Chrysostome, E. et Z. Su (2001). L'apprentissage stratégique dans les coentreprises internationales : proposition d'un modèle intégrateur. XIe Conférence de l'Association Internationale de Management Stratégique. Faculté des Sciences de l'administration, Université Laval - Québec.

Dodgson, M. (1993). Organizational learning: a review of some literature. *Organization Studies*, 14 (3): 375-394.

Dyer, J.H. & K. Nobeoka (2000). Creating and managing a high - performance knowledge - sharing network: the Toyota case. *Strategic Management Journal*, 21 (3): 345-367.

Dyer, J-H. et H. Singh (1998). The relational view: cooperative strategy and sources of interorganizational competitive advantage. *The Academy of Management Review*, 23 (4): 660-679.

Gulati, R. (1995). Does familiarity breed trust ? The implications of repeated ties for Vézina, M. et Messier, C. (2007), Une perspective relationnelle de l'apprentissage inter-organisationnel : Le cas d'un réseau informel. AIMS, Montréal, Canada contractual choice in alliance. *Academy of Management Journal*, 38(1): 85-112.

Hair, J. F., W. C. Black, B.J. Babin, R. E. Anderson et R. L. Tatham, R (2006). Multivariate Data Analysis. 5e edition, Ed. Pearson - Prentice Hall, New Jersy, *In* Carricano, M., F. Poujol et L. Bertrandias (2008), *Analyse des données avec SPSS*, Collection Synthex (2e éd.): Pearson Education France.

Hall, R. (2000). The management of external resources. *Journal of General Management*, 26 (1): 56-68.

Hamel, G. (1991). Competition for Competence and Inter-Partner Learning with in International Strategic Alliances. *Strategic Management Journal*, 12: 83-103.

Harrigan, K.R. (1985). *Strategies for Joint Ventures*. Lexington Books: Lexington, MA.

Harrigan, KR. (1986). Matching vertical integration strategies to competitive conditions. *Strategic Management Journal*, 7: 535-555.

Hedlund, G. (1994). A Model of Knowledge Management and the N-Form Corporation. *Strategic Management Journal*, 17: 73-90.

Ingham, M. (1994). L'apprentissage organisationnel dans les coopérations. *Revue française de gestion, janvier-février*, 97: 105-121.

Ingham, M. et C. Mothe (2003). Confiance et apprentissages au sein d'une alliance technologique. *Revue française de gestion*, 2 (143): 111-128.

Inkpen, A. C. (1996). Creating Knowledge through Collaboration. *California Management Review*, 39 (1): 123-140.

Inkpen, A.C. (2000). A note on the dynamics of learning alliances: competition, cooperation and relative scope. *Strategic Management Journal*, 2 (7): 775-779.

Inkpen, A.C., (1998). Learning and knowledge acquisition through international strategic alliances. *Academy of Management Executive*, 12 (4) : 69-80.

Kahia, A. Ch. (2013). *Les conséquences du transfert inter-organisationnel de connaissances : Le cas de la relation client-fournisseur dans l'industrie française*. Thèse de Doctorat en Science de Gestion, Université d'Aix-Marseille.

Kale, P., H. Singh et H. Perlmutter (2000). Learning and protection of proprietary assets in strategic alliances: building relational capital. *Strategic Management Journal*, 21 (3), 217-237.

Kogut, B. (1988). Joint ventures: theoretical and empirical perspectives. *Strategic Management Journal*, 9: 319-332.

Larsson, R., L. Bengtsson, K. Henriksson et J. Sparks (1998). The Interorganizational Learning Dilemma: Collective Knowledge Development in Strategic Alliances. *Organization Science*, Vol. 9, n° 3, Special Issue: Managing Partnerships and Strategic Alliances.

Lyles, M.A. et C.R. Schwenk (1992). Top management, strategy and organizational knowledge structures. *Journal of Management Studies*, 29 (2): 155-174.

Maâlaoui, A. (2009). *Les déterminants de l'apprentissage inter-organisationnel dans les alliances stratégiques*. Thèse de doctorat en sciences de gestion, école doctorale Toulon - USTV.

Mayrhofer, U., (2001). *Les rapprochements d'entreprises, une nouvelle logique stratégique ? Une analyse des entreprises françaises et allemandes*. Peter Lang, Berne.

Modi, B. et A. Mabert (2007). Supplier development: Improving supplier performance through knowledge transfer. *Journal of Operations Management*, 25 (1): 42-64.

Nonaka, I. (1994). A dynamic theory of organizational knowledge creation. *Organization Science*, 5 (1): 14-37.

Paulraj, A., A. Lado et I. Chen (2008). Inter-organizational Communication as a Relational Competency: Antecedents and Outcomes within Buyer-Supplier Relationships. *Journal of Operations Management*, 26 : 45-64.

Pires, M-V. et G. Garel (2009). Apprentissage organisationnel et conception des dispositifs d'expérimentation. Le cas du projet COMMUNIC. *XVIIIe Congrès de l'AIMS*, Grenoble, 3-5 juin.

Powell, W.W., (1998). Learning from collaboration: knowledge and networks in the biotechnology and pharmaceutical industries. *California Management Review*, 40 (3): 228-240.

Rebolledo, C., H. Nagati et A. Halley (2008). Apprentissage inter-organisationnel dans la chaîne logistique : le point de vue des fournisseurs. *Conférence ASAC 2008*, Halifax, Nouvelle Ecosse.

Richter, F.-J. et K, Vettel (1995). Successful joint ventures in Japan: Transferring knowledge through organizational learning. *Long Range Planning*, 28(3): 3-45.

Ritter, T., I.F. Wilkinson et W.J. Johnston (2004). Managing in Complex Business Networks. *Industrial Marketing Management*, 33 (3): 175-183.

Simonin, B.L. (2004). An empirical investigation of the process of knowledge transfer. International strategic alliances. *Journal of International Business Studies*, 35: 407-427.

Spekman, R.E., J. Spear et J. W. Kamauff (2002). Supply chain competency: learning as a key component. *Supply Chain Management: An International Journal*, 7 (1): 41-55.

Suzlanski, G. (1996). Exploring internal stickiness: impediments to the transfer of best practice within the firm. *Strategic Management Journal*, 17: 27-44.

Tran, V.T. et M. Kalika (2006). Apprentissage organisationnel et performance dans les joint-ventures internationales au Vietnam. *XVe Conférence internationale de Management Stratégique*, Annecy/Genève, 13-16 juin.

Van-Wijk, G. (1985). *The Role of Shared Understanding and Trust in Loan Decision.* Thèse de Doctorat inédite, Columbia University.

Von Hippel, E. (1988). *The Sources of Innovation.* Oxford University Press, New York.

Wagner, S. et C. Buko (2005). An Empirical Investigation of Knowledge-Sharing in Networks. *The Journal of Supply Chain Management*, 41 (4): 17-31.

Zaheer, A., B. McEvily et V. Perrone (1998). Does trust matter? Exploring the effects of interorganizational and interpersonal trust on performance. *Organization Science*, 9 : 1-20.

Table des matières

Revue « Marché et Organisations »
L'Harmattan

Cahiers d'économie et de gestion thématiques dont le but est de promouvoir la recherche originale sur les relations de plus en plus étroites qui se tissent entre le marché et les organisations. Les acteurs économiques de taille, de puissance et de pouvoir différents dont les intérêts peuvent être convergents, complémentaires ou, le plus souvent, antagoniques, ont tendance à organiser les marchés. La raison du marché, pourtant, est la référence stratégique pour l'entreprise ainsi que pour les institutions publiques de décision économique.

Numéros parus :

N°1 : Artisanat. La modernité réinventée, 2006
N°2 : La petite entreprise, elle a tout d'une grande. De l'accompagnement aux choix stratégiques, 2006
N°3 : Tourisme et Innovation. La force créative des loisirs, 2007
N°4 : Le travail. Formes récentes et nouvelles questions, 2007
N°5 : Les universités et l'innovation. L'enseignement et la recherche dans l'économie des connaissances, 2007
N°6 : Entrepreneuriat et accompagnement. Outils, actions et paradigmes nouveaux, 2008
N°7 : Développement durable des territoires. Economie sociale, environnement et innovations, 2008
N°8 : Développement durable et responsabilité sociale des acteurs, 2009
N°9 : Gouvernance : exercices de pouvoir, 2009
N°10 : Le travail collaboratif. Une innovation générique, 2009
N°11 : Economie sociale et solidaire. Nouvelles trajectoires d'innovations, 2010
N°12 : Relations à la marque et marques de la relation. Regards croisés sur le management relationnel de la marque, 2010
N°13 : Les contrats au service de la recherche ?, 2011
N°14 : Le potentiel économique de l'Afrique subsaharienne, 2011
N°15 : Management de la distribution, 2012
N°16 : Territoire Vert. Entreprises, Institutions, Innovations, 2012
N°17 : Eco-conception, conception et innovation. Les nouveaux défis de l'entreprise, 2013
N°18 : Intelligence économique : entreprises et territoires, 2013
N°19 : La finance globale. Un monde fini, 2013
N°20 : La crise du « développement », 2014
N°21 : La Chine innove. Politiques publiques et stratégies d'entreprise, 2014
N°22 : Go East! Nouvelles Economies de Marché, 2015
N°23 : L'économie du changement, 2015
N°24 : Le temps des artisans. Permanences et mutations, 2015
N°25 : Innovations de proximité et esprit d'entreprise, 2016
N°26 : L'avenir des économies du Maghreb : entre inertie structurelle et envie de rupture, 2016/3 (n° 27)
N°27 : Le sport aux frontières du marché du travail, 2016
N°28 : Dynamiques internationales des entreprises, 2017
N°29 : L'univers du risque, 2017
N°30 : Les petites entreprises dans l'histoire industrielle, 2017
N°31 : Economie sociale et *social business* ? Au défi d'entreprendre et se financer, 2018
N°32 : Éducation et fertilisation des économies africaines, 2018
N°33 : L'entrepreneuriat innovant dans les pays du Maghreb, 2018
N°34 : L'entrepreneuriat scientifique : institutions et innovation, 2019
N°35 : Le champ économique de la culture, 2019
N°36 : Economie sociale et solidaire ? Modèles d'innovation et modes de gouvernance, 2019
N°37 : Rethinking Luxury Business, 2020

Collection « L'esprit économique »

fondée par Sophie Boutillier et Dimitri Uzunidis en 1996

Dernières parutions

► ***Série Economie et Innovation***
G. ACHERMANN, *Territoires d'innovation en Russie, Ambitions et contraintes d'une politique de clusterisation*, 2018.
C. ABDOU LAHAD THIAW, *Innovation localisée pour le développement économique du Sénégal*, 2018.
N. ANIDO FREIRE, *Tradition et innovation : de l'opposition à la complémentarité*, 2018.
C. BERGHMANS (dir.), *Intelligence et compétences émotionnelles en entreprise : perspectives multiples*, 2018.
T. MICHAUD, *La réalité virtuelle : de la science-fiction à l'innovation*, 2018.
B. LAPERCHE, M. LIMA, E. SEULLIET, B. TROUSSE (dir.), *Les écosystèmes d'innovation. Regards croisés des acteurs clés*, 2019.
S. MONNERIE, *L'économie digitale révolutionne le monde. Innovation et total design*, 2019.
T. MICHAUD, *Le projet spatial européen, entre pragmatisme et imagination*, 2020.
► ***Série Le Monde en Question***
C. BASTIDON, O. GBAGUIDI A. GHOUFRANE, A. SILEM (dir.), *Commerce, investissement et développement durable en Afrique*, 2017.
L. BOURQUIN, *Europe 3.0 : le grand réveil*, 2017.
A. ROSOWSKY, *De l'économie de pillage a la société désagrégée, un essai sur la révolution thatchérienne*, tomes 1 & 2, 2017.
M. AMAN, *Currency board* (caisse d'émission) à Djibouti. Quelles implications économiques ?, 2018.
► ***Série Krisis***
J. HUERTA DE SOTO, *La théorie de l'efficience dynamique*, 2017.
Y. LEVANT, S. TREBUCQ, *Théorie comptable et sciences économiques du XVe au XXIe siècle, mélanges en l'honneur du professeur Jean-Guy Degos*, 2018.
M. WIELEZYNSKI, *Retour sur l'origine du profit : et si l'économie changeait de paradigme…*, 2018.
G. MINART, *Benjamin Constant, économiste*, 2019.
M. RAMEAUX, *Le tao de l'économie. Du bon usage de l'économie de marché*, 2020.
B. TONGLET, *Innovation et dynamique discontinue au bas Moyen Age. Pour une autre approche de l'histoire économique*, 2020.
► **Série *Clichés***
S. BOUTILLIER, D. UZUNIDIS (dir.), *La Russie européenne. Du passé composé au futur antérieur*, 2008.
R. VOLPI, *La négociation. Pain, paix, liberté*, 2009.
► ***Série Cours Principaux***
P.-Y. CARASCO, Prix de transfert et stratégies d'optimisation fiscale de la firme multinationale, 2017.
O. ESNEU, *Fondements de droit. Manuel d'initiation*, 2018.
B. LANDAIS, *Les fluctuations économiques, une synthèse nouvelle*, 2017.
S. FREZAL, *Quand les statistiques minent la finance et la société. Risque, responsabilité et décision*, 2018.
O. ESNEU, *Le droit du transport routier de marchandises (TRM)*, 2018.
G. DUTHIL, *Economie publique et métamorphoses sociales*, 2019.
► ***Série L'économie formelle***
S. PARK, *Les abus de puissance économique dans les relations commerciales déséquilibrées*, 2018.
C. JADEAU, *La Finance inclusive. Manuel du post-capitalisme financier*, 2019.
A. BELMADANI, *Monnaie et systèmes de paiement. Mutations, enjeux et risques*, 2019.
É. CHAUMETON, *Pour une économie au service de la personne. Pistes d'avenir pour l'économie, la monnaie et la fiscalité*, 2019.
K. B. KOUASSI, *Pauvreté des Nations. Une critique de l'économie politique*, 2019.
F. NEUVILLE, *Comment gagner de l'argent en Bourse*, 2020.

Structures éditoriales du groupe L'Harmattan

L'Harmattan Italie
Via degli Artisti, 15
10124 Torino
harmattan.italia@gmail.com

L'Harmattan Hongrie
Kossuth l. u. 14-16.
1053 Budapest
harmattan@harmattan.hu

L'Harmattan Sénégal
10 VDN en face Mermoz
BP 45034 Dakar-Fann
senharmattan@gmail.com

L'Harmattan Cameroun
TSINGA/FECAFOOT
BP 11486 Yaoundé
inkoukam@gmail.com

L'Harmattan Burkina Faso
Achille Somé – tengnule@hotmail.fr

L'Harmattan Guinée
Almamya, rue KA 028 OKB Agency
BP 3470 Conakry
harmattanguinee@yahoo.fr

L'Harmattan RDC
185, avenue Nyangwe
Commune de Lingwala – Kinshasa
matangilamusadila@yahoo.fr

L'Harmattan Congo
67, boulevard Denis-Sassou-N'Guesso
BP 2874 Brazzaville
harmattan.congo@yahoo.fr

L'Harmattan Mali
Sirakoro-Meguetana V31
Bamako
syllaka@yahoo.fr

L'Harmattan Togo
Djidjole – Lomé
Maison Amela
face EPP BATOME
ddamela@aol.com

L'Harmattan Côte d'Ivoire
Résidence Karl – Cité des Arts
Abidjan-Cocody
03 BP 1588 Abidjan
espace_harmattan.ci@hotmail.fr

L'Harmattan Algérie
22, rue Moulay-Mohamed
31000 Oran
info2@harmattan-algerie.com

L'Harmattan Maroc
5, rue Ferrane-Kouicha, Talaâ-Elkbira
Chrableyine, Fès-Médine
30000 Fès
harmattan.maroc@gmail.com

Nos librairies en France

Librairie internationale
16, rue des Écoles – 75005 Paris
librairie.internationale@harmattan.fr
01 40 46 79 11
www.librairieharmattan.com

Lib. sciences humaines & histoire
21, rue des Écoles – 75005 Paris
librairie.sh@harmattan.fr
01 46 34 13 71
www.librairieharmattansh.com

Librairie l'Espace Harmattan
21 bis, rue des Écoles – 75005 Paris
librairie.espace@harmattan.fr
01 43 29 49 42

Lib. Méditerranée & Moyen-Orient
7, rue des Carmes – 75005 Paris
librairie.mediterranee@harmattan.fr
01 43 29 71 15

Librairie Le Lucernaire
53, rue Notre-Dame-des-Champs – 75006 Paris
librairie@lucernaire.fr
01 42 22 67 13

www.ingramcontent.com/pod-product-compliance
Lightning Source LLC
LaVergne TN
LVHW010019081026
849535LV00016B/1163
* 9 7 8 2 3 4 3 1 9 7 7 4 6 *